国家职业技能鉴定培训教程

快递业务员

（中　级）

快件处理

（第二版）

国家邮政局职业技能鉴定指导中心　组织编写

人民交通出版社

内 容 提 要

本教材以《快递业务员国家职业技能标准》为依据，在第一版的基础上进行了修订，介绍了中级人员从事快件内部处理工作应该掌握的快件接收、快件分拣、快件封发等相关作业知识与要求，体现了职业技能特色。

本教材在保证知识连贯性的基础上，突出技能操作，力求浓缩精炼，具有针对性和实用性，是快递业务员进行职业技能鉴定培训考核的指定教材，同时对于各类职业技术院校和相关专业师生以及从事快递业务的相关技术人员均有一定的参考价值。

图书在版编目(CIP)数据

快递业务员(中级)快件处理 / 国家邮政局职业技能鉴定指导中心组织编写. —2版. —北京：人民交通出版社，2013.2

国家职业技能鉴定培训教程

ISBN 978-7-114-10383-4

Ⅰ.①快… Ⅱ.①国… Ⅲ.①邮件投递—职业技能—鉴定—教材 Ⅳ.①F618.1

中国版本图书馆CIP数据核字(2013)第033818号

国家职业技能鉴定培训教程

书　　名：**快递业务员**(中级)　**快件处理**(第二版)
著 作 者：国家邮政局职业技能鉴定指导中心
责任编辑：孙　玺　周　宇
出版发行：人民交通出版社
地　　址：(100011)北京市朝阳区安定门外外馆斜街3号
网　　址：http://www.ccpress.com.cn
销售电话：(010)59757973
总 经 销：人民交通出版社发行部
经　　销：各地新华书店
印　　刷：中国电影出版社印刷厂
开　　本：787×1092　1/16
印　　张：13
字　　数：300千
版　　次：2011年8月　第1版　2013年2月　第2版
印　　次：2016年4月　第2版　第2次印刷
书　　号：ISBN 978-7-114-10383-4
印　　数：18001—21000册
定　　价：30.00元

《国家职业技能鉴定培训教程 快递业务员(中级)　快件处理(第二版)》编写组

主　　编：苏　和

副 主 编：王　梅　尹贻军　王风雷

编写人员：左朝君　于晓霞　苑海涛　张　慧　杜华云
张　健　王　然

编写顾问：张峻峰　马永堂　丁赛尔　杨世忠　陈　敏
焦　铮　夏　颐　张小宁　卫　明　张俊山
林　睿　何雄明

前　　言

2008 年 8 月 11 日,人力资源和社会保障部、国家邮政局共同颁布了《快递业务员国家职业技能标准》(以下简称《标准》),这是邮政行业的第一个国家职业技能标准。它的颁布填补了邮政行业国家职业技能标准的空白。

为了有效地履行政府职能,体现公共服务,依法实行快递就业准入,推动邮政行业建立国家职业资格证书制度、建设技能型人才队伍,依据该《标准》,国家邮政局和国家邮政局职业技能鉴定指导中心组织制定《标准》的专家、学者及行业内从事管理及一线生产人员,启动了快递业务员国家职业技能鉴定系列教程(以下简称教程)的编写工作。

按照《标准》设立的五个等级,快递业务员系列教程也分为初级、中级、高级、业务师(技师)和高级业务师(高级技师);同时根据《标准》中"快件收派"和"快件处理"的两个模块,本教程分为"快件收派"和"快件处理"两大系列。在编写内容上,注重体现"以职业活动为导向,以职业能力为核心"的指导思想,围绕《标准》的要求,着力体现我国当前快递职业状况的总体水平,强调以人为本,提升快递业务人员的服务质量和服务水平,突出职业资格培训特色;在结构上,针对快递业务员的活动领域,按照职业功能模块分级编写。《教程》的基础知识部分涵盖《标准》的"基本要求";技能部分的章对应于《标准》的"职业功能",节对应于《标准》的"工作内容",节中阐述的内容对应于《标准》的"技能要求"和"相关知识"。《标准》的工作要求部分包含"快件收派"和"快件处理"两个模块的内容,并按要求分别进行考核。

为便于参加快递业务员职业技能鉴定考试(核)人员进行系统学习,我们将五个级别快递业务员都应掌握的"基础知识"部分和"快件收派"、"快件处理"技能部分分别合编成册,形成了快递业务员国家职业技能鉴定培训教程。

2011 年 8 月,中级快递业务员国家职业技能鉴定培训教程首次出版发行,快递企业、相关职业院校等广泛使用,反响较好。近几年快递服务发展迅猛,生产作业流程不断优化,内容更加丰富,国家对邮政行业尤其是快递的发展十分重视,不断出台新的法规、政策、标准等。为了更好地反映快递业发展现状，使教材内容更加贴近企业生产实际，应快递企业及广大学习者要求，我们对"基础知识"部分的内容进行了修订和补充，对法律法规方面的内容进行了完善和更新，充分体现教材的实用性，尽可能满足快递业务员职业技能培训需求和广大学习者的需要。

本教程在编写和修订过程中，得到了各方面的大力支持和帮助：山东工程技师学院的专家、学者承担了有关教程内容的具体编写和修订任务；人力资源和社会保障部国际劳动保障研究所的专家对本教程进行了精心的指导；相关省（区、市）邮政管理局对教材的编写和修订给予了大力支持；中国邮政速递物流股份有限公司、顺丰速运（集团）有限公司、申通快递有限公司、圆通速递有限公司、中通速递服务有限公司、山东元智捷诚快递公司、深圳速尔物流有限公司、联昊通物流公司、中外运—敦豪国际航空快件有限公司、UPS 广州分公司和上海转运中心、联邦快递上海分公司、TNT 上海分公司等多家快递企业为教材的编写提供了帮助，在此一并表示衷心感谢！

国家邮政局职业技能鉴定指导中心

2013 年 1 月

目　录

第一编　基础理论知识

第一章　职业道德 …… 1

第一节　职业道德基本知识 …… 1

第二节　快递业务员职业道德要求 …… 4

第二章　快递服务概述 …… 7

第一节　快递服务的起源与发展 …… 7

第二节　快递服务的特点与分类 …… 11

第三节　快递业务网络 …… 14

第四节　快递服务环节与要求 …… 19

第三章　快递业务基础知识 …… 22

第一节　快件的定义和分类 …… 22

第二节　快递业务知识 …… 23

第四章　快递服务礼仪 …… 26

第一节　快递服务礼仪 …… 26

第二节　快递业务员服务规范 …… 36

第五章　安全知识 …… 40

第一节　国家安全知识 …… 40

第二节　信息安全知识 …… 41

第三节　职业安全知识 …… 41

第四节　快件安全知识 …… 44

第五节　交通安全知识 …… 44

第六节　消防安全知识 …… 45

第六章　地理与百家姓知识 …… 48

第一节　中国地理知识 …… 48

第二节　中国的交通运输 …… 52

第三节　世界地理知识 …… 57

第四节　百家姓知识 …… 59

第七章　计算机与条码知识 …… 63

第一节　计算机知识 …… 63

第二节　条形码技术知识 …… 69

第八章 相关法律、法规和标准的规定 …… 72
第一节 《中华人民共和国邮政法》的有关规定 …… 72
第二节 《快递市场管理办法》的有关规定 …… 73
第三节 《快递业务经营许可管理办法》的有关规定 …… 74
第四节 《快递服务》国家标准的有关规定 …… 77
第五节 《中华人民共和国民法通则》的有关规定 …… 79
第六节 《中华人民共和国合同法》的有关规定 …… 81
第七节 《中华人民共和国消费者权益保护法》的有关知识 …… 82
第八节 《中华人民共和国道路交通安全法》的相关知识 …… 84
第九节 《中华人民共和国国家安全法》的相关知识 …… 87
第十节 《万国邮政联盟公约》的相关知识 …… 88

第二编 快件处理知识

第九章 快件接收 …… 90
第一节 到件验收 …… 90
第二节 总包拆解 …… 97
第十章 快件分拣 …… 104
第一节 国内快件的分拣 …… 104
第二节 国际快件的分拣 …… 132
第三节 问题件处理 …… 163
第四节 快件差异报告 …… 171
第十一章 快件封发 …… 177
第一节 快件总包的建立 …… 177
第二节 快件总包的装车发运 …… 181
第三节 快件信息汇总比对方法 …… 183
附录一 国家高速公路网规划 …… 189
附录二 中华人民共和国海关对进出境快件监管办法 …… 192
附录三 常见寄递物品中英文名称对照 …… 195
附录四 《禁寄物品指导目录及处理办法(试行)》 …… 197
参考文献 …… 199

第一编　基础理论知识

第一章　职业道德

第一节　职业道德基本知识

道德是人类在生产生活中逐步形成的，反过来又用以维持社会秩序、约束人类行为的一种行为规范。它主要依靠社会舆论、人们的价值观、信念、态度、传统和习惯来维持和发挥作用。职业道德是道德的一个重要组成部分，是在职业领域内产生的用于规范人们职业行为的准则。快递业务员了解和掌握道德和职业道德，进而按照快递业务员职业道德要求行为，对做好快递业务工作有重要作用。

一、职业道德概述

(一)职业道德的定义

我国《公民道德建设实施纲要》提出，职业道德是从业人员在职业活动中应遵循的行为准则，涵盖了从业人员与服务对象、职工与职工、职业与职业之间的关系。简言之，职业道德就是从事某种职业劳动的人们，在劳动过程中形成的、依靠其内心信念和特殊社会手段来维系的、以善恶进行评价的心理意识、行为原则和行为规范的总和。

职业道德体现了某种特定职业的职业特征和行为规范。就其本质而言，职业道德就是调整职业内部、职业之间、职业与社会之间的各种社会关系的行为准则和道德规范。它既是对从事本行业的人员在职业活动中的思想和行为的具体约束，同时也是行业对社会所应履行的道德责任和义务。

(二)职业道德的基本范畴和主要内容

1. 职业道德的基本范畴

职业道德的基本范畴包括职业态度、职业技能、职业纪律、职业良心、职业荣誉、职业作风等若干内容。

职业态度是指从业者在选择职业时所持的观念、趋向和心理依据，以及在从事职业活动的过程中所表现出来的劳动态度。

职业技能是指从业者所掌握的职业技能和本领，是从业者实际所拥有的创造价值的能力。

职业纪律是指根据职业的工作规律和工作需要而制定的规章制度、纪律和要求。

职业良心是指从业者在从事职业活动中所形成的职业责任感、自我评价能力、自我反省能力和自我检查、监督、约束能力。

职业荣誉是指从业者在进行职业活动中取得成绩后,社会对其职业行为价值的一种肯定评价以及从业者对这种肯定评价的感知和自我意识。

职业作风是指从业者在其职业活动中所表现出来的一贯的工作态度和工作作风。

2. 职业道德的基本内容

职业道德的基本内容包括爱岗敬业、诚实守信、办事公道、服务群众以及奉献社会等。

(1)爱岗敬业

爱岗敬业,即俗话所说的"干一行爱一行"。这是职业道德的基础和核心。爱岗,就是要热爱自己所从事的职业;敬业,就是要以专心致志的严肃态度投入到工作中去,兢兢业业、尽职尽责。爱岗敬业要求从业者要精通业务、忠于职守,同时还要勇于钻研创新。

(2)诚实守信

诚实守信,就是要言行一致、表里如一、遵守诺言。从业者在从事职业活动中,要诚实劳动、自觉抵制不正之风、不弄虚作假、不偷懒,不耍滑;同时,要信守承诺、积极主动地为客户服务,并自觉地公开自己的职业行为和成绩。

(3)办事公道

办事公道就是从业者在从事职业活动时要立场公正,无论何时何地都要按照同一标准和原则办事。服务行业所秉承的"童叟无欺"原则就很好地诠释了办事公道的精髓。

(4)服务群众

在服务行业,尽管我们所工作的岗位可能有所不同,但最终目的都是为广大人民群众服务的。"为人民服务"永远是社会主义职业活动的宗旨。每一位从业者,既是为别人服务的主体,又是别人服务的对象。因此,我们每一个人都要树立服务意识、端正服务态度、提高服务质量,充分发挥主观能动性,全心全意地为人民服务。

(5)奉献社会

奉献社会是职业道德规范的最高境界和最终目的,奉献社会要求我们要全身心地投入,任劳任怨、不计较个人得失,甚至不惜牺牲自己的生命。奉献社会并不是要求从业者放弃正当合理的报酬索取,而是说当个人利益与国家利益发生冲突时,能够自觉地将个人利益置于国家利益之后,努力为国家为社会做出自己的贡献。

二、职业道德的特点

各行各业都有自己的职业道德。虽然,各行业的职业道德在基本精神上是一致的,但在具体内容上仍有较大的差异性,职业道德特点主要表现在以下几个方面:

1. 特殊性

每个职业的职业道德都与从业人员的职业内容和职业实践领域相联系,都有各自的适用范围,并不是普遍适用的。职业道德的特殊性,就是指职业道德只适用于特定的职业活动领域,只约束该职业从业人员的职业行为。职业道德的具体内容因为规范对象的不同而不同,鲜明地体现了社会对于某一具体职业活动的特殊要求。

2. 强制性

职业道德包含职业纪律,它对于从业人员的工作态度、服务标准、操作规程等都有具体的强制规定。如果从业者违反这些规定,就会受到不同程度的处罚。这就使得职业道德不仅仅是一种需要自觉遵守的"软约束",而且是一种强制性的"硬约束"。

3. 多样性

职业道德的多样性是指职业道德的内容和表现形式的多样性。有多少不同的职业,就会有多少种不同内容的职业道德,并且内容以及表现形式上也较灵活多样。

4. 稳定性

职业道德的稳定性是指一个新的职业一经发展和稳定后,相对的职业道德规范也就会确立并稳定下来。即便是在不同的国家、不同的社会形态或不同的历史时期,新兴行业稳定下来的职业道德大都有着相同或者相似的内容与特点。

三、职业道德的重要作用

职业活动是人类生产和生活的重要组成部分,在人类的社会实践中处于中心位置,因此职业道德在现代社会道德规范体系中具有十分重要的地位。

(一)职业道德有助于促进社会生产力的发展,提高劳动生产率

职业道德规定了不同职业的从业者对社会所应担负的具体职业道德责任,使他们能够明确自己的职业责任和职业义务,增强他们的职业责任感、义务感和荣誉感,促使他们充分发挥主观能动性和创造性,不断提高劳动技能和劳动生产率水平。

(二)职业道德是社会主义精神文明的重要组成部分,有利于社会稳定

职业道德水平是一个社会精神文明发展的重要标志,职业道德的发展是社会精神文明前进的重要推动力。可以说,职业道德规范的存在,确保了社会道德在职业领域作用的发挥。如果人们都能自觉地、充分地遵守职业道德,行使自己的职业权利、履行自己的职业义务,那么在人与人的社会职业活动中,就必然会形成一种团结一致、顾全大局、互相帮助、互相关心、诚实公正的社会关系,这种关系对于社会稳定以及良好道德风尚的形成,具有十分重要的作用。

(三)职业道德有助于调节人们在职业活动中的各种关系

职业道德有助于调节从业者与服务对象之间以及同一行业内部职工之间的相互关系。同一行业内的从业者之间如能相互理解支持、相互尊重、相互帮助、公平竞争,就能建立良好的合作共赢关系;如果所有从业者都能从本职工作出发,遵守职业道德、履行职业义务、尽心尽责地为客户服务,那就会形成从业者与服务对象之间的良好关系。

(四)职业道德有助于提高个人道德修养

自觉遵守职业道德,可以使人们在家庭和学校中初步形成的道德观、世界观、人生观、价值观等得到进一步的巩固和提高,并可促进人的全面发展。同时,职业道德也提供给人们一个反省自身在职业活动中行为的标尺。遵照职业道德规范,人们可以判断什么是正义的、高尚的职业行为,什么是失职的、不道德的职业行为,从而去改善自己的不良行为,使自己成为一个真正对社会有用的人。

第二节 快递业务员职业道德要求

一、快递业务员职业道德内容

根据《快递业务员国家职业技能标准》的规定,快递业务员职业道德内容主要体现为快递业务员的职业守则。快递业务员的职业守则主要包括以下方面的内容:

遵纪守法,诚实守信;

爱岗敬业,勤奋务实;

团结协作,准确快速;

保守秘密,确保安全;

衣着整洁,文明礼貌;

热情服务,奉献社会。

这六方面的内容全面概括了快递业务员在从事快递服务过程中所应履行的基本职责和义务,既体现了快递业务员应具有的职业道德的特殊性,也体现了服务行业职业道德规范的普遍含义。

二、快递业务员职业守则的具体要求

(一)遵纪守法,诚实守信

"遵纪守法"就是要求快递业务员严格遵守国家的各项法律法规和企业内部的规章制度。俗话说,没有规矩不成方圆,只有人人都自觉地遵纪守法,照章办事,社会秩序才能保持良性运转。譬如,在奥运会举办期间,国家邮政局曾明确规定,快递服务人员上门揽收客户快件时,须当面开拆验视内件,以确保奥运安全。在此情况下,快递业务员必须不折不扣地严格遵守国家这一规定,如果客户对此不理解,应耐心向其解释并取得他们的理解和配合,而决不能怕麻烦或为了讨好客户而敷衍了事。

"诚实守信"就是要求快递服务人员重信誉、守信用。中华民族素来崇尚诚信,至今留下许多关于诚信的脍炙人口的故事。"言必信,行必果"、"一言既出,驷马难追"等古语,都反映了中华民族对诚实守信品质的追求。在商业活动中"货真价实,童叟无欺"等关于诚信的对联,都体现了提倡公平交易、诚实待客、不欺诈、不作假的行业道德精神。快递业务员面对客户介绍产品时,一定要讲究诚实守信,实事求是地介绍真实情况,不能为了招揽客户,不顾事实提供虚假信息。一旦按照规定作出了承诺,就应认真履行。

(二)爱岗敬业,勤奋务实

"爱岗敬业、勤奋务实"就是要求快递业务员热爱快递事业,树立责任心和事业心,踏踏实实地勤奋工作。快递业务员在实际工作中爱岗敬业的例子很多,比如,在寄送快件途中突遇暴雨时,许多业务员宁肯自己被雨淋也会毫不犹豫地把快件层层包好,以确保快件的完好无损等等。

另外,随着信息、通信等高科技的快速发展,现代快递行业的综合科技含量也越来越高,快递从业人员需要学习和掌握的科技文化知识也越来越多。因此每一位快递业务员都必须努力学习与快递相关的知识,刻苦钻研快递业务,才能为用户提供多元化的高效服务,并促进快递

行业又好又快地发展。

(三)团结协作,准确快速

“团结协作”是快递业务工作的特性决定的。快递业务是由一整套的业务流程、由各个环节甚至不同地区的员工分工合作完成的,例如一封从北京寄往上海的快件,就需要北京的快递业务员去上门收寄,邮件中心分拣、转运,然后由上海地区的业务员进行接收、分拣、投送,才能完成。因此快递业务员在工作中重视团结、协调与合作,就显得尤为重要。

“准确快速”是因为快递服务最根本的制胜点就反映在一个“快”字上。快递业务员在工作过程中对时限的承诺,一定要树立高度的责任意识,承诺客户什么时间送达,就要保证按时送达。同时,各个快递环节都应保证准确、无误。要做到这一点,快递业务员就必须苦练基本功,尤其是在快件分拣过程中,须在1、2秒钟时间内按地区代码准确进行分类,如果出现分拣错误,快件势必将送错地方,确保时限也就无从谈起了。

(四)保守秘密,确保安全

“保守秘密”是由快递服务的特殊属性决定的。快递业务员所负责寄递的快件,很有可能会涉及客户的个人隐私、商业秘密或是国家机密,这就要求快递业务员不论是对客户所寄递快件的相关信息还是对客户的个人信息,都要保守秘密,绝对不准对外界透露,否则,将侵害客户的权益,严重的还会受到法律的制裁。这里需要强调的是,保守秘密与诚实守信是不矛盾的。如果一个人为了维护国家和人民的利益而讲了假话,并且使国家机密得到了保护,那就体现了他对国家、对人民、对职业的忠诚,也就体现了他遵从诚实守信职业道德的要求。

“确保安全”要求快递业务员在工作过程中,必须保证快件的安全,将快件完好无损地送到客户手中。另外,也要注意保护好生产工具,如运送快件的车辆,还要保护好自身的人身安全。

(五)衣着整洁,文明礼貌

“衣着整洁,文明礼貌”是对服务行业从业者的基本要求。作为快递业务员,尤其是需要直接面对客户的收寄和派送的外勤人员,其外表和精神面貌直接代表了企业的形象和素质。因此,快递业务员在工作时间要统一着装,并注意保持工装整洁。在向客户提供服务时,要主动、热情、耐心,做到眼勤、口勤、手勤、腿勤,对老、幼、弱、孕客户,应给予更为周到细致的服务和帮助。

(六)热情服务,奉献社会

“热情服务,奉献社会”是职业道德规范的最高要求。为客户提供优质高效的服务,是每一位快递业务员的神圣职责。快递业务员要有高度的责任心和使命感,应本着全心全意为人民服务的精神,以饱满的热情投入到快递工作中去,以积极进取的心态在工作中追求卓越、奉献社会。

三、职业守则的特点

(一)体现了职业道德的普遍性

如前所述,职业道德包括了职业态度、职业作风等内容,强调了爱岗敬业、诚实守信等精神。快递业务员职业守则中的“遵纪守法,诚实守信;爱岗敬业,勤奋务实”等内容,都体现了职业道德规范的普遍性要求。

(二)体现了快递服务职业道德的特殊性

每个行业的职业道德规范除了体现一般意义上的职业道德规范外,还必须能够体现与该行业相适应的特殊职业道德规范。这在快递业务员职业守则中有很好的体现。例如,快递业务员职业道德规范中所规定的“团结协作、准确快速”、“保守秘密、确保安全”、“衣着整洁、文明礼貌”等内容,就既体现了作为一般服务业所需具备的职业态度和精神面貌,又体现了快递服务业务所需要具备的特殊职业操守。

第二章　快递服务概述

第一节　快递服务的起源与发展

一、快递服务的起源

我国古代已经有了快递服务。快递服务在我国古代经历了“步传、车传、马传、驿站递铺(急脚递)、邮驿合并(新式邮政)”的发展过程。据史书记载,最早的信息传递,是尧帝时期的“鼓邮”,到了奴隶社会的商周时期,商纣王把“鼓邮”上升为“音传通信”、“声光通信”,西周时期有了实物传递,分为“轻车快传(传)”、“边境传书(邮)”、“急行步传(徒)”方式,邮驿制度开始形成,而烽火报警方式则广泛用于军事通信。春秋时期,邮驿制度发展成为“单骑通信”和“接力传递”,出现了“马传”。孔子曾说:“德之流行,速于置邮而传命。”到了封建社会的秦朝,公文分为“急字”和“普通”两种文书,在传递方式上便有了快递和普递之分;到了汉代,为求安全和速度,传送方式都为“马递”;南北朝时期,紧急公文要求日行四百里;隋唐时期,敕书等文件要求日行五百里;北宋时期,出现了专司通信的“递铺”,传递方式分为步递、马递和急脚递,马递和急脚递都属于当时的快递。古代快递递送的是官府文书,主要服务于朝廷和官府,是政治和军事的“耳目延伸器”,带有明显的官方色彩,与普通百姓基本无缘。国外也从很早就有了类似的信息和物品传递活动,人们熟知的马拉松故事,被人们视为快速传递信息的生动事例。

进入20世纪初叶,资本主义经济迅速发展,现代快递业诞生。1907年8月,美国联合包裹运送服务公司(UPS)创始人吉姆,以100美元为注册资金,在华盛顿州的西雅图市创建了美国信使公司。创业之初,他们租用一间简陋的办公室,聘用了十几名员工担任信使,利用市内的几个服务网点,接听客户电话后,指派距离最近的信使前去收件(有商务文件、小包裹、食物等),然后按发件人的要求和时限送到收件人手中。这便是“国内快递”的开端。而“国际快递”,则是在其后几十年才出现的。1969年3月的一天,美国大学生达尔希(Dalsey)到加利福尼亚一家海运公司看望朋友时,听一位管理人员讲,一艘德国商船正停泊在夏威夷港湾,而提货单正在旧金山制作中,需要一周时间才能寄到夏威夷港。达尔希主动提出,愿意乘飞机将提货单等文件取回送到夏威夷。管理人员盘算:此举可节省昂贵的港口使用费和货轮滞期费等开支,便同意他充当一次特殊的信使。达尔希完成任务后,便联合赫尔布罗姆(Hillblom)和林恩(Lynn)于1969年10月在美国旧金山成立了DHL航空快件公司,公司名称由达尔希、赫尔布罗姆和林恩三人英文名字的字头缩合而成,主要经营国际业务,“国际快递”由此开创。

二、中国快递服务的发展历程

中国快递服务的发展,大致经历了三个发展阶段。

(一)20世纪70年代末至90年代初:起步阶段

中国的快递服务是从国际快递业务开始起步的,源自于外向型经济的拉动。这一阶段,中国快递服务从无到有,取得了一定的发展,其特点是中国邮政EMS发展迅速,外资快递企业逐步进入中国市场。

1978年中国实行改革开放政策后,经济活力迅速激发,经济发展进入快速增长轨道并逐渐融入世界市场。随着国际间经济交往的不断增加和中国发展外向型经济的需要,国际快递业务应运而生。1980年6月,日本海外新闻普及株式会社(OCS)率先与中国对外贸易运输公司签订了中国第一个快件代理协议。中国对外贸易运输公司成为中国第一个经营快递服务的企业。随后其他国际跨国快递服务企业如DHL、TNT、FedEx及UPS等也纷纷进入中国市场,相继与中国对外贸易运输总公司达成快递服务代理协议,开展国际快递业务。1980年7月15日,中国邮政与新加坡邮政部门合建全球邮政特快专递,开办国际快递业务。1984年,中国邮政又开办国内特快专递业务,并于1985年成立中国邮政速递服务公司,专门经营国际、国内速递业务。

(二)20世纪90年代初至21世纪初:成长阶段

这一阶段的特点是民营快递企业开始发展,快递经营主体多元化格局逐步形成。

1992年邓小平南巡讲话后,中国改革开放进入新的发展阶段。港、台地区的劳动密集型产业大量转移到中国珠江三角洲,普遍的做法是来料/来件加工或进料加工,香港成为中国内陆与发达市场之间的贸易桥梁,大量的文件或货样在珠三角与香港之间传递,顺丰公司应运而生。与此同时,长江三角洲的乡镇企业如火如荼发展,开始成为国际供应链上的一个环节。在此背景下,申通快递和其他民营快递得以迅速建立。

同时,民航、中铁等其他非邮政国有企业,也开始成立自己的快递服务公司。民航快递借助民航系统的航线、场站和国际交往的优势,国内、国际快递业务齐头并进;中铁快运则利用中国铁路旅客列车行李车作为主要运输工具,辅以快捷方便的短途接运汽车,开辟了具有铁路特色的快递服务。

在此期间,国际快递企业在华发展速度加快,利用与国内企业合作的机会,加大战略性投资,快速铺设网络,建立信息系统,在国际快递市场占据越来越大的份额。

这一阶段,中国快递服务有了较快的发展,业务量急剧上升。根据中国海关的数据,全国进出口快件由1993年的669万件上升为1998年的1034万件。2000年,EMS快件业务量达到11031.4万件,如果以EMS业务量占当时快递行业总业务量50%的比例估算,可以推算出90年代末中国整个快递服务完成业务量达到2.2亿件,呈几何倍数增长。

(三)21世纪初至今:快速发展阶段

进入21世纪后,中国以更快的速度和更大的规模融入世界经济,对外贸易年进出口额超过1000亿美元,国外直接投资每年达到600亿美元,有力地拉动了快递服务的发展。特别是中国加入世贸组织后,参与世界市场的步伐进一步加快,快递服务进入了快速发展的黄金期,业务量以每年30%的速度递增,一些企业的业务增长速度甚至达到60%以上。

这一阶段,国有快递企业发展力度加大。EMS依托中国邮政航空公司,建立了以上海为集散中心的全夜航航空集散网;分别在北京、上海和广州建立了大型邮件处理中心并配备了先进的自动分拣设备;建立了以国内300多个城市为核心的信息处理平台,与万国邮政联盟(UPU)查询系统链接,可实现EMS邮件的全球跟踪查询;建立了以网站、短信、客服电话三位

一体的实时信息查询系统;亚洲地区规模最大、技术装备先进的中国邮政航空速递物流集散中心落户南京并即将建成。民航快递有限责任公司也发展成为我国唯一具有全国民航快递网络和航空快递时效品牌的快递、物流专业公司。2000 年 12 月 28 日,中外运空运发展股份有限公司在上海证交所成功上市,成为国内航空货运代理行业第一家上市公司(简称外运发展)。目前其核心业务之一速递业务已形成高速发展的国内快递自有品牌——中外运速递。中铁快运 2005 年成立后,通过重新整合优质资源,目前已形成了铁路行包快递运输网、快捷货运网、公路运输网、航空运输网、配送网、经营网、信息网"七网合一"的网络资源核心优势,公司经营网络遍及全国 31 个省、自治区和直辖市,门到门服务网络覆盖国内 500 多个大中城市,能同时提供 70 多个国家及地区的快递和国际航空、铁路货运代理服务。

经过十几年的发展,民营快递企业网络快速扩展,市场份额不断提升,经营逐步走向正规。其代表企业顺丰、申通、圆通、韵达、中通等已成为中国快递行业民族品牌的佼佼者。

三、中国快递服务的发展现状

根据 2011 年邮政行业发展统计公报,快递业务快速增长。全年全国规模以上快递服务企业业务量完成 36.7 亿件,同比增长 57%;快递业务收入完成 758 亿元,同比增长 31.9%。快递业务收入占行业总收入的比重为 48.5%,比上年末提高 3.5%。

(一)业务量主要集中在东部经济发达地区

当前,我国的快递服务活动主要集中在东部经济发达地区。2011 年,东、中、西部地区快递业务收入的比重分别为 81.1%、9.9% 和 9.0%(见图 2-1),业务量比重分别为 79.9%、11.2% 和 8.9%(见图 2-2)。

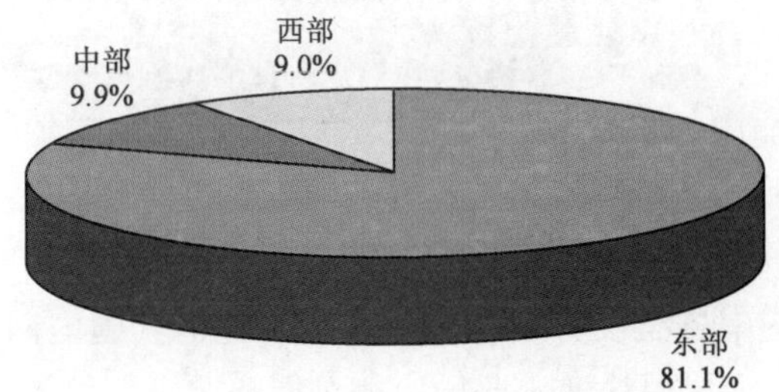

图 2-1　2011 年东、中、西部快递业务收入结构图

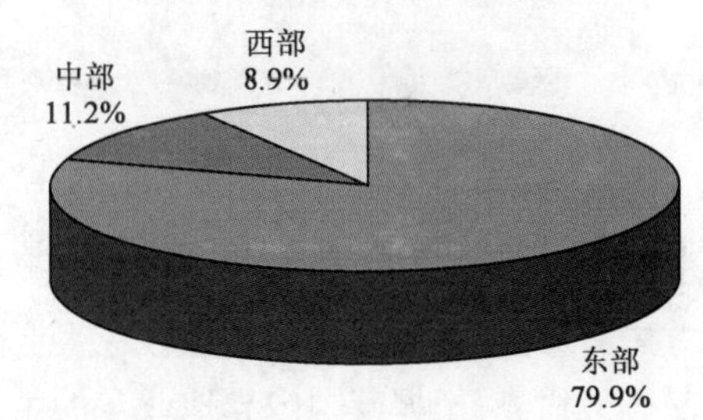

图 2-2　2011 年东、中、西部快递业务量结构图

在东部地区,快递服务又集中于以沿海大城市群为中心的三大区域:一是以北京、天津、大连和青岛为中心的环渤海快递服务区域;二是以上海、苏州、杭州和宁波为中心的长江三角洲快递服务区域;三是以广州和深圳为中心的珠江三角洲快递服务区域。除这三大主要区域外,还存在以厦门和福州为中心的环台湾海峡快递服务亚区。近几年,在东部几大快递服务区域的辐射带动下,随着西部开发的加快和中部经济的崛起,中西部地区快递服务也获得了较快的发展。许多地区快递服务从无到有,快递服务网点建设从省会城市向地区中心城市,甚至县级城市发展。

(二)中小型企业占绝大多数

快递服务的从业门槛,不论从资本需求看,还是从从业人员数量和素质要求看都比较低,现实中几十人甚至十几个人就可以提供简单的快递服务。因此,快递企业中中小型企业占绝大多数。受国家邮政局委托,人力资源和社会保障部国际劳工与信息研究所2007年进行的一次调研问卷结果显示,500人以下的中小型快递企业占到快递企业总数的86%。具体分布是:50人及以下规模企业占45.23%,51~500人规模企业占40.78%,501~2000人规模企业占8.64%,2000人以上较大规模企业仅占5.35%(见图2-3)。

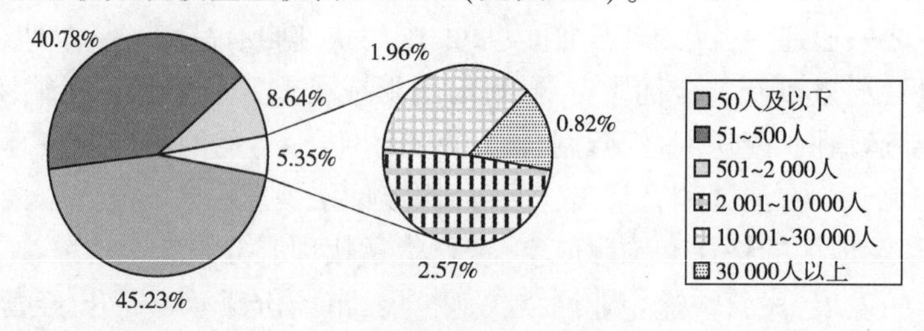

图2-3　快递企业规模情况

(三)三大业务均快速发展,不同企业各有优势

快递业务在国内异地、同城和国际及港澳台三大方面均有快速发展。国内异地快递不论从业务量看,还是从业务收入看,市场份额都在50%左右。根据国家邮政局和统计局的联合统计调查,2011年,同城、异地、国际及港澳台快递业务收入分别占全部快递收入的8.7%、58.8%和24.4%(见图2-4);业务量分别占全部快递业务量的22.3%、74.2%和3.5%(见图2-5)。

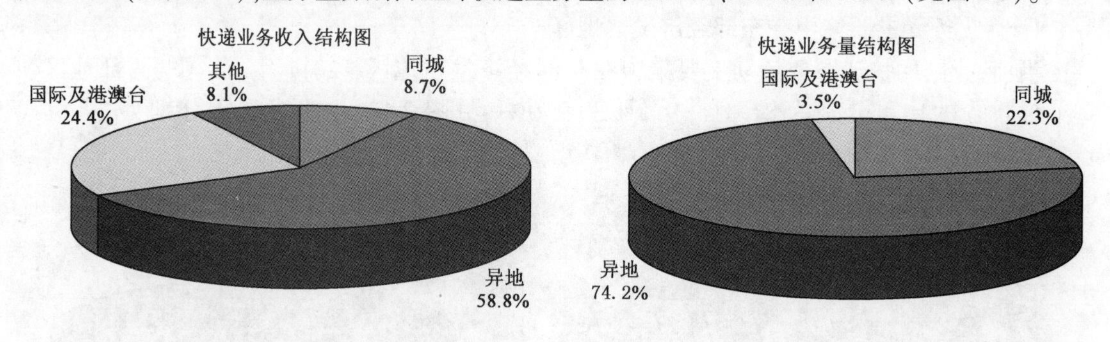

图2-4　不同业务种类2011年业务收入结构图　　图2-5　不同业务种类2011年快递业务量结构图

国有、民营和国际快递企业在三大业务结构中各具优势。国有快递企业凭借其国内网络及品牌等优势,把握着国内异地业务的主动权。而民营快递企业凭借相对低廉的成本和灵活、方便的服务,在同城和异地业务占有一定优势,市场份额显著扩大。国际企业依靠其遍布全球的运递网络、雄厚的资金与技术实力,良好的管理与服务,在国际快递业务上优势明显。

四、中国快递服务的发展趋势

(一)机遇挑战并存

受国际金融危机的后续影响,世界经济增长速度减缓,国际快递服务发展面临挑战。随着全球经济的逐步复苏和国际贸易往来的不断加强,我国仍将是全球重要的物品流通市场,对产品、服务、资本具有较强的吸引力,全球采购、生产和销售需要更多更快捷的物品寄递服务。

(二)需求持续增长

随着我国全面建设小康社会,工业化、信息化、城镇化、市场化、国际化将进一步加速发展,人均国民收入稳步增加,经济结构转型加快,经济社会发展和综合国力再上新台阶。伴随经济

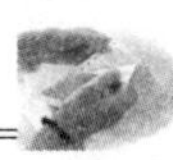

规模不断扩大和国际经济贸易往来更加密切，信息交流、物品递送和资金流通等活动日趋频繁，对快递服务的需求将持续增长。

（三）支撑作用突出

预计到2015年，电子商务年交易额将突破18万亿元；我国规模以上企业应用电子商务比率达80%以上；应用电子商务完成进出口贸易额占我国当年进出口贸易总额的10%以上；网络零售额相当于社会消费品零售总额的9%以上。电子商务、网络购物等新型服务业态的迅猛发展，推动人们消费方式的转变，促进网购快递需求快速增长。快递服务成为电子商务、网络购物发展的重要支撑。

（四）产业集中度提升

随着快递业法律法规体系的逐步健全，快递市场运行机制将进一步完善。我国快递企业规模较小、业务模式单一，网络化、一体化服务能力不强的问题仍旧突出，生存与发展的压力依然较大；一些国内快递企业经过多年发展，积累了一定的经营实力和管理经验，具备做大做强的基本条件。遵循市场经济规则，依托市场机制开展快递企业兼并重组，成为做大行业做强企业的客观要求。快递业内以及跨行业、跨地区、跨所有制的兼并重组步伐加快，推动产业集中度进一步提升。

（五）网络日益健全

随着国家"五纵五横"综合交通运输网络的基本建成和高速公路、民航、铁路的快速发展，快递服务网络的承载能力将大大提升，进一步扩大运输能力、提高服务质量、加快发展。

（六）服务能力增强

随着信息和物联网技术的发展及推广，科学技术在快递服务领域将得到更加广泛和深入的应用。先进的分拣传输设备和车辆定位系统的广泛使用将会大大提高快件处理效率。用户数据和各种信息的综合利用以及快件传递过程中信息采集点的逐步增加，将使快递处理信息更加完整，快件跟踪查询的响应速度不断提高。呼叫、营销、客户服务中心等工程的建设，使快递企业的客户关系管理能力显著增强。

第二节　快递服务的特点与分类

作为世界范围内蓬勃发展的新兴产业，现代快递服务是市场经济发展的产物，以满足个性化需求为宗旨，依赖社会资本实现网络的地域覆盖，提供快捷的、门到门的、个性化的附加服务。快递服务和传统邮政业，本质都是信息流、实物流和资金流的三流合一，都是通过网络提供信件和物品的递送服务。它们的递送对象都是信件和物品，都含有信息传递和实物递送的成分。

一、快递服务的定义与特点

（一）快递服务定义

根据《快递服务》国家标准的规定，快递服务是在承诺的时限内快速完成的寄递服务。

快递服务属于邮政业，但又不同于邮政普遍服务。两者在经营范围、服务对象、服务标准、传递渠道、定价机制、企业运行规则、行业监管体制、享受国家政策等方面均有着明显的不同。邮政普遍服务属于政府指导下的低价普惠的非竞争性产品，快递服务属于市场主导的商业化个性化的竞争性产品。

(二)快递服务特点

根据快递服务的定义,快递服务具有以下特点:

(1)快递服务的本质反映在一个"快"字上,快速是快递服务的灵魂。

(2)快递服务是"门到门"、"桌到桌"的便捷服务。

(3)快递服务需要具有完善、高效的服务网络和合理的覆盖网点。

(4)快递服务能够提供业务全程监控和实时查询。

(5)快递服务要求快件须单独封装、具有名址、重量和尺寸限制,并实行差别定价和付费结算方式。

(三)快递服务的作用

快递服务具有促进经济和社会发展的双重作用,具体表现如下:

1.经济作用

(1)从宏观经济发展看,快递服务具有加快流通、方便消费、推动经济结构调整和经济增长方式转变方面的重要经济作用,能提高整个经济运行速度、质量、效益。例如,在推动电子商务等新型商务流通模式的发展中,快递服务起到了关键作用。因此,也被称为国民经济发展的"输血管"和"加速器"。

(2)从区域经济发展看,快递服务加速了地区间经济的联系和沟通,是促进地区经济共同协调发展的纽带和桥梁。

(3)从外贸等经济领域看,快递服务已成为国际贸易和高技术产业供应链的组成部分,在国际范围内提高了供应链的运行效率和运行质量,解决了生产企业远离主销市场的空间劣势问题。

2.社会作用

快递服务的社会作用概括起来大致有以下几个方面:

(1)快递服务是劳动密集型的服务行业,具有创造大量就业岗位和吸纳更多人就业的作用。

(2)快递服务具有促进文化、教育、科技等知识和信息传播的作用。

(3)快递服务具有促进农村和城镇一体化建设的作用。

(4)快递服务具有支持抵抗各种自然灾害或人为灾害,快捷提供救援物资和促使灾区尽快恢复正常生产生活秩序的保障作用。

(5)快递服务具有满足社会特殊群体提供上门运送服务的作用。

二、快递服务的分类

快递服务按寄达范围划分,可分为国内快递、国际快递、港澳台快递三大业务种类;按照所有制形式划分,可分为国有、民营、外资三大主体;按照运输方式划分,可分为航空、公路、铁路三大方式。

(一)国内快递、国际快递、港澳台快递三大业务种类

1.国内快递

国内快递是从收寄到投递的全过程均发生在中华人民共和国境内的快递业务。国内快递又分为同城快递、省内异地快递、省际快递三类,其中省内异地快递和省际快递可统称为国内

异地快递。

同城快递是指寄件地和收件地在中华人民共和国境内同一城市的快递业务。比如,寄件地在北京朝阳区,收件地在北京海淀区,快件从北京的朝阳区送往北京的海淀区,这种在同一个城市内传递的快件即称为“同城快递”。同城的概念原则上是指同一城市,但由于快递企业能力和网络结构的不同,各快递企业对同城地域范围的界定会有所不同。

同城快递服务是近年来快递业务中增长最快的业务,它是高度劳动密集型的业务,既不需要发达的交通工具,也不需要尖端的信息监控技术,网络运营和管理技术也不复杂,更多依赖的是一套能够充分调动业务员积极性的灵活的管理体制和分配机制。同城快递具有高度分散、高度竞争性的市场结构。同城快递业务,相对于国内异地快递业务而言,运营成本较低,易于管理;又具有取件和送件及时,能为客户解燃眉之急的特点。同城快递业务成为了部分中小型民营快递企业的主导业务。

国内异地快递业务主要是区域内的业务与区域间的业务。区域内的快递业务可以通过公路或铁路运输完成, 区域间的业务一般要依赖航空运力。与同城快递相比,国内异地快递业管理成本较高,取件和送件因分别在不同直辖市、省、自治区而不确定因素增大。

省内异地快递服务是指寄件地和收件地分别在中华人民共和国境内同一省份、自治区中不同地区的快递服务。比如,寄件地在广东省珠海市,收件地在广东省湛江市,快件从广东省珠海市送往广东省湛江市,这种在同一省份、自治区中不同地区的快递服务称为“省内异地快递”。

省际快递服务是指寄件地和收件地分别在中华人民共和国境内不同省份、自治区、直辖市的快递服务。

2. 国际快递

国际快递服务是寄件地和收件地分别在中华人民共和国境内和其他国家或地区(香港、澳门、台湾地区除外)的快递服务,以及其他国家或地区(香港、澳门、台湾地区除外)间用户相互寄递但通过中国境内经转的快递服务。

国际快递服务的特点是技术密集、资本密集和管理密集型业务,也是快递服务领域利润最高的业务,在业界一般称为高端业务。国际快递服务提供商必须具备足够的航空和地面运输能力、枢纽中心和遍布世界主要国家和城市的投递网络、先进的信息跟踪和控制技术。

到目前为止,经营国际业务的主要是国际快递公司、国际货物运输代理企业,以及中国邮政速递物流股份有限公司(简称 EMS)、中国民航快递有限公司和大通国际货运有限公司、中远国际航空货运代理有限公司等中国国内企业。在国际快递服务方面,中国的快递企业还没有形成自己的航空运力和国际投递网络,主要依赖民用航空公司的商业航班和各国邮政制定的邮路,国际快递的时效和能力受到限制,网络的效率也有待进一步提高。

3. 港澳台快递

港澳台快递是寄件地和收件地分别在中国境内和中国香港特别行政区、中国澳门特别行政区、中国台湾地区的快递业务。一般将港澳台市场和国际快递市场合并统计。

(二)国有、民营、外资三大主体

按照所有制形式划分,在我国快递市场提供服务的快递企业分为三大市场主体,即国有、民营和外资快递企业,这些企业规模不等,数量众多。2011 年,全国规模以上快递服务企业业务量累计完成 36.7 亿件,同比增长 57.0%;业务收入累计完成 758 亿元,同比增长 31.9%。

国有、民营和外资快递企业齐头并进,全行业得到快速发展。

2011年全年国有快递企业业务量完成10.8亿件,实现业务收入271.1亿元;民营快递企业业务量完成24.8亿件,实现业务收入374.5亿元;外资快递企业业务量完成1.1亿件,实现业务收入112.5亿元。国有、民营、外资快递企业业务量市场份额分别为29.4%、67.6%和3.0%,业务收入市场份额分别为35.8%、49.4%和14.8%。

1. 国有快递企业

主要是邮政、民航等部门的国有和国有控股企业,以中国邮政速递物流股份有限公司、民航快递等为代表。

2. 民营快递企业

民营快递企业以顺丰、申通、圆通、韵达、中通、宅急送等企业为代表。目前我国从事快递服务的民营企业主要分布在以北京、上海、广东为核心的长江三角洲、珠江三角洲和京津冀地区。

3. 外资快递企业

1980年6月,日本海外新闻普及株式会社(OCS)经当时我国外贸部和海关总署批准,与国内当时最大的外贸运输企业——中国外运总公司签订了我国第一个快件代理协议。随后,以德国敦豪国际航空快件有限公司(DHL)、美国联邦快递公司(FedEx)、美国联合包裹服务有限公司(UPS)和荷兰天地公司(TNT)(目前已被UPS收购)四大国际快递企业为代表的国际快递公司以同样的方式陆续进入中国市场。1984年,FedEx登陆中国,1986年,中外运—DHL在北京成立。1988年,UPS与中外运建立合作关系,同年,TNT进入中国,与中外运合资建立了"中外运—天地快件有限公司"。

(三)航空、公路、铁路三大运输方式

按照快递运输方式划分,有航空快递、公路快递、铁路快递三种运输方式。航空快递主要依托航空公司和机场,为客户提供个性化的航空运输延伸服务。由于运输快捷,成为远途快递最常用的方式,尤其是在国际快递市场方面发挥了主要作用;公路快递是目前运输量最大的运输方式,国内异地和同城快递基本使用这一方式;铁路快递通过行李车快运,运量大,安全、准时,适用大件物品和一些航空禁运物品的远途运输。此外,在特殊情况下,水路运输也发挥了一定的作用。

事实上,航空快递和铁路快递都和公路快递密切相关,三种运输方式高效、流畅的结合对于提高快件传递效率、提升快递服务质量具有十分重要的意义。

第三节　快递业务网络

一、快递业务网络的定义

快递业务网络是指实现快件收寄、分拣、封发、运输、投递等所依托的实体网络和信息网络的总称。

二、快递业务网络的分类

快递服务是通过网络实现的,其中快件是通过实体网络传递的,快件信息是通过信息网络

传输的。因此,快递业务网络可分为快件传递网络和信息传输网络。

三、快件传递网络

(一)快件传递网络的构成

快件传递网络是由快递呼叫中心、收派处理点或营业网点、处理中心和运输线路按照一定的原则和方式组织起来并在调度运营中心的指挥下,按照一定的运行规则传递快件的网络系统。它是由紧密衔接的各个环节组成的统一整体(见图2-6)。只有充分发挥并依靠全网的整体功能,才能顺利地完成快件的传递任务。

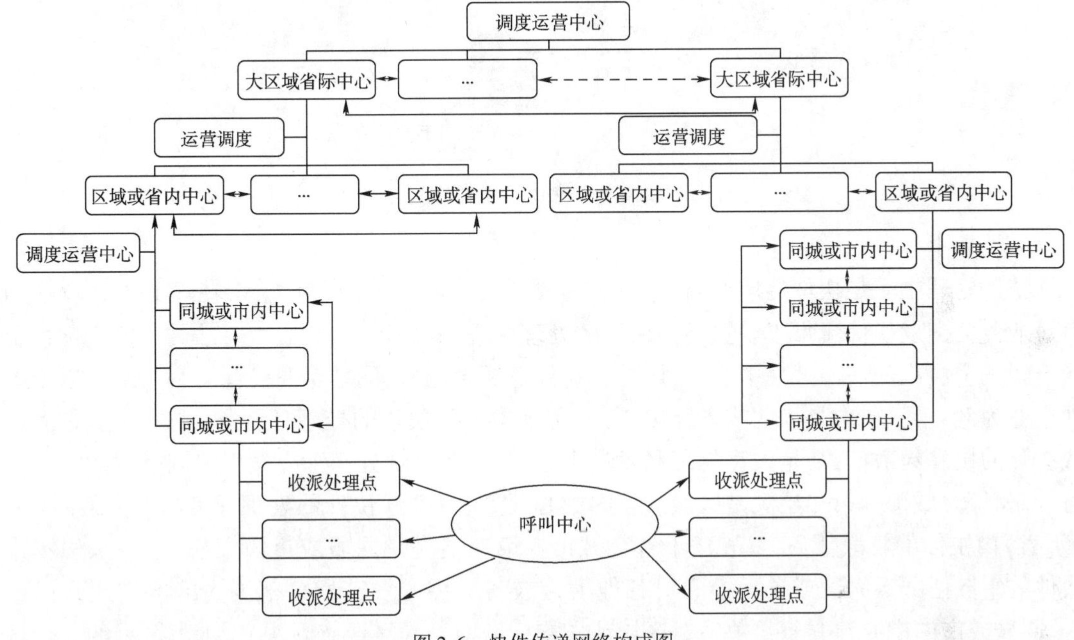

图2-6　快件传递网络构成图

1. 呼叫中心

呼叫中心,亦称"客户服务中心",是快递企业普遍使用的、旨在提高工作效率的应用系统。它主要通过电话、网络系统负责受理客户委托、帮助客户查询快件信息、回答客户有关询问、受理客户投诉等业务工作,见图2-7。

2. 收派处理点或营业网点

收派处理点或营业网点是快递企业收寄和派送快件的基层站点,其功能是集散某个城市某一地区的快件,然后再按派送段进行分拣和派送。

收派处理点或营业网点的设置,应依据当地人口密度、居民生活水准、整体经济社会发展水平、交通运输资源状况以及公司发展战略等因素来综合考虑,要本着因地制宜的原则,科学、合理地设置。从我国快递企业目前设置情况看,城市网点多于农村,东部地区多于西部地区,经济发达地区多于经济欠发达地区。收派集散点是快件传递网络的末梢,担负着直接为客户服务的功能。

随着快递服务业的快速发展,快递企业收派处理点的硬件设施科技含量日益提高、服务质量和效率得到进一步提升,服务功能也朝着日益多样化、综合化和个性化的方向发展。

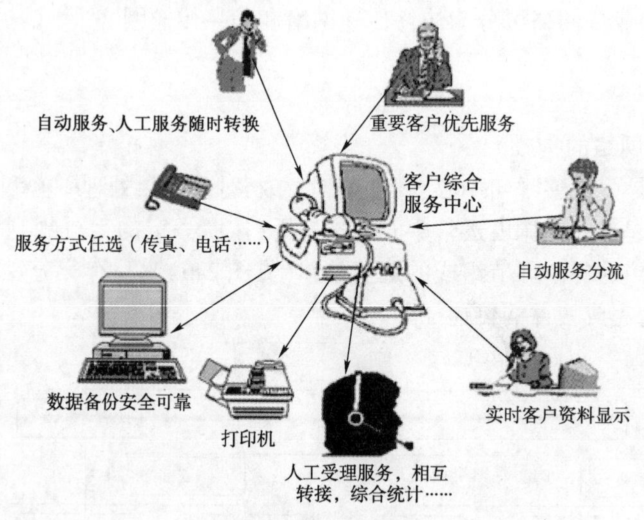

图 2-7　呼叫中心示意图

3. 处理中心

快件处理中心是快件传递网络的节点,主要负责快件的分拣、封发、中转任务。企业根据自身业务范围及快件流量来设置不同层级的处理中心,并确定其功能。在我国,一般全国性企业设置三个层次的快件处理中心,区域性企业设置两个层次,同城企业设置一个层次。以全国性企业为例,第一层次是大区或省际中心,除完成本地区快件的处理任务外,主要承担各大区或省际的快件集散任务,是大型处理和发运中心,一般建于地处全国交通枢纽城市,如北京、上海、广州等大城市。第二层次是区域或省内中心,除完成本地快件的处理任务外,还要承担大区(省)内快件的集散任务,一般建于省会城市。第三层次是同城或市内中心,主要承担本市快件的集散任务。大区或省际中心对其他大区或省际中心及其所辖范围内的区域或省内中心、同城或市内中心建立直封关系。区域或省内中心对其大区或省际中心、本大区内的其他区域或省内中心,及其所辖的同城或市内中心建立直封关系。

处理中心的设置方式和位置,对快件的分拣、封发和交运等业务处理和组织形式,以及快件的传递速度和质量起着决定性的作用。

随着快递技术含量的上升和快件业务量的增加,快件处理中心的处理方式也正在由手工操作向半机械化和自动化处理方式过渡。

4. 运输线路

运输线路是指快递运输工具在快件收派处理点、处理中心间以及所在地区车站、机场、码头之间,按固定班次及规定路线运输快件的行驶路线。运输线路按所需运输工具可分为航空运输线路、火车运输线路、汽车运输线路和水运线路。

运输线路和运输工具是保证快件快速、准确送达客户的物质基础之一,是实现快件由分散(各收寄点)到集中(各处理中心)再到分散(各派送点)的纽带。

5. 调度运营中心

调度运营中心是控制并保证快递网络按照业务流程设计要求有序运行的指挥中心。它需要按照预定业务运营计划和目标实行统一指挥,合理组织、调度和使用全网络的人力、物力和财力资源,纠正快件传递过程中出现的偏差或干扰,确保快递网络迅速、高效的良性运转。

(二)快件传递网络的层次划分

快件传递网络是企业按照快递业务流程及快递业务实际运营的需要设立的,每一企业的快件传递网络是一个有机的整体。从我国快递企业的实际情况看,不同企业对快件传递网络又划分出不同的层次。一般而言,全国性企业的网络分为三个层次,即大区或省际网、区域或省内网,以及同城或市内网。

1. 大区或省际网

大区或省际网主要承担省际的快件传递任务。它连接各大区或省际处理中心(包括国际快件处理中心),通过陆路和航空运输组成一个复合型的高效快递运输干线网络,见图2-8。

由于大区或省际网是整个快件传递网的关键环节,又最容易出现堵塞和其他问题,必须建立统一有序的指挥调度系统,及时进行信息反馈,以确保网络的畅通无阻。

该类网络的设立与改造,应遵循社会发展和市场经济需求相适应的原则、追求经济效益与社会效益相一致的原则,以及确保快件快速、有序、安全、准确运递的原则。

2. 区域或省内网

区域或省内网是大区或省际网的延伸,与同城或市内网联系密切,在快件传递网络中起着承上启下的作用。

区域或省内网以区域或省内处理中心为依托,通过以汽车、火车运输为主的运输线路与和其有直封关系上级、同级及下级处理中心相连接构成的。如图2-9所示,杭州是区域或省内中心,其上级中心是上海,下级中心是绍兴、金华等同城或市内中心。杭州通过汽车、火车运输与其上下级中心之间构成区域或市内网。

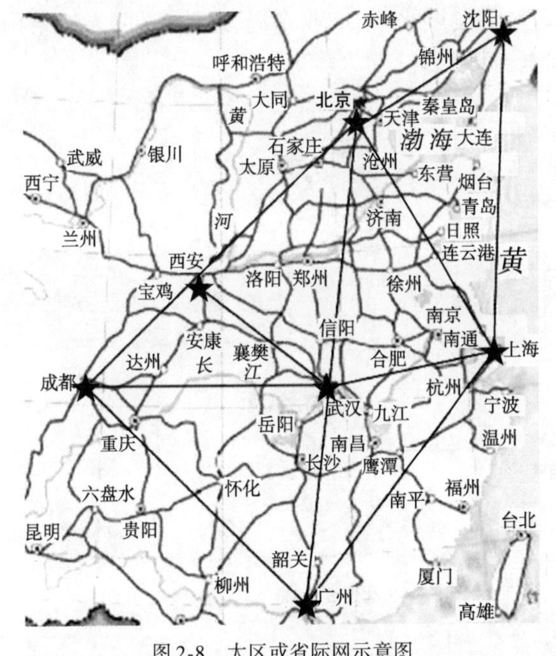

图2-8　大区或省际网示意图

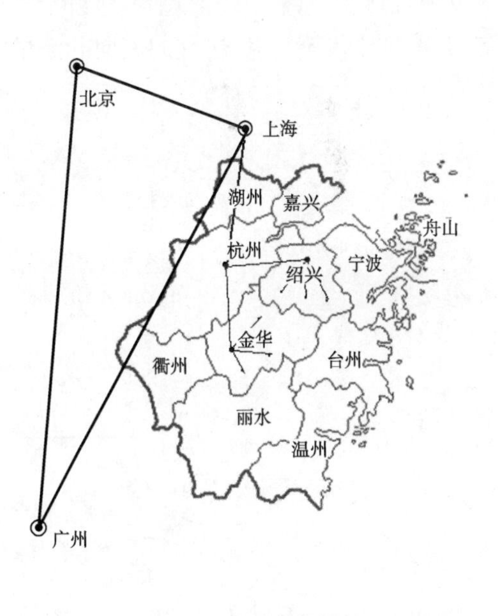

图2-9　区域或省内网

区域或省内网按快件运输的方式,可划分为以公路运输为主的公路网络、以铁路运输为主的铁路网络以及由多种运输方式相结合的综合网络。

在区域或省内网中,根据快件的流向和流量、当地的地形地貌,以及交通条件等因素,形成不同的网络结构。从其运输线路看,一般常见的有辐射型、直线型和环线型,见图2-10。

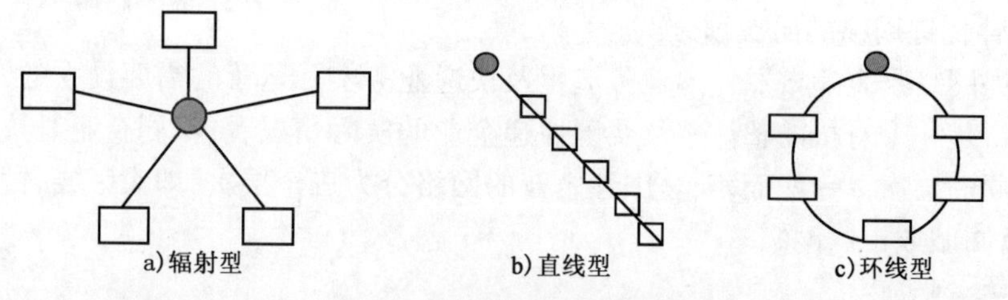

图 2-10　城际运输线路结构图

辐射型是指区域或省内处理中心与其所辖的同城或市内中心形成点对点的关系,各同城或市内中心的快件直接与区域或省内中心进行交换。

直线型表示快递运输工具从区域或省内处理中心出发,由近及远依次经过各同城或市内中心,并卸载到站快件,然后原车按原线路返回,由远及近依次装载待发送快件后回到区域或省内中心。

环线型表示运输工具从区域或省内处理中心出发,依次经过各同城或市内中心卸载到站快件,然后回到区域或省内中心。

混合型是指上述三种基本运输线路的组合。

3. 同城或市内网

同城或市内网是由同城或市内处理中心与若干个收派处理点组成的,除负责快件的收取和派送外,还负责快件的分拣、封发等工作。

同以上二级网络相比,同城或市内网的设置,更多需要考虑的是本地的具体因素,比如市政发展规划、土地征用政策、基本建设投资成本,经济发展水平、产业布局、运输条件,人口结构与密度,文化传统特点,快件的流向和流量等因素,见图 2-11。

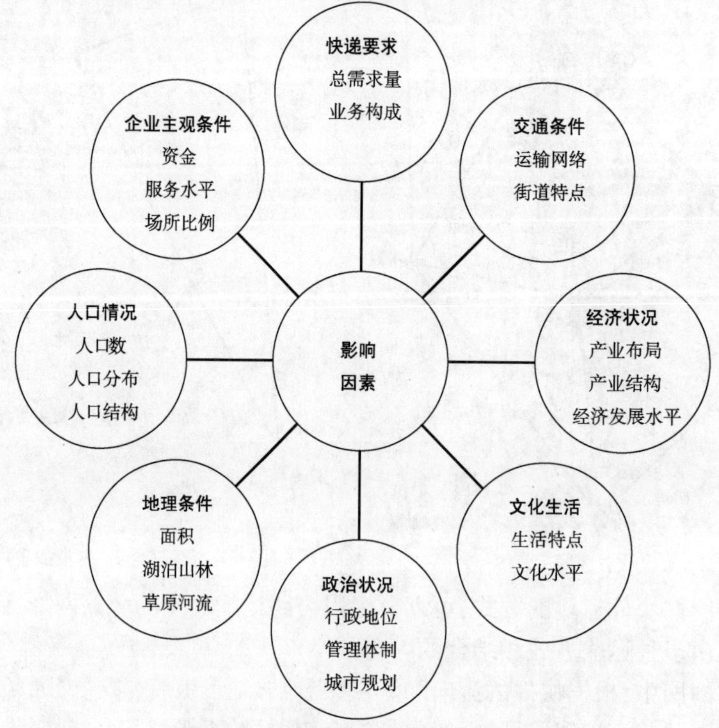

图 2-11　同城或市内网建设的影响因素

四、信息传输网络

在快件传递的过程中，始终伴随着快递相关信息的传输，这些信息包括单个快件运单的信息、快件总包的信息、总包路由的信息，以及快件传递过程中每个节点产生的信息等。传输这些信息的网络就叫做信息传输网络。

快递信息网络主要具有以下作用：第一，实现了对快件、总包等信息的实时传递；第二，实现了企业快递信息资源最大限度的综合利用与共享；第三，便于企业运营管理，提高工作效率，规范操作程序，减少人为差错；第四，便于企业为客户提供更优质的服务，包括为客户提供快件查询；第五，有利于增强企业竞争能力，促进企业可持续发展。

快递信息系统网络由物理系统和软件系统两大部分组成。物理系统主要包括信息采集和处理设备、信息传输线路以及信息交换、控制与存储设备。软件系统包括操作系统、数据库管理系统和网络管理系统。

快递企业这种复杂的信息必须通过不同层次和级别的网络及硬件设备连接和管理，因而快递企业都会量身定做适合自身的信息系统网，以辅佐实物传递网的正常运行。快递信息网络的建设，是一项庞大而且复杂的系统工程，耗资巨大。因此，快递企业应根据自身业务的发展情况，实施分阶段建设的策略，逐步予以完善。在进行硬件建设的同时，应特别注意软件系统的基础建设和技术更新。

第四节　快递服务环节与要求

一、快递服务的环节

快递服务是在承诺的时限内快速完成寄递服务，具有服务范围广泛，服务内容复杂，服务要求严格的特点。

快递服务总体上要遵循系统优化、质控严格、信息完备与协调、作业安全的原则，为客户提供迅速、准确、安全、方便的快递服务。

快递服务主要包括快件收寄、快件处理、快件运输和快件派送四大环节（见图 2-12）。

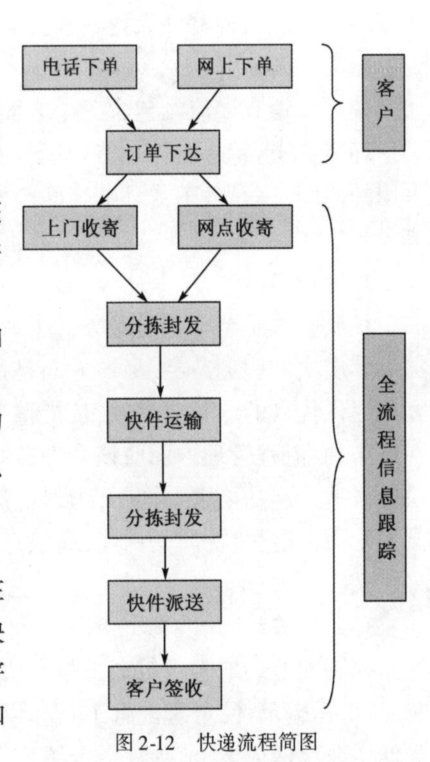

图 2-12　快递流程简图

在快递服务四大环节中，不仅每个环节存在大量的组织作业运转工作，而且各个环节之间也需要密切配合、有效组织，从而保证快件传递的动态过程科学、高效。

1. 快件收寄

快件收寄，是快递流程的首要环节，是指快递企业在获得订单后由快递业务员上门服务，完成从客户处收取快件和收寄信息的过程。快件收寄分为上门揽收和网点收寄两种形式，其任务主要包括验视快件、指导客户填写运单和包装快件、计费称重、快件运回、交件交单等工作。

2. 快件处理

快件处理,包括快件分拣、封发两个主要环节,是快件流程中贯通上下环节的枢纽,在整个快件传递过程中发挥着十分重要的作用。这个环节主要是按客户运单填写的地址和收寄信息,将不同流向的快件进行整理、集中,再分拣并封成总包发往目的地。快件的分拣封发是将快件由分散到集中、再由集中到分散的处理过程,它不仅包括组织快件的集中和分散,还涉及控制快件质量、设计快件传递频次、明确快件运输线路和经转关系等工作内容。

3. 快件运输

快件运输,是指在统一组织、调度和指挥下,按照运输计划,综合利用各种运输工具,将快件迅速、有效地运达目的地的过程。快件运输主要包括航空运输、陆路运输和水路运输三大方式。三种运输方式各具特点,经营方式、运输能力和速度也各不相同。快递企业可根据快件的时效与批量等实际要求,选择合适的运输方式来保证快速、准确地将快件送达客户。随着市场经济的飞速发展,航空运输在快件运输中日趋普遍,地位日益提高。

4. 快件派送

快件派送,是指业务员按运单信息上门将快件递交收件人并获得签收信息的过程。快件派送是快递服务的最后一个环节,具体工作包括进行快件交接、选择派送路线、核实用户身份、确认付款方式、提醒客户签收、整理信息和交款等项工作。快件派送工作不仅是直接保证快件快速、准确、安全地送达客户的最后一环,也是同客户建立与维护良好关系的一个重要机会。

二、快递服务的基本要求

为了保证快件以最快的速度和安全、准确、优质的传递质量,以尽可能少的成本和尽可能便捷的方式从快件寄件人送达收件人,快递服务整个流程必须遵循以下基本要求:

1. 有序流畅

快递流程有序流畅包含三个方面内容:一是工作环节设置合理,尽量不出现重复、交叉的工作环节;二是每一工作环节内运行有条不紊,操作技能和方法运用合理,尽量减少每个岗位占用的时间;三是各工作环节之间衔接有序,运行平稳。上下环节之间应相互配合,保证节奏流畅。

2. 优质高效

优质高效是整个快递服务的生命线。优质,一方面是指最大限度地满足各类客户的需求,提供多层次的服务产品,另一方面是指本着对客户负责的精神,保证每个工作环节的质量,为客户提供优良的服务。高效,是指整个快递流程必须突出“快”的特点,这就要求在网络设计、网点布局、流程管理方面应该合理有效,在工具、设备和运输方式的选择方面能够满足信息和快件快速传递的要求。同时,为保证流程的优质高效,还应合理配置人员,加强员工培训,提高员工素质。这里,优质是保障,高效是灵魂,没有优质,高效就没有基础;没有高效,优质就会失去意义。

3. 成本节约

控制和节约成本应贯穿于整个快递业务流程。应该尽量减少和压缩不必要的快件中转环节,降低运输消耗,合理配置工具和设备,节约使用物料,充分利用一切可重复使用的资源,以降低企业快递成本,节约社会资源。

4. 安全便捷

安全是快递服务始终遵循的基本原则之一。在整个快递流程中,必须最大限度地降低可能会引发快件不安全的一切风险,保证快件在收寄、包装、运输、派送等过程中免受损坏和丢失;确保信息及时录入、准确传输,不发生丢失和毁灭等。

同时,要体现方便客户的人性化服务,在服务场所设置、营业时间安排、上门收寄和派送服务等方面,都应体现出便捷的服务特点,以满足客户的需求。

第三章　快递业务基础知识

前面述及,快递业务按寄达范围分为国内快递业务、国际快递业务、港澳台快递业务三大类。这三类业务除了覆盖地理范围和进出口要求不同外,在业务流程、服务模式和付费方式方面大致相同,这里重点介绍国内快递业务知识,简要介绍国际快递业务和港澳台快递业务知识。

第一节　快件的定义和分类

一、快件定义

快件是快递服务组织依法递送的信件、包裹、印刷品等的统称。

二、快件分类

不同种类的快件具有不同的性质和特点,快件业务可以按以下六种方式进行分类。

1. 按照内件性质不同分类

所谓内件,是指客户寄递的信息载体和物品。根据信息载体和物品的概念,快件主要可分为信件类快件和物品类快件两种。

2. 按照寄达范围不同分类

按寄达范围不同可将快件分为国内快件、国际快件、港澳台快件。

3. 按照快递服务时限分类

按照快递服务时限快件可分为标准服务快件、承诺服务时限快件。

(1)标准服务快件

标准服务快件是指快递服务组织从收寄快件开始,到第一次投递的时间间隔符合快递服务标准承诺时限要求的快件。一般,同城快件时限不超过 24 小时,异地快件时限不超过 72 小时。

(2)承诺服务时限快件

承诺服务时限快件是一项兼具时效性和稳定性的高品质快递服务,是指对纳入承诺范围城市间互寄的快件承诺全程时限,对超过承诺时限的快件则退还已收取的费用。

4. 按照赔偿责任分类

按照赔偿责任不同快件分为保价快件、保险快件和普通快件。

(1)保价快件

保价快件是指寄件人按规定交付保价费,快递服务组织对该快件的丢失、损毁、内件短少承担相应赔偿责任的快件。

如果保价快件在传递过程中发生遗失、损坏、短少、延期等问题时,客户可向快递企业提出

索赔诉求,快递服务组织须承担相应的赔偿责任。

(2)保险快件

保险快件是指客户在寄递快件时,除交纳运费外,还按照快递企业指定的保险公司承诺的保险费率交纳保险费的快件。如果保险快件在传递过程中发生遗失、损坏、短少、延误等问题时,客户有权向承包的保险公司提出索赔要求。

(3)普通快件

普通快件,是指只交纳快件运费而不对快件实际价值进行保价并交纳保价费的快件。《邮政法》第四十五条第二款明确规定:"邮政普遍服务业务范围以外的邮件的损失赔偿,适用有关民事法律的规定"。同时,《邮政法》第五十九条又规定:"第四十五条第二款关于邮件的损失赔偿的规定,适用于快件的损失赔偿"。这就明确了快件的损失赔偿适用于有关民事法律的规定。

5. 按照付费方式分类

按照付费方式不同,快件分为寄件人付费快件、收件人付费快件和第三方付费快件。

6. 按照结算方式分类

按结算方式分类,快件分为现结快件和记账快件。

第二节　快递业务知识

一、国内快递服务的主要服务环节

国内快递服务是指从收寄到投递的全过程均发生在在中华人民共和国境内的快递服务。国内快递服务分为省内快递和省际快递,省内快递分为同城快递和省内异地快递。无论是省内快递还是省际快递,主要服务环节和禁限寄物品规定基本一致。

国内快递服务的主要服务环节为:收寄、分拣、封发、运输、投递,以及查询、投诉和申诉、赔偿等。

二、国际快递服务的主要服务环节

国际及港澳台快递业务流程与国内快递业务一样,都要经过收寄、分拣封发、运输和派送四大环节。其主要区别在于,国际快件在入境和出境过程中,需接受我国和有关国家海关的进出境检查,必须办理通关手续。

提供国际快递服务的快递企业的有关业务人员,不仅要熟悉和掌握我国通关的有关法规、政策、制度和程序,而且还必须了解和掌握有关主要国家的通关的规定和知识。

国际快递服务包括国际进境快递服务和国际出境快递服务。

三、快件通关相关知识及要求

(一)我国海关对快递物品的规定

国家对禁止出入境物品有明确的规定。这些规定主要是从保护国家安全、国家利益和公民生命财产安全角度确定的。禁止入境的物品包括武器、毒品、影响环境和危害社会道德的物品以及其他对个人、环境和国家安全有影响的物品。禁止出境的物品包括涉及国家秘密的信息资料、文物、濒危动植物、影响国家安全的音像制品和印刷品等。

限制出入境物品,主要不是整体禁止该种物品的出入境,而是对数量、价值进行限制。例如,对入境的烟草和外币不超过一定数量等等。同时,对出境的物品也有类似的限制,如一般文物、贵重中药材等等。

快递企业和快递业务员,必须熟悉并严格遵守国家的有关规定,在工作过程中要严格把关,不发生收寄和派送国家明令禁止进出境的物品情况,也不过量收寄不符合限寄要求的物品。

(二)快件通关相关知识和要求

1.报关部门

从事国际快递服务的快递服务组织可设立报关部门,根据有关规定向当地海关申请代理报关资格,办理代理报关业务,并配合海关对受海关监管的进出口国际快件实施查验放行工作。另外,国际快递服务可采用代理报关办法,即由快递企业委托报关中介公司代理报关手续。

2.报关知识

快件的报关和查验应当在快递企业所在地海关办公时间和专门监管场所内进行。如需在海关办公时间以外或专门监管场所以外进行,需事先商海关同意,并向海关无偿提供必需的办公场所及必备的设施。

入境的快件,应当在运输工具申报入境后24小时内向海关办理报关手续;出境的快件,应当在运输工具离境前4小时向海关办理报关手续。

3.快递企业应承担的义务

快递企业经营进出境快件业务,应当承担下列义务。

(1)及时向海关呈交快件通关所需的单证、资料,并如实申报所承运的快件。

(2)通知收、发件人缴纳或代理收、发件人缴纳快件的进出口税款,并按规定对进出境快件交纳税费、监管手续费等。

(3)除非海关准许,快递企业应当将监管时限内的快件存放于专门设立的海关监管仓库内,并妥善保管。未经海关许可,不得将监管时限内的快件进行装卸、开拆、重换包装、提取、派送、发运或进行其他作业。对于进境快件,“监管时限”是指自运输工具向海关申报起至办结海关手续止;对于出境快件,“监管时限”是指自向海关申报起至运输工具离境止。

(4)海关查验快件前,快递企业有关业务人员应对快件进行分类。海关查验快件时,快递企业应当派工作人员到场,并负责快件的搬移、开拆、重封包装等。

(5)发现快件中含有禁止出境的物品,不得擅自处理,应当立即通知海关并协助其进行处理。

四、禁限寄规定

国家法令明确规定,任何组织和个人不得用快递网络从事危害国家安全、社会公共利益或者他人合法权益的活动,并明确规定了禁限寄物品的种类、收寄检查和管理制度。

国家法律、法规明文禁止寄递的物品共有14类,主要包括具有燃烧、爆炸、腐蚀、毒害和放射等性质的危险物品,譬如武器、弹药、刀具,鸦片、大麻、冰毒等物品,还包括严重危害国家安

全、破坏民族团结、破坏国家宗教政策、破坏社会稳定的禁寄物品,如宣扬法轮功邪教的宣传品,藏独、台独的标志物等。

限寄物品是指对国家规定的限制流通或实行特许经营的物品,例如烟酒等进行限量快递的物品。

另外,使用国际快递服务时,还要遵守收寄国、寄达国和中转国的相关禁限寄规定。

第四章 快递服务礼仪

第一节 快递服务礼仪

一、服务礼仪

(一)服务礼仪的内涵

礼仪作为人们思想、意识、修养、情操水平的重要标志,在现代社会中占据着极其重要的地位,服务礼仪是各服务行业人员必备的素质和基本条件。学习服务礼仪知识不仅有助于塑造良好的形象,还有助于提高综合素质。

1. 服务礼仪的内容

在道德思想方面,要加强服务人员的世界观和人生观改造,加强其思想品质和职业道德的培养,使其提供的服务是发自内心的、真诚的奉献。

在语言修养方面,服务人员应使用文明礼貌用语,尽量提高个人谈吐修养和口头表达能力。

在表情训练方面,开展文明优质服务,不仅要强调语言文明,还必须要强调表情优雅。优质服务所要求的表情必须以微笑作为最基本内容,辅之以温柔、和气、谦逊和真诚。这是一种后天的气质,是靠经常训练得来的。

在姿态矫正方面,服务人员要随时注意自己站、立、坐、行的姿态,使其尽量符合端正、大方、文明、优雅的标准。

在服饰搭配方面,服饰要整洁、得体、朴实、大方,有统一服装的要着统一服装,杜绝一切不得体和过分的修饰打扮。

在礼仪禁止方面,包括的内容很多,主要有:职业道德方面的禁止,如要忠于职守、恪守信用、不得歧视客户、不得违反承诺等;服务语言方面的禁止,如不得使用任何不文明语言;服务态度方面的禁止,如对待客户热情谦逊,不得与客户发生争执等;服饰方面的禁止,如女职工不准浓妆上岗、男职工不得留长发等;服务纪律方面的禁止,如不得泄露客户信息、禁止酒后上岗等。

可见,服务礼仪是一个人的综合素质体现。提高服务人员的服务礼仪水平,需要全方位提高服务人员的综合素质。

2. 服务礼仪的实质

服务礼仪的基础是知识素养。正如人们所说:"知识可以弥补外表的缺陷,美貌却永远无法弥补知识的缺陷。"服务礼仪作为人的一种内在素质的自然流露,知识素质是它本质的基础。作为一名服务人员,只有注重平时自身知识素养的全面提高,才能从内而外地自然流露出良好的服务礼仪。

(二)服务礼仪的基本要求

服务礼仪的基本要求主要包括语言修养和非语言修养两个方面的内容。

1.语言修养

“言为心声”,有声语言是人们在交往过程中表情达意的工具。一个现代化的服务人员必须具备良好的语言修养,准确把握语言技巧,努力使自己的语言完美化,使服务对象对服务人员产生敬重感,从而树立起良好的“服务礼仪形象”。语言修养主要有以下几点:

(1)从语言规范方面来说,在服务工作中服务人员应讲普通话。因为普通话可以准确、快捷地把需要传达的信息传递给对方;不能因为使用方言而使别人听不懂,耽误对方宝贵的时间,甚至产生误解,从而引起不必要的矛盾和冲突。

(2)从语言表达方面来说,服务人员应在掌握好本岗位专业知识之外,还要具备较强的语言表达能力及良好的沟通技巧。在与客户沟通时,应学会认真倾听,对对方的疑问能够快速反应并简洁、准确地作出回答,切忌啰嗦、语无伦次和答非所问。

(3)从语言礼貌方面来看,应当将敬语“您好”、“请”、“对不起”、“不客气”、“谢谢”等常挂在嘴边。这些语言看似简单、普通,但所起到的作用却不简单。面对客户,轻轻说一声“您好”,可使双方距离拉近;一句“您请”并伴以由衷的微笑,会使对方内心充满亲切和温馨;一句“谢谢”,会促进双方间相互的尊敬和理解。

(4)在语句选择上,服务人员在对客户的服务过程中,一般应多用陈述语句和一般疑问句,少用或不用祈使句和反问句;多用委婉征询语气,少用或不用命令式语气,责己不责人,尽量把责任推给自己。

2.非语言修养

研究非语言沟通的心理学家通过实验得出结论认为,在信息传递的全部效果中,55%靠面部表情,38%靠语言,而真正的有声语言效果只占7%,由此可见非语言修养在人际交往中的重要作用。要想树立良好的服务礼仪形象,非语言修养不容忽视。其内容主要包括以下方面:

(1)衣着要得体。一个人的衣着是其修养和文明程度的外在标志。服务人员衣着整洁、合群,对客户有着导向和潜移默化的影响。不修边幅、衣冠不整、蓬头垢面会带来许多负面影响。

(2)仪表要大方。如果一个服务人员仪表端庄、气质高雅、富有学识,能做到有问必答、笑脸相迎、主动服务,那么客户就会愿意与之交谈、接受帮助,从而更好地进行双方的合作。

(3)举止要文明。服务人员在工作中,要注意服务行为中每个动作的礼貌性,态度要温和,行为要端正。

(4)心境要良好。服务人员在服务工作中要始终保持良好的心境。良好的心境来源于自身的虚心修炼、准确的职业定位和丰富的经验。具有良好的心境,就会有温文尔雅、平心静气、和蔼可亲的态度,而且仪表也会越显得自然、不矫揉造作。另外,在出现矛盾时,良好的心境还可有助于理智地、平心静气地去解决问题。

二、快递服务礼仪

快递业务员是快递公司与客户联系的重要桥梁,快递业务员的服务礼仪是客户衡量快递公司服务人员最基本也是最直观的内容之一。

(一)快递服务一般礼仪

俗话说"站有站姿、坐有坐姿",就是要求大家的仪态要落落大方,站、坐、行都要有度。一般人认为,基本的礼仪仪态有站姿、行姿、坐姿、手势和表情五个方面,这五个方面作为一个整体构成了基本的礼仪形象。

1. 站姿

站姿是一个人全部仪态的根本之点。良好的站姿应有挺、直、高的感觉,真正像松树一样舒展、挺拔、俊秀。标准的站姿为:头部抬起,双眼平视,颈部挺直,双肩放松,自然呼吸,双臂自然下垂,放于身体两侧,手部虎口向前,手指稍许弯曲,指尖朝下,两脚呈"V"状分开,两者之间相距一个拳头的宽度。采取站姿后,从正面看,主要特点是头正、肩平、身正,给人以稳重、大方、俊美、挺拔之感。

在遵守基本站姿的基础上,还可以有一些局部的变化。男性与女性在站姿方面的差异主要表现在以下方面:

男性应表现出刚健、潇洒、英武、强壮的风采,体现出一种壮美感,见图4-1。站立时,也可以将双手相握,叠放于腹前,或者相握于身后;双脚可以叉开,与肩同宽。

女性则要表现出轻盈、大方、娴静、典雅的韵味,给人一种优美感。双手可相握或叠放于腹前,双脚可以在以一条腿为重心的前提下稍许叉开。同时,女士需要注意一点,不论是在什么场合,也不管以何种站姿站立,均应有意识地双膝靠拢,见图4-2。

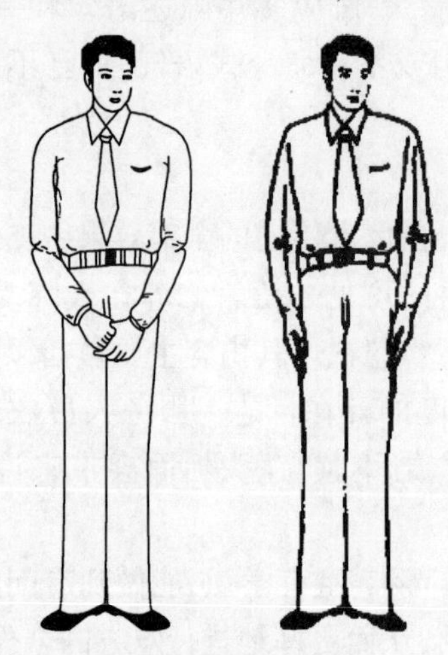
图4-1 标准男士站姿

图4-2 标准女士站姿

与人交谈过程中,可视情况,适当调整站姿。比如,在与人短时间交谈、倾听他人诉说时,可适当调整站姿,头部微微侧向对方,双脚一前一后站成"丁字步",略微收腹、收臀,这样站看起来较为优雅。采用此姿势,重心不要频繁转换,否则给人不安稳的感觉。

站立时切忌东倒西歪,耸肩驼背,左摇右晃,两脚间距过大。站立交谈时,身体不要倚门、靠墙、靠柱,双手可随说话的内容做一些手势,但不能太多太大,以免显得粗鲁。在正式场合站立时,不要将手插入裤袋或交叉于胸前,更不能下意识地做小动作,如摆弄衣角、咬手指甲等,这样做不仅显得拘谨,而且给人一种缺乏自信、缺乏经验的感觉。男性站立时注意双脚距离不能过大,女性站立时不要让臀部撅起。

优美的站姿不是天生就有,人们可以通过以下训练来培养良好的站姿。

一是对镜训练法。要求每人面对镜子检查自己的站姿:正面看是否有歪头、斜肩,侧面看是否有含胸、驼背、挺腹、弯腿等,如发现问题要及时调整。同时对镜训练自己在站立时的面部表情,要保持自然微笑。

二是贴墙训练法。要求后脑勺、双肩、臀部、小腿、脚后跟都紧贴墙壁,并在这几个部位的贴墙处,各放置一张卡片,训练中不能让其掉下。这种训练方法可使人的后脑、肩部、臀部、小腿、脚跟保持在一个平面上。

三是背靠背训练法。要求两人一组,背靠背站立,两人的头部、肩部、臀部、小腿、脚跟靠紧,并在两人的肩部、小腿部和各自的膝间相靠处各放置一张卡片,训练中不能让其滑动或掉下。这种训练不仅要让训练者有身体上下处于一个平面的感觉,而且更强调训练者整个身体的平衡、协调和自然。

四是顶书训练法。要求无倚靠站立,把书本放在头顶中心。这种训练方法可使训练者的头和躯体保持平稳。

需要强调的是,站姿的训练不可能一蹴而就,优美的站姿靠的是日积月累。短期培训尽管能取得一定的效果,但平时若不有意识地去保持或不能坚持长期的训练,那么不良的姿势很快就会重现。

2. 行姿

行走姿势,又称行姿或走姿。它指的是人在行走的过程中所形成的姿势,它是站姿的延续动作。优美的行姿能展示人的动态美,体现出一个人的精神风貌。

行姿的基本要点是:身体协调,姿态优美,步伐从容,步态平稳,步幅适中,步速均匀,走成直线。行走方向要明确,给人以稳重之感;最佳步幅应为本人的一脚之长;速度均匀,不宜过快或过慢、忽快或忽慢,正常情况下,每分钟60~100步左右是比较恰当的;重心放准,起步之时,身体的重量要落在前脚掌。由于男女风格不同,男性行走速度稍快,步幅较大,步伐奔放有力;女性速度较慢,步幅较小,步伐轻快飘逸,见图4-3。

图4-3　标准行姿

行姿不好,不仅影响人的整体美感,还会导致腿部变形。行走的不良姿势有:踢着走,踢着走的时候身体会向前倾,走路时只有脚尖踢到地面,然后膝盖就一弯,脚跟往上一提,这样走路腰部很少出力,一般走小碎步,行姿很不雅;压脚走,与踢着走类似,但此类走路方式双脚着地时间比踢着走的长,走路时身体重量会整个压在脚尖,然后再抬起来,此种走法会形成萝卜腿;内八字走法,会造成O形腿;外八字走法,会产生X形腿;垫脚尖走,本意是为使步伐更为美妙,实际由于脚尖的用力造成膝盖用力于腿肚,导致萝卜腿。

行姿的训练有走直线训练法和顶书训练法两种。走直线训练法是在地上画一条直线,要求双脚踩着直线走。这种训练可纠正错误的步位,控制不当的步幅、速度,还可协调各种动作。训练宜循序渐进,最好配上节奏感较强的音乐。顶书训练法是将书本平稳地放在头顶上,然后起步,要求在行走中书本不滑落。这种训练是为了纠正走路时摇头晃脑、东张西望的毛病。

3. 坐姿

坐姿,指人就座时和坐定之后的一系列动作和姿势。坐姿文雅、大方,坐得端庄、自然,不仅给人以沉着、稳重的感觉,而且也是展现自己气质与风范的重要形式。

就座时,通常从左侧走向自己的座位,然后落座。若是走向他人对面的座位落座,最好是采用后退法,待腿部接触到座位边缘后,再随势坐下。穿裙装的女士就座,应先用双手向前拢平裙摆,然后再坐下。在就座的整个过程中,不管是移动座位还是放下身体,都不应发出噪声。

落座后,依照双腿与双脚所处的不同位置,可以采取以下几种坐姿。

正襟危坐式,又称基本坐姿或双腿垂直式,适用于最正规的场合,应为:上身与大腿、大腿与小腿都应形成直角;小腿垂直于地面;双膝、双脚(包括两脚跟)都要完全并拢(图4-4)。

双腿叠放式,适合穿短裙的女士使用,造型极为优雅,应为:将双脚完全的一上一下交叠在一起,交叠后的双脚之间没有任何缝隙,犹如一条直线;双脚斜放于左右一侧;斜放后的腿部与地面呈45°夹角;叠放在上的腿的脚面垂直地面(图4-5)。

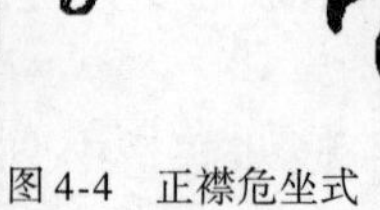

图4-4 正襟危坐式

图4-5 双腿叠放式

双腿斜放式,适合穿裙子的女士在较低处就座时使用,应为:双脚首先并拢,然后双脚向左或向右侧斜放,力求使斜放后的腿部与地面呈45°夹角。

前伸后曲式,适用于女性的优美坐姿,应为:大腿并紧后,向前伸出一条腿,并将一条腿曲后,双脚脚掌着地,双脚前后保持在一条直线上。

大腿叠放式,适合于男性在非正式场合使用,应为:两条腿在大腿部分叠放在一起,叠放后位于下方的一条腿的小腿垂直于地面,脚掌着地;位于上方的一条腿的小腿则内收,同时脚尖向下。

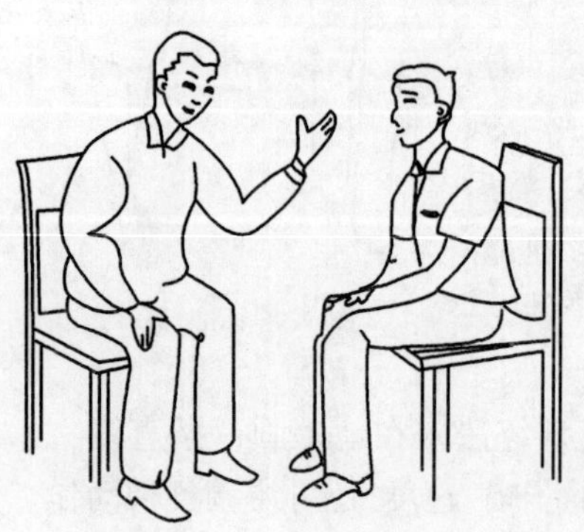

图4-6 双人面对面坐姿

双腿交叉式,男女皆可选用,适用各种场合,应为:双膝并拢,然后双脚在脚踝处交叉;交叉后的双脚可以内收,也可以斜放,但不宜向前方伸出去。当与客户面对面就坐时,以正襟危坐式的方式最佳,见图4-6。

离座时,起身动作应轻缓,保持上身是直立状态,可将右脚向后收半步,而后站起,待站定后,从座位的左侧离去。

蜷缩一团、半坐半躺、跷二郎腿和单脚踩凳等都是不良坐姿。蜷缩一团的坐姿会使脊柱向前弯曲,背肌受到牵引,长期如此,腰背肌过度疲劳形成劳损,脊柱也会失去正常生理弯曲,易损伤致痛;坐在靠椅边缘、背部靠在靠背上的半坐半躺姿势,腰部以下没有支撑,腰部悬空,向后受力加重,易引起腰痛;跷二郎腿则是“有姿势,无实际”的坐姿,经常固定架起一侧腿的人,该侧臀部及大腿外侧的肌、筋过劳而造成慢性损伤,同时也会一定程度的造成盆骨

侧倾;单脚踩凳的坐姿是坐下后缩起一腿踩在凳上,这种姿势会使盆骨向一边倾斜、腰部弯向一侧,导致双侧腰肌力平衡失调,易造成腰肌劳损、腰椎错位等伤害。

由此可见,良好的坐姿对人的气质修养及身心健康都有着重要作用,要通过不断的坐姿自我控制练习来培养良好的坐姿。

4. 手势

手势是一种无声的语言,在交往中有着丰富的含义,是一种表现力很强的体态语。使用手势时,需要注意把握好以下三个原则。

一是规范原则。根据惯例,人们在交往中,表示“再见”、“请进”,或“鼓掌”、“介绍”等,都有其规范的手部动作,不能随意改变和乱加使用,以免产生误解,引起麻烦。

二是贴切原则。手势语的使用要适应交往情境和环境,适合不同的交往对象,要考虑到双方关系、年龄、地位、心理及文化背景等方面的差异。例如,与老年人交谈时,若将双手背于身后,有不敬之嫌。又如,在我国,招呼他人过来时,习惯于伸出右臂,掌心向下动,这手势在英国则被认为是“去那边”的意思,而在美国,则只能用于唤狗过来。

三是适度原则。手势语在交际中的作用显而易见,但这并不意味着多多益善。多余的手势,不仅不能表情达意,反而是画蛇添足。而当众搔头皮、掏耳朵、抠鼻孔、剔牙齿、修指甲、挠痒痒、摸脚丫、搓泥垢等不卫生的手势,以及在与人交谈时,用手指指点他人,或在桌子上乱涂、乱画等手势都是不良行为,有损服务人员形象,应极力避免。

5. 交谈

与客户交谈是快递服务人员不可避免的行为,如何得体地完成每一次交谈尤为重要。在与客户交谈时,应注意以下一些方面。

在表情方面,眼神可以流露出内心的情感,给人以不同的感受:在与人交谈中,热情、真诚的目光,会让人感到你对他的欢迎、尊重;狡黠、游离不定的目光,会使对方产生不信任;目不转睛、长久地瞪视,甚至可能激起对方的愤怒。在与别人交谈中,应注意注视他人的部位与注视的角度。注视对方的常规身体部位有:对方的眼睛,但时间不宜过久,否则双方都会难堪;对方的面部,注视他人的面部时,最好不要聚集于一处,而以散点柔视为宜;如没有任何理由而注视对方的头顶、胸部、腹部、大腿都是失礼的表现。人们运用目光来进行交流,如果目光运用不当,不仅会影响信息的传递、感情的交流,而且容易引起误会,甚至可能带来麻烦。因此,在运用目光时要特别注意。

除了前面提到的,运用不当的目光还有:第一,当别人说错了话或拘谨不安时,仍直视对方。这种目光会被误解为对他的讽刺和嘲笑。第二,在与多人共处时,只注视着某一个人。这种目光会使别人觉得受到冷落。此时,应保证重点、兼顾多方,要让每一个人都能得到你的注视。第三,对别人浑身上下反复打量,尤其是对陌生异性。这种目光易被理解为有意寻衅闹事。第四,与人见面,不是正视对方而采用俯视。这是一种居高临下的目光,让人有不平等、受歧视的感觉。第五,窥视他人。这种目光表明了你心中有鬼。第六,频繁地眨眼,快速转动眼球。这就是挤眉弄眼,会给人留下轻浮、不稳重的印象。

除了眼神,微笑也是一种生动的表情,会创造出令人备感轻松的氛围。它是人们领会的最快最好的一种情感,是人际交往的最佳入场券。快递服务人员应该做到:一到岗位,就把个人的一切烦恼和不安置于脑后,振作精神,把微笑服务贯穿于工作的全过程中。微笑的基本方法是:面部肌肉放松,嘴角两端微微向上提起,唇部略呈弧形,不发声、不露齿地轻轻一笑。除此之外,还应注意面部其他部位的相互配合。通常,微笑时,眼睛略微张大,目光亮而有神,眉头自然舒展,眉毛微微上扬。微笑虽然是"世界通用语言",但也不能不分场合、不看对象地随意使用。微笑要兼顾对象,当对方存在生理缺陷、满面哀愁,或当对方由于说错了话、做错了事、出了洋相而颇感尴尬时,都不应该面带微笑。

在与客户交谈的动作举止上,应该控制和规范自己的一些有意或无意的动作。如快递服务人员在讲话时,可用适当的手势来补充和说明所阐述的具体事情;若倾听客户讲话时,则可以用点头、微笑等来反馈"我正在注意听"、"我很感兴趣"等信息。适度的举止既可表达敬人之意,又有利于双方的沟通和交流。

在适当的运用一些动作时,快递服务人员也应避免过分、多余的动作。与人交谈时可有动作,但动作不可过大,更不要手舞足蹈、拉拉扯扯、拍拍打打等行为。为表达敬人之意,切勿在谈话时左顾右盼,或是双手置于脑后,或是高架"二郎腿"。交谈时应尽量避免打哈欠,如果实在忍不住,也应侧头掩口,并向他人致歉。尤其应当注意的是,不要在交谈时以手指指人,因为这种动作有轻蔑之意。

(二)快递服务形象礼仪

1. 面部卫生

面部清洁与护理是保持良好仪表仪容的基础。面部清洁的标准是:无灰尘、无污垢、无汗渍、无分泌物、无其他不洁之物。快递服务人员在进行面部修饰时注意保持清新自然而不过分做作。

因为男性户外活动多,加上油脂分泌较旺盛,皮肤较粗糙,更易产生黑头、皱纹等,如果皮肤护理不当,容易在社交中给人不好的印象。男性服务人员应该刮净胡须;面部保持清洁,眼角不留有分泌物,如戴眼镜,应保持镜片的清洁;保持鼻孔清洁,平视时鼻毛不得露于鼻孔外。

女性服务人员则要求在工作中化淡妆,淡妆以突出五官中最美的部分、掩盖或矫正缺陷部分为目的,通过恰当的淡妆修饰,实现自然、清晰、大方的美。女性化淡妆的程序有隔离肌肤与彩妆、修正肤色、画眉妆、化眼妆、化唇妆和定妆六步。

2. 口腔卫生

保持口腔清洁是与人交际必需的环节,也是当今文明社会交往所必须要求的。口腔清洁的目标是拥有一口洁白清新的牙齿。

在工作中应预防口臭。因口臭从口腔里发出的难闻的气味,不仅致使对方不悦,也会使自己难堪。故存在口臭问题时,应避免用嘴呼吸,以免呼出的异味影响到他人,在工作时也应注意保持一定的距离,必要时也可用手来遮掩,或用口香糖减少异味,但应避免在客户面前嚼口香糖这种不礼貌的行为。口臭作为一种疾病,既可能是内脏疾病引起的,也可能是口腔疾病或不注意口腔卫生引起的。有口臭者应在保持良好口腔卫生习惯基础上查明口臭的原因,尽早治愈。

同时注意,在工作前不吃有异味的食品,如蒜、葱、韭菜和臭豆腐等,不饮酒或含有酒精的饮料,谨慎处理饭后食物残渣;工作中应尽量不抽烟,以此来避免工作时的口臭问题。

3. 头发卫生

头发反映着一个人的道德修养、审美水平、知识层次及行为规范,可以通过个人的发型来判断其工作单位的高低层次。快递服务行业人员的发型要给人以亲切感,要勤洗,无头皮屑,且梳理整齐。

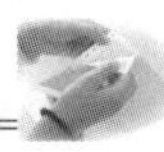

男士头发长短要适中，不剪怪异发型，不留长发，以前不盖额、侧不掩耳、后不及领为宜；女士宜选轻便式短发、自然式束发，但不宜披发。

4. 耳、鼻部卫生

耳、鼻部是很多快递服务人员容易忽视的部位，需要更加注意清洁卫生。

服务人员要对耳廓、耳根后及耳孔边经常进行除垢，不可在此处留皮屑。但此举不宜在工作岗位上进行，特别是不要在客户面前掏自己的“耳屎”。

快递服务人员切勿当众用手去擤鼻涕，更不要用力吸入腹中，去除鼻涕宜在无人在场时进行，以手帕或纸巾进行辅助。注意不要将此举搞得响声太大。

有的快递服务人员耳孔周围会长出一些浓密的耳毛，有人鼻毛长到一定程度也会冒出鼻孔之外，对此，应定期检视、修剪。

5. 手部卫生

在快递服务中，手臂通常被视为快递服务人员所拥有的“第二枚名片”，一双清洁的手是快递服务人员的基本要求。工作中，握手等手部姿态都会使对方由手对你产生第一印象，所以手部卫生在仪容中占有很重要的位置。人们很容易将手的形象与个人形象乃至个人修养相联系。

快递服务人员要求手臂干净整洁，饭前便后要洗手。指甲要经常修剪，指甲的长度不应超过指尖。长指甲不仅不利健康，服务中还容易伤到他人。指甲缝中不能有污垢。不能用牙齿啃指甲，也不能在公共场合修剪指甲，这都是不文明、不雅观的举止。此外，快递服务人员不能在工作岗位上乱用双手，如揉眼、挖耳、抠鼻、剔牙、抓痒等，也不能用双手四处乱摸。在手臂上刻字刻画更是在严禁之列。

（三）快递服务服饰礼仪

1. 着装

快递服务人员应着公司统一工装。工装，一般泛指人们在工作场合的着装，对快递服务人员来说，工装就意味着在其工作之时，按照有关规定应当穿着与本人所扮演的服务角色相称的统一制作的正式服装。上岗时着工装，不仅减少了快递服务人员在服饰搭配上的精力消耗，保证全体员工着装的整齐划一，而且还可以同时增强其归属感、向心力和凝聚力。快递服务人员身着的工装要熨烫整齐，不得有污损；衣服袖口须扣上，衣领要摆好，上衣下摆须束在裤内；系深色皮带，鞋带要系好，保持鞋面干净，穿深色袜子，不得穿着拖鞋或高跟鞋上班。

2. 配饰

按公司的不同规定，若有需要，工牌应时刻佩戴于胸前。可以不佩戴任何饰物，但是如果佩戴了饰物，则一定要合乎身份。不得佩戴装饰性很强的装饰物、标记和吉祥物。手腕除了手表外最好不再戴有其他装饰物。

（四）快递服务行为礼仪

行为礼仪是快递服务人员最应注意的一个方面，其直接影响着客户对快递服务人员及快递公司的价值判断。作为一名快递服务员，一言一行不但代表自己，更代表着公司的企业形象，如果在服务过程中语言不规范，态度不佳，行为让人难以接受，不但会导致公司的信誉下降，也会影响到个人的工作业绩。

1. 公共场合礼仪

在公共场合，快件业务员应遵纪守法、尊老爱幼、乐于助人、见义勇为；应爱护公共设施，爱

护园林设施,爱护公共绿地;在使用公共卫生间时,应做到便后随手冲水,洗完手后随手关上水龙头。

2. 上门服务礼仪

打招呼是与客户沟通的第一步,积极、主动、愉快地与客户打招呼,将有助于与客户进行沟通。打招呼时看着对方的眼睛,会让对方觉察到对他的尊重;即便当对方看不到你的眼睛,也要看着对方打招呼。若仓促打招呼,即便穿着整洁、神清气定地去上门收派件,客户也会怀疑你的专业性与真实性。如果是在路途中遇到客人,不论你是否能够记得起是哪位客户,如果你鼓足勇气先行打招呼,你会给客户留下美好的印象。来到客户处,主动向前台门卫、客户或其他靠近的人员打招呼,这是体现对客户的尊敬。当对方在接电话或接待其他人员时,稍稍点下头或使用某些恰当的肢体语言会比唐突地打招呼更有效,等客户忙完了,再进行工作。

在与对方交谈时,开朗、清晰地说话,也是对对方的尊重,仅做姿势,会让对方不知所措。即使是很小的差错,有效地使用委婉的语言,也可以缓和双方的气氛,让对方更能接受你的歉意。在答话过程中,不论是对客户,还是公司的同事及生活中的亲人或朋友,如果有意或无意地发出轻蔑的语调,或丢下刺耳的话,都会给你带来意想不到的麻烦。

点头是其中的一种答话方式。当交谈时,对方看得见会有很好的效果,如果对方看不见,还使用点头的方式答话,会被对方认为是不礼貌的行为。即使只是随声附和:是、明白、听到了、知道了,也会让交谈对方感受到你在认真听他们说话。

在上门服务时,应将手机设置到振动或无声状态,以免由于手机铃声突然响起而影响你的服务质量或引发客户的不满情绪。

3. 窗口服务礼仪

窗口是客户了解快件企业最直观的渠道。能够准确、迅速地接待客户是对窗口服务人员最基本的要求。在客户向窗口靠近的过程中,窗口服务人员应迅速做出反应,主动向客户问好、询问客户需求,并帮助和指导客户完成快件寄递业务。

4. 接、递物品礼仪

快递业务员在向客户递送或接收快递物品、运单、宣传单或其他票据时,都应采取双手递上或接过来的方式,以示对客户的尊重。如果是需要客户签字,应双手将文件递上,并使文件的正面对着客户一方。

如果向客户发放宣传单页被拒绝时,快递业务员也应双手从客户手中接过宣传单页,并说:“如果您今后有这方面的需要,我将随时为您送上业务介绍单”。快递业务员切忌单手用力抽回单页或做出其他气愤动作。

(五)快递服务用语礼仪

快递服务人员与客户交谈时,应使用文明语言,尽量少用专业术语,让客户有亲切感,避免出现影响交流效果的情况。

1. 日常服务用语

在快件服务中,语言要亲切,招呼要热情,待人要诚恳有礼貌,主动、恰当、自如地使用文明用语。常见的礼貌用语有:“您好;请;对不起;麻烦您……;劳驾;打扰了;好的;是;清楚;请问……;请稍等(候);抱歉……;没关系;不客气;有劳您了;非常感谢(谢谢);再见(再会)”等等。快递业务员在与客户打交道时应分别使用以下文明礼貌用语。

在同客户打招呼时,可以说:

早上好/下午好！我是××快递公司快递服务人员。

您好，我是××快递公司快递服务人员，让您久等了！

称呼客户时，可以用：

贵公司/贵部门（对方公司的称呼）；

姓氏+先生/小姐（对客户本人的称呼）；

我们（对自己公司的称呼）；

我（对自己的称呼）。

同客户交流时，可以说：

您说/请讲；

是的/嗯/知道/明白；

还请您阅读一下……

打扰一下，请您在这里签个字；

请让我来帮您包装快件吧；

真是对不起，刚才是我搞错了，我马上更正，请您谅解；

谢谢您的信任，我们会准时将所寄物品送至收件方的，打扰您了；

谢谢您了，总是承蒙关照，希望下次再为您服务。

当遇到客户寄递的物品属于违禁品时，可以解释和劝阻说：

对不起/非常抱歉，这种（类）液体属于易燃液体，是航空违禁品，不能收寄，请您谅解；

对不起/非常抱歉，这种（类）粉末会被认为是违禁品而被有关部门查扣，不能收寄，请您谅解；

非常抱歉，这种（类）物品在运输途中可能会存在安全隐患，不能收寄，请您谅解。

在任何情况下，都应避免使用以下粗俗或带有攻击或侮辱性的语言：

◆你家这楼真难爬！

◆运单怎么还没有准备好啊，我很忙！

◆每次到您这里都耽误我好多时间，您看，今天又是这样！

◆你怎么这么笨，都教过您好多次了，还要问如何填写运单！

◆你们公司到底在哪里啊，我的腿都要走断了还找不到！

◆我们公司不是为你家开的，说怎样就怎样！

◆嫌贵，就别寄了！

◆我没时间，自己填写！

◆找领导去/您找我也没用，要解决就找领导去！

◆有意见，告去/你可以投诉，尽管去投诉好了！

2. 电话礼仪

电话已是现代社会最重要的沟通渠道。为更好地开展业务，也要求快递服务人员掌握正确的电话礼仪，来更好地处理客户、自身和公司的关系。

快递业务员应时刻保持手机畅通，及时接听电话。接、打电话时，都应当马上告知自己的身份，如："您好，我是××快递公司。"这样就不会让客户产生猜疑，并可节省时间。如果对方没有告诉你他的姓名，而你主动告诉他时，可以减少敌对的气氛。

在通话过程中要专心，边吃东西或喝饮料边打电话是对客户的极端不尊敬，如果你真得必须分神来照顾其他事,请向客户解释清楚并请客户稍等。用手捂住听筒讲话也会让客户感觉不礼貌。在与客户通电话时,尽量减少其他声音。

如果因故无法按时到达客户处,要在第一时间通知公司客服部门,向客户致电表示歉意,争取得到客户谅解。

在确定对方确实已经讲完时,再结束电话,并让对方先挂断电话后自己再挂断电话。

常用的电话文明礼貌用语有:

早上好/下午好/打扰您了,我是××公司快递服务人员,前来收件/派件。

您好,打扰您了,我是××公司快递服务人员,现在为您派件,但不知您的具体位置是在哪?

您好,打扰您了,我是××公司快递服务人员,您是在××大厦A座×楼吗?

很高兴与您通话,×先生/小姐。

不好意思,我马上到您那派件,请您稍等。

第二节 快递业务员服务规范

在快递服务过程中,快递服务人员,尤其是与客户发生直接联系的一线快递服务人员,其形象和服务规范对于完成工作具有十分重要的作用。快递服务人员规范的服务会起到开发新客户与巩固老客户的双重作用。本节重点介绍收派人员和窗口处理人员的服务规范。

一、快件收派

快递收派员到达目的地后,就要进入客户单位或小区里进行快件收派工作。在工作中,收派员代表公司以工作身份进入客户所在场所,不应私带亲属、朋友,避免给客户带来困扰。

1. 等待进门

在客户单位或小区时,应主动出示工牌,礼貌地与客户处的员工打招呼并进行自我介绍,如:“您好!我是××快递公司快递服务人员,我是来给×先生/小姐收/派快件的。”

在客户场所需配合客户公司或小区的要求办理相关进出入登记手续,及时归还客户公司的相关证明,如放行条、临时通行证等。

若由收发室(小区物业等)统一办理收派快件的,事先应向客户确认,并得到客户许可,否则应向工作人员说明快件的重要性和责任,尽量由客户亲自签收,但无论何种情况都不得与前台人员发生任何口角和冲突

当前往客户办公室(房间)时,无论客户办公室(房间)的门是打开还是关闭,都应该按门铃或敲门向客户请示。若按门铃,用食指按门铃,按铃时间不超过3秒,等待5~10秒后再按第二次;若需要敲门时,应用食指或中指连续敲门三下,等候5~10秒门未开,可再敲第二次,敲门时,应用力适中,避免将门敲得过响影响其他人;在等候开门时,应站在距门1米处,待客户同意后方可进入房间内。

2. 进门

进门后,于客户场所应遇事礼让、和平共处,不东瞅西望,对除客户外的相关人员,如客户的同事、朋友应礼让三分,在征得客户同意后,才能进出客户办公场所或其他地方;在客户处的走廊、大厅、电梯里遇到客户处的员工都应主动让路,如确需超越时应说:“对不起,麻烦一

下”。快递服务人员切忌出现手把门框、脚踏墙壁的动作。

针对与客户的熟悉程度不同，应采用不同的自我介绍方式。如是上门服务次数较少于，不认识客户或与客户不熟悉，应面带微笑、目光注视客户，采用标准服务用语，自信、清晰地说："您好，我是××快递公司快递服务人员×××，我是来为您收件的"，介绍的同时出示工牌，把工牌有照片一面朝向客户，停顿2秒，让客户看清楚照片和姓名；如上门服务次数较多，与客户很熟悉或属于公司经常服务的客户，可省略自我介绍，但应热情主动与客户打招呼，并直接表示："您好，×先生/女士，我是来为您收件的。"

当对方在电话中或接待其他人员，稍稍点下头或使用某些恰当的肢体语言会比唐突的打招呼更有效，等客户忙完了，再进行工作。

3. 收派等待

当到达客户所在场所，不能马上收取快件时，要态度谦逊、礼貌地上前询问，并视等候时间做出调整，责怪、不耐烦的询问语气只会增加客户的反感而不会得到帮助。千万不要埋怨客户，对服务行业来说，这是大忌。

如果快递服务人员到达客户处，客户还没有把需要托寄的物品准备好，收件员应礼貌地询问还需多长时间，如果在15分钟内不能准备好的话，应做到：一是向客户解释因时间紧张，还需去其他公司收取快件，不能长时间等候，告知客户准备好后再打公司接单电话，同时快递服务人员本人应打电话跟公司讲明情况，说明已去过但客户未准备好。二是与客户约定收件时间，在约定时间内一定要赶回客户处收取快件，同时也应向公司备案。

在短时间的快件收派等待时间内，快递服务人员未经客户允许，不得随意就坐或随意走动，任意翻看客户处的资料、不耐烦、私喝客户处的水、与前台人员开玩笑、吸烟等更是不允许，也不得在客户处大声喧哗，私自使用客户电话，这都将会引起客户怀疑甚至反感。在客户处使用手机时也应尽量小声，以不影响到客户为原则。

4. 快件签收

将快件双手递给客户，并说"×先生/小姐，这是您的快件，请确认一下。"

若客户没有疑问，则用右手食指轻轻指向运单上收件人签署栏，"×先生/小姐，麻烦您在这里签收，谢谢"；若客户对快件有疑问，应礼貌提醒客户："请您和寄件客户再联系确认一下好吗？"

在签收过程中，如发生快件损坏、部分遗失、货件数量不符等情况，导致客户拒绝签收时，需做耐心解释，态度要不卑不亢、不温不火、有礼有节，不能与客户发生任何争执，及时与公司联系，协商处理办法。

5. 快件收取

询问客户，"×先生/小姐，这是您要寄的快件吗？"并双手接过客户递过来的快件。

将运单双手递给客户，"请您填写运单"或"请问运单填好了吗？"

6. 快件验视

无论货物是否包装好，快递服务人员都应礼貌地询问和验视客户所托寄物品的内容，"×先生/女士，为了对您负责，请允许我帮您确认一下包装内的物品、数量或内包装是否完好，以免有什么遗漏。"

如若验视出所寄物品为违禁物品时，应礼貌地告知客户公司不予受理的物品，并给予解释，"对不起/非常抱歉，这种（类）物体属于易燃液体（危险物品），是航空违禁品，不能收寄，请您谅解。"

验视快件时应尽量小心,要让客户感觉到你对客户托寄物品的爱护。

7. 快件包装

对于验视确认能够快递的快件,如果客户已提供包装,要仔细检查其严实性与牢固程度。在客户面前做好易碎品的相应防护措施及标识,并主动提醒和协助客户加固包装,客户心理会更加踏实和放心。

如果客户没有进行包装,则应当着客户的面进行包装,按照公司规定操作,操作时不要影响客户的办公,如有纸屑或其他杂物落下应及时拣起并放入纸篓中或带到外面投入垃圾箱中。

8. 快件称重

如在客户处称重或计算轻抛重量,应主动提示客户:"×先生、小姐,请您看一下,计费重量是×千克,运费是××元。"

如无法在客户处称重,应在征得客户同意后将货物带回公司称重,并于第一时间通知客户最终的计费重量和实际运费。如遇客户不信任的情况,快递服务人员应向其说明,"×先生/小姐,请您放心,我们会在第一时间将准确的计费重量通知您,另外,我们公司在这方面监督是非常规范和严格的。"

9. 填写运单

在客户不明白运单填写的相关内容时,应主动做出合理解释。

当运单填写不详细时,快递服务人员应耐心解释,"×先生/小姐,为了保证您的快件准时、安全、快捷地送达,麻烦您把××栏目详细填一下,谢谢您。"

10. 客户签字

将运单双手递给客户,并用右手食指轻轻指向寄件或收件人签署栏,"×先生/小姐,麻烦您在这里签名,谢谢!"

将客户留存条递给客户,"请您收好,这是给您的留底,作为查询的凭证",并告知客户,"这次快件的运费一共是××元。"

11. 收费

快递服务人员须按运单上的应收运费进行收取,不得以任何理由收取任何额外费用,如联系电话费、过路费、过桥费等。当客户付运费时,应双手接受客户交付的运费。根据客户的要求开出收据或回公司开具发票并及时交给客户。

12. 辞谢与道别

所有收派工作完成后,一定要进行辞谢和道别。辞谢时,可以说"谢谢您,希望下次再为您服务。"此时,眼睛一定要看着客户,即使客户背对着你或低着头,也要让对方清楚地听到(但不能影响客户处其他的人员),以让客户感觉到对他的尊重。之后微笑着道别,"还有快件要发吗?谢谢您,如有需要请随时致电我们,再见。"离开办公室时应把门轻轻带上。与客户道别,如果话说得好,会让客户很受用;不与客户道别,扬长而去,会给客户多少好像少点什么的感觉,最后客户会总觉得不放心。

二、窗口收寄人员服务规范

1. 准备工作

窗口收寄人员应提前到岗,穿着工装、佩带工牌,检查各项准备工作是否完成,在规定时间

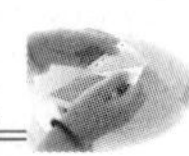

准时对外办理业务。

当客户走近窗口时，临近窗口服务人员应分辨身份、起身对客户打招呼："您好，请问您办理什么业务？"

2. 窗口服务

(1)收寄

如果问清楚客户是前来寄送快件的，窗口服务人员应说："×先生/小姐，这是您要寄的快件吗？"并双手接过客户递过来的快件。

将运单双手递给客户，"请您填写运单。"或"请问运单填好了吗？"

无论货物是否包装好，快递服务人员都应礼貌地询问和检查客户所托寄物品的内容，"×先生/女士，为了对您负责，请允许我帮您确认一下包装内的物品、数量或内包装是否完好，以免有什么遗漏。"

如若检查出所寄物品为违禁物品时，应礼貌地告知客户公司不予受理的物品，并给予解释，"对不起/非常抱歉，这种(类)物体属于易燃液体(危险物品)，是航空违禁品，不能收寄，请您谅解。"

检查快件时应尽量小心，要让客户感觉到你对客户托寄物品的爱护。对于检查确认能够快递的快件，如果客户已提供包装，要仔细检查其严实性与牢固程度。在客户面前做好易碎品的相应防护措施及标识，并主动提醒客户并加固包装，客户心理会更加踏实和放心。如果客户没有进行包装，则应当着客户的面进行包装。

快件在秤上显示重量后，应主动提示客户："×先生、小姐，请您看一下，计费重量是×千克，运费是××元。"

在客户不明白运单填写的相关内容时，应主动做出合理解释。当运单填写不详细时，快递服务人员应耐心解释，"×先生/小姐，为了保证您的快件准时、安全、快捷地送达，麻烦您把××栏目详细填一下，谢谢您。"

将运单双手递给客户，并用右手食指轻轻指向寄件或收件人签署栏，"×先生/小姐，麻烦您在这里签名，谢谢！"

将客户留存条递给客户，"请您收好，这是给您的留底，作为查询的凭证"，并告知客户，"这次快件的运费一共是××元。"

(2)签收

如果问清客户是前来取快件的，窗口服务人员应说：请您出示您的有效证件。双手接过客户证件后，对客户说：请您稍等，我给您查找您的快件。

找到快件后，双手将快件递给客户，"这是您的快件，请确认一下。"若客户没有疑问，则用右手食指轻轻指向运单上收件人签署栏，"×先生/小姐，麻烦您在这里签收，谢谢！"若客户对快件有疑问，应礼貌提醒客户："请您和寄件客户再联系确认一下好吗？"

在签收过程中，如发生快件损坏、部分遗失、货件数量不符等情况，导致客户拒绝签收时，需做耐心解释，态度要不卑不亢、不温不火、有礼有节，不能与客户发生任何争执，及时与公司联系，协商处理办法。

3. 送别客户

当客户办理完业务离开柜台时，窗口服务人员应对客户道别："谢谢您，请慢走！"

第五章　安全知识

第一节　国家安全知识

一、国家安全的概念

国家安全是维持主权国家存在和保障其根本利益的各种要素的总和,既包括传统的政治安全和军事安全,也包括非传统的、非军事领域的经济安全、社会安全、科技安全和资源环境安全等。

二、国家安全的重要性

国家安全直接关系社会主义制度的稳定以及改革开放和社会主义现代化建设的顺利进行。任何个人和企业都有维护国家的安全、荣誉和利益的义务,不得做出有危害国家安全、荣誉和利益的行为。因此作为快递业务员,必须了解并掌握国家安全的相关知识。

三、快递企业及其从业人员维护国家安全的权利和义务

1. 权利

根据《中华人民共和国国家安全法》的规定,国家对支持、协助国家安全工作的公民和组织给予保护,对维护国家安全有重大贡献的给予奖励;快递企业及从业人员对国家安全机关及其工作人员超越职权、滥用职权和其他违法行为,都有权向上级国家安全机关或者有关部门检举、控告;对协助国家安全机关工作或者依法检举、控告的公民和组织,任何人不得压制和打击报复。

2. 义务

由法律规定的公民和组织的义务,是国家运用法律的强制力保障实施的,是必须履行的,违反法律规定、不履行义务者就要承担相应的法律责任。快递企业作为一个社会组织、快递业务员作为一个公民,同样承担着维护国家安全的义务。

《中华人民共和国国家安全法》对公民和组织维护国家安全所必须承担的义务作了如下七条规定:

(1)教育和防范、制止的义务;

(2)提供便利条件和协助的义务;

(3)及时报告的义务;

(4)如实提供情况和协助的义务;

(5)保守秘密的义务;

(6)不得非法持有属于国家秘密的文件、资料和其他物品的义务;

(7)不得非法持有、使用窃听、窃照等专用间谍器材的义务。

第二节　信息安全知识

一、快件信息安全的概念

快件的信息安全是指通过制定规章制度和技术措施,防止在未经许可的情况下,修改、盗窃客户快件的信息或对快件进行物理破坏。保证客户快件中的个人和商业信息安全,是快递业务员必须履行的职责和义务。

二、快件信息安全的重要性

随着信息化建设的不断深入,国民经济和社会发展对信息化的依存度越来越高,信息安全已成为国家安全、城市安全、公共安全的关键环节。快件中的某些重要信息,一旦发生安全问题,有可能影响社会稳定和经济运行,其后果将是灾难性的。快递企业能否保证快件中的信息安全将直接影响到快件能否安全、及时地送达客户,关系到快递企业的服务质量和信誉。

三、保障快件信息安全的基本要求

(1)快件在处理过程中,除指定的有关工作人员外,不准任何人翻阅信息。

(2)快递从业人员不得私自抄录或向他人泄露收、寄件人名址、电话等快件信息。

(3)处理快件的工作场所,除有关工作人员外,其他人员不得擅自进入。

(4)严禁将快件私自带到与工作无关的任何场所。

(5)严禁隐匿、毁弃或非法开拆快件,发现此类现象时应立即制止,并及时向主管部门报告。

(6)申请改寄、撤回或更改收件人地址、姓名,必须严格审阅有关证件,在未确认寄件人和办妥手续前不得将快件交申请人阅看。

(7)发现包装破损并有可能暴露内件信息时,应立即报告主管人员。

第三节　职业安全知识

职业安全是指企业应按照国家有关职业安全与卫生法规的要求,为职工提供一个符合国家职业安全和卫生标准的工作场所或作业环境,劳动者则应懂得有关职业安全与卫生的法规和相关知识,正确掌握安全使用生产设施和劳动保护用品的方法,以保护自己免受职业事故或职业病的伤害。职业安全不仅关系到广大职工的切身利益,也是快递企业安全、高效生产的有力保障。职业安全在现代企业管理中已显得日益迫切和重要。

一、职业病和工伤事故的预防

1.职业病的预防

(1)建立劳动卫生职业病防治网。由各级领导负责,有关方面大力协作,建立一个专业防治机构以及劳动保护专职人员组成的防护网,开展职业病的防治工作。

(2)建立空气中毒物浓度测定制度。定期测定,以提供改进预防措施的依据。

(3)建立工作前体检、定期体检制度。工作前体检在于防止患有某些疾病的人不适于该工作,如腰部受过重伤的工人不宜从事搬运工作。定期体检的目的在于早期发现职业危害对人体的影响,早期诊断,早期治疗。

(4)合理使用劳动防护用品,尽量减少快递企业常见的职业伤害。

(5)技术革新、工艺改造。这是预防职业病的重要途经,从根本上改善劳动条件,控制和消除某些职业性毒害。

(6)增加通风排气设备,将有毒气体局限化并及时排出;对少数高毒物质,必须采取严格密闭,隔离式操作,以避免或减少直接接触。

2. 工伤事故的预防

工伤预防措施可分为工程技术措施、教育措施、管理措施和经济措施等。

(1)工程技术措施是指对设备、设施、工艺、操作等,从安全角度考虑计划、设计、检查和保养的措施。

对新设备、新装置,从设计阶段开始就应充分考虑安全问题。一般新设备开始时能满足安全要求,但使用以后,因磨损、疲劳或腐蚀等因素的影响,设备也会转变为不安全状态。因此必须根据生产的发展和设备的使用情况,及时改进或采取相应的工程技术措施。工程技术措施是最基本的预防措施。

(2)教育措施是指通过不同形式和途径的安全教育,使职工掌握安全方面的知识和操作方法。安全教育不仅仅是为了学习安全知识,更重要的是要会应用安全知识。

在开展思想教育方面,要使企业领导、管理人员和操作人员从思想上认识到安全工作对生产的促进和保护作用,正确处理好安全与生产的关系,自觉地去组织和落实安全措施。加强法制观念,严格执行规章制度,是做好安全工作的基础。通过提高各级领导和广大职工的政策水平,正确理解安全生产方针,严格认真执行安全生产法规,做到不违章指挥、不违章作业。

在开展安全技术知识教育方面,应包括开展生产技术、安全技术和专业安全技术三个层次的教育。生产技术教育包括企业的基本生产概况、生产工艺流程、操作方法、设备性能以及产品的结构、质量和规格。安全技术知识教育包括企业生产过程中的不安全因素及其规律性、可预防性、安全防护基本知识和尘毒防治的综合措施,个人防护用品的正确使用、发生事故时的紧急救护及自救措施等。而专业安全技术知识教育是对特种作业人员进行的专门教育。掌握先进、实用的安全技术是进行安全生产的另一重要前提。

(3)管理措施是指由国家机关、企业单位组织制订有关的安全规程、规范和标准,从制度上采取的措施。管理措施包括贯彻实施有关法规、规章、标准、规范、安全操作规程,组织安全检查,落实岗位责任制、交接班制度以及各种安全认证制度,如挂牌操作等。

(4)经济措施是指采用经济手段辅助进行工伤预防。比较行之有效的措施是在企业内部设立各种安全奖。对安全生产落实到位的单位和个人进行物质奖励,反之,则进行相应的经济惩罚。

3. 工伤保险

工伤保险是指劳动者因在生产经营活动中或在规定的某些特殊情况下,遭受意外伤害、患职业病以及因这两种情况造成死亡,在员工暂时或永久丧失劳动能力时,员工或其遗属能够从国家、社会得到必要的物质补偿的一种社会保险制度。这种补偿既包括受到伤害的职工医疗、

康复的费用,也包括生活保障所需的物质帮助。工伤保险是社会保险制度的重要组成部分,也是独立于企事业单位之外的社会保障体系的基本制度之一。

《工伤保险条例》第十条规定:用人单位应当按时缴纳工伤保险费。职工个人不缴纳工伤保险费。用人单位缴纳工伤保险费的数额为本单位职工工资总额乘以单位缴费费率之积。

《工伤保险条例》第四条第3款规定,职工发生工伤时,用人单位应当采取措施使工伤职工得到及时救治。对受伤较轻的,可以到本单位的内部医疗机构进行简单处理;但对伤害严重的,应当将伤者尽快送到四周有相应处理能力的医疗机构进行抢救。一方面,用人单位的抢救要抢时间,以满足紧急救治工伤职工的需要;另一方面,用人单位在运送伤员时,要运用科学的卫生防护手段和技术,使伤情得以控制,而不加重病情。此外,根据1991年国务院制定的《企业职工伤亡事故报告和处理规定》,用人单位要及时地向有关部门报告,否则要受相应的处罚。

二、职业安全中的劳动防护用品

1. 劳动防护用品的概念

劳动防护用品是指为使劳动者在生产过程中免遭或减轻事故伤害和职业危害而提供的个人随身穿(佩)戴的用品。劳动防护用品除个人随身穿用的防护性用品外,还有公用性的防护设施和用具,如安全网、护罩、护栏等。

2. 快递业务员常用的劳动防护用品

(1)护腰带或护腰背心。用于腰的保护,防止快递业务员因长期搬运快件弯腰或腰部负力过重而引起腰肌劳损。

(2)口罩。快递业务员在粉尘较多的作业环境中,需要佩戴防护口罩,减少粉尘对身体的直接危害,预防尘肺病。

(3)防护鞋。用于保护足部免受伤害。快递业务员进入处理场地,需要穿上防护鞋,防止足部砸伤;雨雪天气,路面较滑时,应该穿上防滑鞋,防止摔倒。

(4)防护手套。用于手部保护,防止手部撞击、切割、擦伤。快递业务员在搬运有可能对手部造成伤害的(表面粗糙、锋利等)快件时,应该戴上防护手套。

三、企业的职业安全文化

企业的职业安全文化是指企业为了安全生产所创造的文化,是安全价值观和安全行为准则的总和,是保护员工身心健康、尊重员工生命、实现员工价值的文化,是得到企业每个员工自觉接受、认同并自觉遵守的共同安全价值观。企业安全文化体现为每一个人、每一个单位、每一个群体对安全的态度、思维及采取的行为方式。

企业的职业安全文化是实现职业安全的灵魂,当前,有的企业存在着这样的怪现象:一方面有严格的安全管理制度,另一方面员工对制度却熟视无睹,违章作业屡见不鲜,究其原因,主要是由于企业的职业安全文化基础不牢固。如果说制度的约束对安全工作的影响是外在的、冰冷的、强制执行的、被动意义上的,那么安全文化的作用则是内在的、温和的、潜移默化的、主动意义上的。企业安全文化所具有的凝聚、规范、辐射等功能不仅对企业安全生产,甚至对提升整个企业管理水平会产生巨大的推动作用。

良好的企业职业安全文化不仅会使企业的安全环境长期处于相对稳定状态,更重要的是经过职业安全文化的建立,能使员工的思想素质、敬业精神、专业技能等方面得到不同程度的提高,同时也会带动与安全管理相适应的经营管理、科技创新、结构调整等中心工作的平衡发展,这对树立企业的品牌形象和增强企业的综合实力等都将大有裨益。

第四节　快件安全知识

保证快件的安全是快递服务中一个非常重要的内容,快件的安全直接影响到快递企业的服务质量和企业形象。

一、快件安全的内容

快递企业应采取措施,确保快件安全:

(1)防止损毁。即防止快件受潮、污染、虫咬、鼠咬、火烧等造成损毁。

(2)防止被盗。防止快件整件或部分内件在收派过程中被盗。既要防止社会人员盗窃快件,也要加强内部快件安全管理。

(3)防止泄密。保守快件信息秘密,确保快件的安全。

(4)防止丢失。在外部收派过程中防止夹带快件、外包装破损等造成的快件丢失。

二、保障快件安全的注意事项

1. 利用非机动车收派

(1)快件不交由他人捎转带,不乱扔乱放,不让他人翻阅。

(2)进入单位或居民区内,车辆及快件应尽量放在视线可及或有人看管的相对安全的地方,做到快件不离身。

(3)收派快件时,不出入与工作无关的场所。

(4)雨雪天气准备好防水防冻物品,防止快件被淋湿。

(5)派送时,将快件捆扎牢固,使快件不裸露在外。在路上随时注意,避免快件掉落。

2. 利用机动车收派

(1)派送快件用的机动车后厢玻璃窗应安装防护网,摩托车装快件的容器应加装锁具。

(2)机动车递送快件时要将车辆放在适当的位置(视线可及或有人看管的较为安全的地方)。驾驶员下车时必须锁好车辆并将车钥匙取下,以确保快件和车辆的安全。

除此之外,快递业务员需要加强安全防范意识,克服麻痹思想,确保人身安全和快件安全。如发生快件、车辆被盗抢的情况,快递业务员应立即报警,并及时向领导汇报,妥善处理好被盗快件的善后工作。

第五节　交通安全知识

严格遵守交通安全规则是人身安全的重要保证,无论是汽车、摩托车还是自行车都要严格遵守交通法律法规,做到既保证自身的安全,又不对他人造成伤害。

一、驾驶汽车的安全注意事项

(1)预见性驾驶。许多交通事故都是由于驾驶员对险情确认迟缓或判断失误所致。为了

避免交通事故的发生，预测在什么的场合会有怎样的险情，对于安全驾驶非常重要。

学会判断——不要因错误判断或盲目自信导致事故；及时确认——对复杂的交通环境中可能出现的险情进行及时确认；有效操作——根据险情的程度，理智地采取相应驾驶操作。

（2）应急驾驶 。很多交通事故往往是因为一些突然情况所致，比如：爆胎、转向失控、制动失灵、火灾、碰撞、天灾（地震、发大水等）。驾驶员一旦遇上这些紧急情况，一定要采取必要的应急技术措施，最大限度地减轻或化解事故带来的损失和伤亡。

二、使用助力自行车的交通安全注意事项

（1）使用助力自行车驮载快件，长宽高不准超过规定限度：高度自地面起不宜超过1.5米，宽度左右不宜超出车把0.15米，长度前端不宜超出车轮，后端不宜超出车身0.3米。

（2）收派途中助力自行车应当在非机动车道内行驶。

（3）在没有区分机动车道与非机动车道的道路上，应当靠车行道的右侧行驶，并注意观察瞭望，避让机动车辆。

（4）转弯前，减速慢行，向后瞭望并伸手示意，确认安全后方可转弯。

（5）不牵引其他车辆，也不被其他车辆牵引；不攀扶其他车辆；双手不离车把。

（6）通过陡坡或交通情况复杂地段时，下车推行通过。

（7）超越其他车辆时，不能影响被超车辆和其他车辆的正常行驶。

三、使用摩托车的交通安全注意事项

（1）摩托车载物，高度从地面起不得超过1.5米，长度不得超出车身0.2米。两轮摩托车载物宽度左右不得超出车把0.15米；三轮摩托车载物宽度不得超过车身。

（2）按规定线路行驶。在道路同方向划有两条以上机动车道的，左侧为快速车道，右侧为慢速车道。在快速车道行驶的机动车应当按照快速车道规定的速度行驶，未达到快速车道规定的行驶速度的，应当在慢速车道行驶。摩托车应当在最右侧车道行驶。

（3）驾驶摩托车双手不得离开车把。

（4）不许在车把上悬挂物品。

（5）行车途中不准挂拨或接听电话。

（6）不准下陡坡时熄火或者空挡滑行。

第六节　消防安全知识

快递服务工作，尤其是快件处理场地同消防安全工作联系十分紧密。作为快递业务员，必须增强消防安全意识，掌握消防安全相关知识，以杜绝消防隐患。

一、处理场地的消防安全注意事项

（1）场地内要保持环境清洁，各种物料码放整齐并远离热源，注意室内通风。

（2）保证场地内防火通道的畅通，出口、通道处严禁摆放任何物品。

（3）场地内不得私接乱拉电源、电线，如确实需要，需报相关部门批准和办理。

（4）使用各种设备必须严格遵守操作规程，严禁违章作业。

(5)电气设备运行期间,要加强巡视,发现异常及时处理。

(6)避免各种电气设备、线路受潮和过载运行,防止发生短路,酿成事故。

(7)场地内禁止使用明火,如确实需要须征得安保部同意,在采取有效安全措施后,方可使用。使用期间须由专人负责,使用后保证处理妥当、无隐患。

(8)负责消防安全人员按时对本部门内各部位进行检查,出现问题及时报告。

(9)场地内,消防灭火器等消防器材及设施必须由专人负责,定点放置。定期检查自动报警系统、消防喷淋设备能否正常使用。

(10)当日工作结束前,应检查场地内所有阀门、开关、电源是否断开,确认安全无误后方可离开。

(11)发现火灾险情要积极扑救,并立即报警。

二、几种常见的灭火器

(1)二氧化碳系列灭火器:适用于扑灭油类、易燃液体、可燃气体、电器和机械设备等的初起火灾,具有结构简单、容量大、移动灵活、操作方便的特点。使用时,它喷出的二氧化碳灭火剂能使燃烧物的温度迅速降低,并隔绝空气,使燃烧停止,灭火后不留污渍。

(2)泡沫灭火器:适用于扑灭A类(木材、棉麻等固体物质)和B类(石油、油脂等自然液体)物质的初起火灾,是目前国内外油类火灾基本的扑救方式。泡沫与着火的油面接触,在油的表面形成一层抑制油类蒸发与氧气隔绝的保护膜,泡沫与保护膜起到双重灭火作用,具有操作方便、灭火效率高、有效期长、抗复燃等优点。适用于油田、炼油厂、原油化工企业、车库、飞机库、港口和油库等场所。

(3)干粉灭火器:适用于扑灭可燃固体(如木材、棉麻等)、可燃液体(如石油、油脂等)、可燃气体(如液化气、天然气等)以及带电设备的初起火灾。在一般场所作为机动灵活的消防设备。

三、处理场地灭火器放置环境条件的规定

(1)灭火器放置环境温度应与其规定的使用温度范围相符。

灭火器不得受烈日暴晒、接近热源或者受剧烈震动。因为温度过高或剧烈震动会使灭火器内压力剧增而影响安全。对于化学反应式灭火器,温度过高可能导致药粉分解而失效,而气温过低则影响喷射性能。水型灭火器,温度过低还可能导致药剂冻结,失去灭火能力,并可能损坏灭火器筒体。

(2)灭火器应放置在通风、干燥、清洁的地方。灭火器会因受潮或受化学腐蚀的影响而锈蚀,造成开关失灵,喷嘴堵塞,降低灭火器的使用寿命。

(3)灭火器放置地点应明显,距离地面高度为50厘米,便于取用,且不影响安全疏散,推车式灭火器与保护对象之间的通道应保持畅通无阻。

四、灭火和报警的基本方法

物质燃烧必须同时具备三个必要条件,即可燃物、助燃物和着火源。根据这些基本条件,一切灭火措施都是为了破坏已经形成的燃烧条件,或终止燃烧的连锁反应而使火熄灭。

灭火的基本方法有:冷却法,如用水扑灭一般固体物质的火灾,通过水吸收大量热量,使燃

烧物的温度迅速降低，最后使燃烧终止；窒息法，如用二氧化碳、氮气、水蒸气等降低氧气浓度，使燃烧不能持续；隔离法，如用泡沫灭火剂灭火，泡沫覆盖燃烧体表面，在冷却的同时让火焰和空气隔离开来，达到灭火的目的；化学抑制法，如用干粉灭火剂通过化学作用，破坏燃烧的链式反应，使燃烧终止。

接通“119”火灾报警电话后，报警人要向接警中心讲清失火单位的名称、地址、什么东西着火、火势大小等。同时，报警人要注意听对方提出的问题，以便正确回答；把自己的电话号码和姓名告诉对方，以便联系；打完电话后，立即派人到主要路口迎接消防车；迅速组织人员疏通消防通道，使消防车到达火场后能立即进入最佳位置灭火救援；如果着火地区发生了新的变化，要及时报告消防队，使其能及时改变灭火战术，取得最佳效果。

第六章 地理与百家姓知识

第一节 中国地理知识

一、中国地理概况

中国位于赤道以北,亚洲东部,太平洋西岸,它的版图被形象地比作一只头朝东尾朝西的雄鸡。

中国陆地总面积约960万平方公里,在世界各国中,仅次于俄罗斯和加拿大,居第三位,差不多同整个欧洲面积相等,是亚洲面积最大的国家。中国领土东西距离约5200公里,南北距离约5500公里,最东端在黑龙江省的黑龙江和乌苏里江主航道中心线的相交处,最西端在新疆帕米尔高原,最南端在南海南沙群岛的曾母暗沙,最北端在黑龙江省漠河以北的黑龙江主航道中心线上。

中国的大陆海岸线全长18000多公里,北起中朝边界的鸭绿江口,南到中越边界的北仑河口,沿海有许多优良港湾。我国所濒临的海洋,从北到南依次为渤海、黄海、东海和南海。

与中国陆地相邻的国家有14个,东邻朝鲜,西邻阿富汗、巴基斯坦,南邻缅甸、老挝、越南,北邻俄罗斯、蒙古,西北邻哈萨克斯坦、吉尔吉斯斯坦、塔吉克斯坦,西南邻印度、不丹、尼泊尔。同中国隔海相望的国家有6个,东面是韩国、日本,南面是马来西亚、文莱、印度尼西亚,东南面是菲律宾。

二、中国的区域划分及主要城市

(一)中国现行的行政区域划分

行政区域划分是一个国家为了进行分级管理而实行的国土和政治、行政权力的划分。具体地说,就是国家根据政治和行政管理的需要,根据有关法律规定,充分考虑经济联系、地理条件、地区差异、民族分布、风俗习惯等客观因素,将全国的地域划分为若干层次大小不同的行政区域,设置相应的地方国家机关,实施行政管理。行政区域划分以国家或次级地方在特定的区域内建立一定形式、具有层次唯一性的政权机关为标志。

根据《中华人民共和国宪法》规定,我国的行政区域划分如下:

(1)全国分为省、自治区、直辖市和特别行政区;

(2)省、自治区分为自治州、县、自治县、市;

(3)县、自治县分为乡、民族乡、镇;

(4)自治州分为县、自治县、市;

(自治区、自治州、自治县都是民族自治地方。)

(5)直辖市和较大的市分为区、县;

(6)特别行政区是根据《中华人民共和国香港特别行政区基本法》和《中华人民共和国澳门特别行政区基本法》设立的香港和澳门两个特别行政区。

目前中国有34个省级行政区,即23个省、4个直辖市、5个自治区和2个特别行政区,见图6-1。

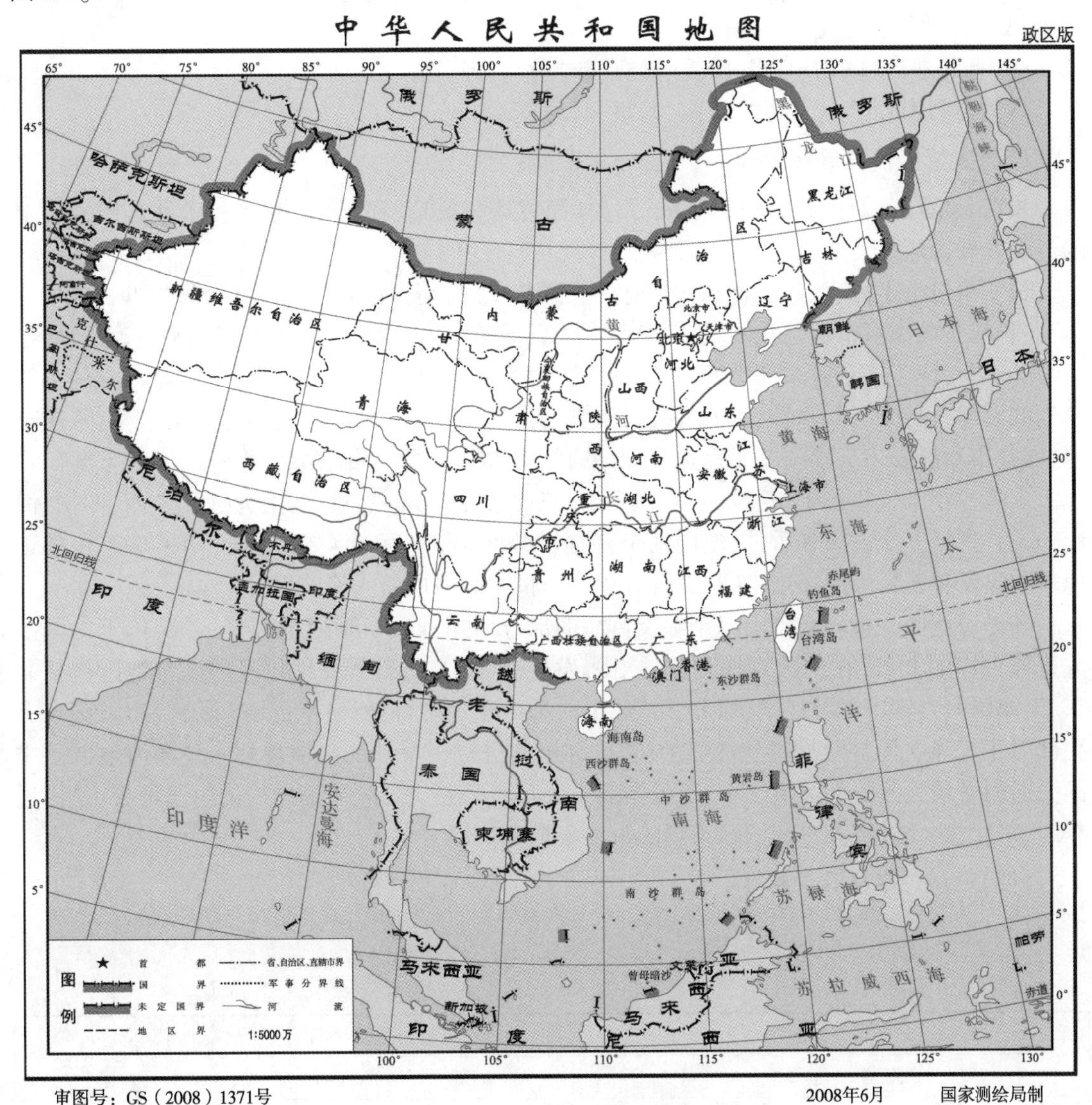

图6-1　中国行政区划图(资料来源:国家测绘局网)

(二)中国七大区划分

中华人民共和国成立后,为了适应革命和建设的需要,中央对中华人民共和国成立前的省级行政区划进行了大幅度的改革和调整,其中尤为重要的是建国初期六大行政区的设置,即东北、华北、西北、华东、中南和西南六个大区,其中中南区又被分为华南地区和华中地区。

大区是省级以上的行政区划单位,一方面代表中央人民政府领导区内各省、自治区、直辖市人民政府,是中央人民政府的派出机关,另一方面也是地方政权的最高机构,是一级地方政府。大区一级政府已经于1954年被撤销,但这一说法一直沿用至今。

(1)华北地区(北京、天津、河北、山西、内蒙古)

(2)华东地区(上海、江苏、浙江、安徽、福建、江西、山东)

(3)华南地区(广东、广西、海南)

(4)华中地区(河南、湖北、湖南)

(5)东北地区(黑龙江、吉林、辽宁)

(6)西北地区(陕西、甘肃、宁夏、青海、新疆)

(7)西南地区(重庆、四川、云南、贵州、西藏)

(三)主要经济发展区划分

长江三角洲(简称长三角)、珠江三角洲(简称珠三角)和环渤海地区是目前我国三大主要的经济发展区域。

长三角包括上海市、江苏省和浙江省。它紧临东海,是长江和钱塘江在入海处冲积成的三角洲,长江三角洲城市群是我国城市化程度最高、城镇分布最密集、经济发展水平最高的地区。

珠三角,位于广东省东部沿海,是西江、北江共同冲积成的大三角洲与东江冲积成的小三角洲的总称,包括广州、深圳、珠海、佛山、东莞、江门、中山、惠州市区、博罗县、惠东县、肇庆市区、四会市和高要市。水陆交通发达,与海外联系便捷,是内地沿海南部通向世界的重要门户地区。近些年来又提出了"泛珠三角"的概念,其中包括广东、福建、湖南、江西、广西、四川、海南、云南、贵州九个省区和香港、澳门两个特别行政区,简称为"9+2"。这说明了珠三角的迅速崛起以及有着巨大的拓展空间,并且有望成为世界瞩目的特大经济区。

环渤海地区是指环绕着渤海全部及黄海的部分沿岸地区所形成的经济区域,位于中国沿太平洋西岸的北部,在中国对外开放的沿海发展战略中,占有重要地位。环渤海地区包括北京、天津两大直辖市以及辽宁、河北、山东、山西和内蒙古中部地区,共五省(区)二市。国家有关部门正式确立了"环渤海经济区"的概念,并对其进行了单独的区域规划。环渤海地区是中国交通网络最为密集的区域之一,是我国航空、海运、公路、铁路、通信网络的枢纽地带,是沟通东北、华北、西北经济和进入国际市场的重要集散地。

(四)难认地名拼音注释

1. 东北区

省	市、县名称读音
辽宁省	阜(fù)新 桓(huán)仁 岫(xiù)岩
吉林省	磐(pán)石 乾(qián)安 镇赉(lài)
黑龙江省	肇(zhào)东 穆陵(líng)

2. 华北区

省、直辖市、自治区	市、县名称读音
天津市	蓟(jì)县
河北省	滦(luán)县 井陉(xíng) 蠡(lí)县 藁(gǎo)城 蔚(yù)县 任(rén)丘

续上表

省、直辖市、自治区	市、县名称读音
山西省	临猗(yī)　岢(kě)岚　稷(jì)山 隰(xí)县　忻(xīn)州　襄垣(yuán) 繁峙(shì)　芮(ruì)城　盂(yú)县
内蒙古自治区	巴彦淖(nào)尔　磴(dèng)口　扎赉(lài)特旗

3. 华东区

省	市、县名称读音
江苏省	邳(pī)州　溧(lì)阳　如皋(gāo) 睢(suī)宁　沭(shù)阳　邗(hán)江 盱眙(xū yí)　六(lù)合
浙江省	诸暨(jì)　鄞(yín)州　衢(qú)州 南浔(xún)　嵊泗(shèng sì)缙(jìn)云 上虞(yú)　台(tāi)州　丽(lí)水
安徽省	亳(bó)州　旌(jīng)德　砀(dàng)山 枞(zōng)阳　蚌埠(bèng bù)　滁(chú)州 歙(shè)县　濉(suī)溪　黟(yī)县 颍(yǐng)上　宿(sù)州
福建省	闽侯(hòu)　柘(zhè)荣　建瓯(ōu) 诏(zhào)安
江西省	余干(gàn)　鄱(pó)阳　弋(yì)阳 婺(wù)源
山东省	莘(shēn)县　济(jǐ)南　兖(yǎn)州 郓(yùn)城　郯(tán)城　莒(jǔ)县 牟(mù)平　临朐(qú)　邹(zōu)平 淄(zī)博　无棣(dì)　鄄(juàn)城 茌(chí)平

4. 华中区

省	市、县名称读音
河南省	荥(xíng)阳　渑(miǎn)池　浚(jùn)县 郾(yǎn)城　濮(pú)阳　临颍(yǐng) 泌(bì)阳　鄢(yān)陵　嵩(sōng)县 郏(jiá)县　漯(luò)河　武陟(zhì) 杞(qǐ)县　潢(huáng)川

续上表

省	市、县名称读音
湖北省	浠(xī)水　黄陂(pí)　蕲(qí)春 郧(yún)西　秭(zǐ)归
湖南省	郴(chēn)州　耒(lěi)阳　攸(yōu)县 醴(lǐ)陵　汨(mì)罗　芷(zhǐ)江 澧(lǐ)县　沅(yuán)陵

5. 华南区

省、自治区	市、县名称读音
广东省	大埔(bù)　番禺(pān yú)　东莞(guǎn)
广西壮族自治区	岑(cén)溪　邕(yōng)宁
海南省	儋(dān)州

6. 西南区

省、自治区、直辖市	市、县名称读音
重庆市	涪(fú)陵　酉(yǒu)阳　綦(qí)江
四川省	什邡(shí fāng)　郫(pí)县　珙(gǒng)县 汶(wèn)川　荥(yíng)经　邛崃(qióng lái) 犍为(qián wéi)　筠(jūn)连　华蓥(yíng) 阆(làng)中
贵州省	湄(méi)潭　瓮(wèng)安　石阡(qiān)
云南省	砚(yàn)山　漾濞(bì)　宁蒗(làng) 牟(móu)定　勐(měng)海
西藏自治区	察隅(yú)　贡嘎(gā)

7. 西北区

省、自治区	市、县名称读音
陕西省	阎(yán)良　柞(zhà)水　岚皋(gāo)
甘肃省	碌(lù)曲　宕(dàng)昌　泾(jīng)川 迭(dié)部
青海省	海晏(yàn)
新疆维吾尔自治区	尉(yù)犁　若羌(qiāng)　鄯(shàn)善 焉耆(qí)　噶(gá)尔

第二节　中国的交通运输

目前我国快递运输采取航空、陆路(包括铁路和公路)和水路几种运输方式,其中主要以航空和陆路运输为主,水路运输使用相对较少。

一、航空运输

改革开发以来,我国的民用航空事业发展迅速。航线安排以大城市为中心,在大城市之间建立干线航线,同时辅以支线航线,由大城市辐射至周围小城市。航线按起讫点的归属不同分为国际航线和国内航线。国内航线又可分为干线航线和支线航线。干线航线是指连接北京和各省会、直辖市或自治区首府或各省、自治区所属城市之间的航线,如北京—上海航线、上海—南京航线等。支线航线则是指一个省或自治区之内的各城市之间的航线。2007 年我国国内航线达到 1216 条(至香港、澳门 48 条),通航全国 146 个城市,已形成以北京为中心,以上海、天津、重庆、西安、广州等城市为起点的主要航空线,联系各省、自治区、直辖市的国内航空运输网。

目前我国有中国国际航空股份有限公司、中国南方航空股份有限公司和中国东方航空公司等主要航空公司(表 6-1),近些年来民营航空公司发展迅速,已有以春秋航空公司、奥凯航空公司、吉祥航空公司为代表的七家民营航空公司。有的快递企业具备自有飞机,大部分快递企业则依托航空公司进行快件的运输,主要采取班机运输、包机运输和集中托运等方式。

我国主要航空公司标志、代码及名称　　表 6-1

航空公司标志	代　码	航空公司名称
	CA	中国国际航空公司
	CZ	中国南方航空公司
	MU	中国东方航空公司
	3U	四川航空公司

续上表

航空公司标志	代码	航空公司名称
	MF	厦门航空有限公司
	ZH	深圳航空公司
	HU	海南航空公司

小 知 识

我国国内航空号的编排由航空公司的两字代码和四位阿拉伯数字组成。航空公司的代码由民航总局规定,后面的四位数字分别代表:第一位代表航空公司的基地所在地区,第二位代表航班终点所在地区(1 代表华北、2 代表西北、3 代表华南、4 代表西南、5 代表华东、6 代表东北、8 代表厦门、9 代表新疆),第三、四位代表航班的序号(奇数表示由基地出发向外飞的航班,偶数表示飞回基地的回程航班)。如深圳—北京航班 CZ3151,CZ 是南方航空公司的代码,第一位数字 3 表示华南地区,南航的基地在广州;1 表示华北,北京在华北地区;51 是航班号,由于末尾是奇数因此表示从基地广州出发向外飞的航班。

二、公路运输

公路运输是快递运输必不可少的方式,可以“从门口到门口”将快件直接送到家庭、单位、企业等,并且可以通达乡村,甚至是边远地区。

我国的公路按照技术指标要求可分为高速公路、一级公路、二级公路、三级公路、四级公路和等外级公路六级;按照在公路网中的地位和作用可分为国道、省道、县道、乡道和村道五级,其中国道是全国公路网的骨干道路,起到联系其他各级道路的重要作用;按照公路路面类型可分为铺装路面、简易铺装路面和未铺装路面。

目前我国的公路已遍布全国各地,截至 2011 年底,全国公路总里程达 410.64 万公里,公路密度为 42.77 公里/百平方公里。全国等级公路里程 345.36 万公里,等级公路占公路总里程的 84.1%。其中,二级及以上公路里程 47.36 万公里,占公路总里程的 11.5%。各行政等级公路里程分别为:国道 16.94 万公里、省道 30.40 万公里、县道 53.36 万公里、乡道 106.60 万公里、专用公路 6.90 万公里、村道 196.44 万公里。全国高速公路达 8.49 万公里,其中国家

高速公路6.36万公里。

1. 国家高速公路路线

国家高速公路网采用放射线与纵横网格相结合布局方案，由7条首都放射线、9条南北纵线和18条东西横线组成，简称为“7918”网，总规模约8.5万公里，其中主线6.8万公里，地区环线、联络线等其他路线约1.7万公里。具体路线是：

(1)首都放射线

共7条：北京—上海、北京—台北、北京—港澳、北京—昆明、北京—拉萨、北京—乌鲁木齐、北京—哈尔滨。

(2)南北纵线

共9条：鹤岗—大连、沈阳—海口、长春—深圳、济南—广州、大庆—广州、二连浩特—广州、包头—茂名、兰州—海口、重庆—昆明。

(3)东西横线

共18条：绥芬河—满洲里、珲春—乌兰浩特、丹东—锡林浩特、荣成—乌海、青岛—银川、青岛—兰州、连云港—霍尔果斯、南京—洛阳、上海—西安、上海—成都、上海—重庆、杭州—瑞丽、上海—昆明、福州—银川、泉州—南宁、厦门—成都、汕头—昆明、广州—昆明。

此外，国家高速公路网还包括辽中环线、成渝环线、海南环线、珠三角环线、杭州湾环线共5条地区环线、2段并行线和37段联络线。

小　知　识

高速公路命名规则一是路线名称使用路线起、终点县级以上行政区地名。国家高速公路路线名称由路线起、终点地名加连接符“—”组成，路线简称由起终点地名的首位汉字组合表示，也可以采用起讫点城市或所在省(区、市)的简称表示。例如，“北京—哈尔滨高速公路”，简称为“京哈高速”。二是国家高速公路的阿拉伯数字编号采用1位、2位和4位数，并与一般国道相区别。国家高速公路网路线编号采用字母标识符和阿拉伯数字组成。由于国家高速公路属于国道网的一部分，因此字母标识符仍然采用汉语拼音“G”，与一般国道一致。国家高速公路编号与一般国道编号的区别主要体现在数字位数上。现行的国道编号是3位数，国家高速公路的编号采用1位、2位和4位数，其中：首都放射线采用1位数，如京哈高速(北京—哈尔滨高速)编号为“G1”；纵线和横线采用2位数，如沈海高速(沈阳—海口高速)为“G15”，青银高速(青岛—银川高速)为“G20”；城市绕城环线和联络线采用4位数编号。三是数字编号的特征有规律可循。首都放射线编号为1位数，由正北方向开始按顺时针方向升序编排，编号区间为1~9。纵向路线编号为2位奇数，由东向西升序编排，编号区间为11~89。横向路线编号为2位偶数，由北向南升序编排，编号区间为10~90。

对地方高速公路网的命名和编号原则上与国家高速公路网的命名和编号规则保持一致，其编号的字母标识符采用汉语拼音“S”表示。

2. 国道主干线——五纵七横

历时近15年，总规模约3.5万公里的“五纵七横”国道主干线于2007年年底基本贯通，见

表6-2。国道主干线由5条纵线和7条横线组成,这12条主干线全部都是二级以上的高等级公路,其中高速公路约占总里程的76%,一级公路约占总里程的4.5%,二级公路占总里程19.5%。主干线连接了首都、各省省会、直辖市、经济特区、主要交通枢纽和重要对外开放口岸,覆盖了全国所有人口在100万以上的特大城市和93%的人口在50万以上的大城市,是具有全国性政治、经济、国防意义的重要干线公路。

国道"五纵七横"主干线 表6-2

五　纵	七　横
同江——三亚	绥芬河——满洲里
北京——福州	丹东——拉萨
北京——珠海	青岛——银川
二连浩特——河口	连云港——霍尔果斯
重庆——湛江	上海——成都
	上海——瑞丽
	衡阳——昆明

我国国家公路干线的编号是以1、2、3为字头的,1字头表示是以北京为起点的放射线状干线公路,2字头是南北纵向干线公路,3字头是东西横向干线公路。我国1字头的干线公路共有12条,如G101指的是京沈线,由北京发出,路经承德,到达沈阳。2字头的干线公路共有28条,如G212是兰渝线,由兰州发出,路经广元最后到达重庆。3字头的干线公路共有30条,如G308是青石线,从青岛出发,路经潍坊、济南最后到达石家庄。

三、铁路运输

铁路运输是快递运输的方式之一。铁路网是由相互连接的铁路干线、支线、联络线和铁路枢纽构成的铁路网系统。目前我国铁路已基本形成以北京为中心,以四纵、三横、三网和关内外三线为骨架,可通达全国省市区的铁路网。这里的四纵是指京广线、京九线、京沪线、北同蒲—太焦—焦柳线;三横是指京秦—京包—包兰—兰青—青藏线、陇海—兰新线、沪杭—浙赣—湘黔—贵昆线;三网指的是东北铁路网、西南铁路网和台湾铁路网;关内外三线是京哈线、京通线和京承—锦承线。

铁路枢纽是在两条或两条以上的铁路线交汇处,由若干个车站、线路及一系列设备组成的运输生产整体,任务是办理各线之间大量客货列车的解体、编组、转线等业务。我国铁路枢纽众多,比较大的有40多个,其中重要的有北京、广州、上海、徐州、哈尔滨、贵阳、重庆、昆明、西安、乌鲁木齐、呼和浩特等20个。

目前,中国是世界上高速铁路发展最快、系统技术最全、集成能力最强、运营里程最长、运营速度最高、在建规模最大的国家。截至2010年7月,我国投入运营的高速铁路已达到6920营业公里,其中,新建时速250~350公里的高速铁路有4044营业公里,既有线提速达到时速200~250公里的高速铁路有2876营业公里。我国高速铁路运营里程居世界第一位,正在建设中的高速铁路有1万多公里。

四、水路运输

我国的水上运输有着悠久的历史,水上运输条件十分优越,是大宗货物的主要运输方式,但由于受自然条件的限制,而且速度慢、连续性较差,因此快递运输中采用水路运输方式较少。

小　知　识

铁路列车的车次编排和上行、下行有关。进京方向或是从支线到干线称为上行车次，上行车次编为双号；离京方向或是从干线到支线称为下行车次，下行车次编为单号。如：T11 次是北京开往沈阳北方向，为下行车次；T12 是沈阳北开往北京方向，为上行车次。

列车编号前会出现“Z、T、K、D、N、L、G、C”等字母，分别代表不同的含义。Z 开头的列车简称直特，是直达特别快速旅客列车，字母 Z 是“直”字的汉语拼音简写。此种列车在行程中一站不停或者经停必须站但不办理客运业务。T 开头的列车简称特快，是特别快速旅客列车，字母 T 是“特”字汉语拼音的简写。这样的列车在行程中一般只经停省会城市或当地的大型城市。K 开头的列车简称快速，是快速旅客列车，此种列车在行程中一般只经停地级行政中心或重要的县级行政中心。D 开头的列车是动车组列车。N 开头的列车简称管内快速，是管内快速旅客列车，字母 N 是“内”字汉语拼音的简写。L 开头的列车是临时旅客列车。G 开头的列车是高速铁路列车，C 开头的列车是城际铁路列车，这样的列车一般经停一些重要车站。

我国的主要内河航道有长江航道、珠江航道和京杭大运河。长江航道有“黄金航道”的美称，干流航线与京广、京九、京沪等多条铁路线及京杭运河相交，既沟通内地和沿海，又联系了南北各大地区。珠江是我国南方最大的河流，流域面积达 45.3 万平方公里，水量仅次于长江。珠江三角洲航运最为发达，这里水网密布，沟通海洋，从广州到我国南方黄埔港，一般能通航远洋海轮。京杭大运河北起北京，南至杭州，史上曾是我国南北交通大动脉，流经京、津、冀、鲁、苏、浙 6 省市，全长近 1800 公里，沟通长江、黄河、海河、淮河、钱塘江五大水系。目前通航河段是山东济南以南河段，在我国内河航运中货运量居第三位。

我国海运分为沿海航线和远洋航线。沿海航线主要以国内城市间的运输为主，远洋航线则以国际运输为主。沿海航线分为南方沿海航区和北方沿海航区。南方沿海航区以广州为中心，主要通航海港有厦门、汕头、湛江、海口等。北方沿海航区以大连、上海为中心，主要通航海港有天津、秦皇岛、宁波、烟台、青岛、连云港等。

第三节　世界地理知识

一、地球概貌

地球表面大部分是海洋，陆地只占一小部分。地球表面总面积约 5.1 亿平方公里，其中陆地面积约 1.49 亿平方公里，占地表总面积的 29.2%，海洋面积约 3.61 亿平方公里，占总面积的 70.8%。

地球表面的海洋是相互沟通的，形成了统一的世界大洋。根据海陆分布形势，世界海洋可分为四部分，即我们通常所说的四大洋，按面积大小依次为：太平洋、大西洋、印度洋、北冰洋。

地球表面的陆地被海洋分隔成大小不等的许多块，我们通常把海洋所包围的大面积陆地叫做大陆，小块陆地叫做岛屿。大陆及其附近的岛屿合称为洲。地球上有七大洲，按面积大小依次为：亚洲、非洲、北美洲、南美洲、南极洲、欧洲和大洋洲。

二、世界区域划分

亚洲是世界第一大洲,位于东半球的东北部,按地理方位分为:东亚、东南亚、南亚、西亚、中亚和北亚。主要国家有中国、日本、韩国、印度、柬埔寨、伊朗、哈萨克斯坦等。

非洲作为世界第二大洲,位于亚洲的西南,按地理方位分为:北非、西非、中非、东非和南非。主要国家有埃及、肯尼亚、南非、尼日利亚等。

北美洲位于西半球北部,是世界第三大洲,主要国家有加拿大、美国、墨西哥、巴拿马等。

欧洲位于亚洲西面,按地理方位分为:东欧、西欧、南欧、北欧和中欧。主要国家有俄罗斯、英国、法国、荷兰、意大利、德国、芬兰、西班牙、瑞典等。

南美洲位于西半球南部,主要国家有巴西、阿根廷、智利、乌拉圭等。

大洋洲介于亚洲和南极洲之间,主要国家有澳大利亚、新西兰、汤加、斐济等。

三、时区

地球自西向东自转,东边总比西边先看到太阳,东边的时间也总比西边的早。假如根据当地的正午,也就是当天太阳位置最高时来决定的时间则只能适用于当地,并不适用其他国家,这就造成了种种不便。为了克服时间上的混乱,1884 年在华盛顿召开的国际经度会议上,规定将地球表面按经线平均划分为 24 个时区,每个时区跨经度为 15 度,时间正好是 1 小时。世界时区划分以经过英国伦敦格林尼治天文台的经线即 0 度经线为标准,首先分别向东、西方向各跨 7.5 度,也就是西经 7.5 度到东经 7.5 度这一时区是中时区(零时区),然后中时区以东是东 1 ~ 12 区,以西是西 1 ~ 12 区。每个时区的中央经线上的时间就是这个时区内统一采用的时间,称为区时。例如,我国在东 8 区,时间就比在东 7 区的泰国的时间早 1 小时,而比在东 9 区的日本的时间晚 1 小时。因此,向西走,每过一个时区,就要把表拨慢 1 小时;向东走,每过一个时区,就要把表拨快 1 小时。我国把首都北京所在的东 8 区的时间作为全国统一的时间,称为北京时间。

四、我国的国际运输

我国的国际运输是我国运输业的重要组成部分,是加强我国与其他国家联系,增强友好关系、实现共同发展的重要领域,在对外开放中发挥着重要作用。随着快递服务的迅速发展,往来于国际间的快件不断增多,国际运输成为实现其快速发展的必要手段。

我国的国际航线和国际航空业务发展迅速,航空班机已飞往五大洲的 40 多个国家,与 180 多个外国航空公司建立了业务联系。国际航线主要是从北京、上海、广州等地发出,如北京至伦敦、纽约、悉尼、东京等地的国际航线。

目前,我国已与俄罗斯、蒙古、哈萨克斯坦、尼泊尔、缅甸、老挝、越南、柬埔寨和泰国等 14 个国家签署了政府间汽车运输协定。我国与周边国家商定开通了 242 条国际道路运输线路,已开通的国际道路客货运输线路共有 201 条,其中客运线路 100 条,货运线路 101 条。如今我国与地域相邻的俄罗斯、中亚各国等均有铁路相通。

我国已开辟了 30 多条远洋运输航线,同世界 150 多个国家和地区的重要港口有航运联系。远洋航线以上海、大连、秦皇岛、天津、青岛、广州、宁波等沿海开放港口城市为出口岸,分为东行、西行、南行和北行航线。东行航线东至日本、横渡太平洋到达美洲各国港口,西行航线

可达东南亚、南亚、西亚、非洲和欧洲各港口,南行航线到达东南亚和大洋洲各港口,北行航线到达朝鲜、韩国和俄罗斯远东沿海港口。

第四节　百家姓知识

“姓氏”在现代汉语中是一个词,但在秦汉以前,姓和氏有明显的区别。先有姓后有氏。姓源于母系社会,同一个姓表示同一个母系的血缘关系。中国最早的姓,如:姜,姚,姒,妫,嬴等,大都是“女”字旁的。而氏是以父系来标识血缘关系,是在父权家长制确立后才出现的。

提起中国姓氏,人们最熟悉的自然是《百家姓》,它与《三字经》、《千字文》并称“三百千”,是中国古代幼儿的启蒙读物。根据明清朝代有文字记载的学者的研究,《百家姓》早在宋朝以前就存在。在宋朝初期由一位地处吴、越地区(现今浙江省杭州市)不知名的儒家学者将其编辑、装订成册。据南宋学者王明清考证,该书前几个姓氏的排列是有讲究的:赵是指赵宋,既然是国君的姓理应为首;其次是钱姓,钱是五代十国中吴越国王的姓氏;孙为当时国王钱俶的正妃之姓;李为南唐国王李氏。

《百家姓》将常见的姓氏编成四字一句的韵文,像一首四言诗,便于诵读和记忆,因此,流传至今,影响极深。

姓氏同快递服务业务,特别是收寄派送业务联系紧密。快递业务员,尤其是负责派送的快递业务员熟悉并牢牢记住客户姓氏,有利于提高派送快件的速度和质量。

《百家姓》原先收集411个姓,后经赠补到现在的504个姓,其中单姓444个,复姓60个。以下是504个姓氏:

赵(zhào)	钱(qián)	孙(sūn)	李(lǐ)
周(zhōu)	吴(wú)	郑(zhèng)	王(wáng)
冯(féng)	陈(chén)	褚(chǔ)	卫(wèi)
蒋(jiǎng)	沈(shěn)	韩(hán)	杨(yáng)
朱(zhū)	秦(qín)	尤(yóu)	许(xǔ)
何(hé)	吕(lǚ)	施(shī)	张(zhāng)
孔(kǒng)	曹(cáo)	严(yán)	华(huà)
金(jīn)	魏(wèi)	陶(táo)	姜(jiāng)
戚(qī)	谢(xiè)	邹(zōu)	喻(yù)
柏(bǎi)	水(shuǐ)	窦(dòu)	章(zhāng)
云(yún)	苏(sū)	潘(pān)	葛(gě)
奚(xī)	范(fàn)	彭(péng)	郎(láng)
鲁(lǔ)	韦(wéi)	昌(chāng)	马(mǎ)
苗(miáo)	凤(fèng)	花(huā)	方(fāng)
俞(yú)	任(rén)	袁(yuán)	柳(liǔ)
酆(fēng)	鲍(bào)	史(shǐ)	唐(táng)
费 (fèi)	廉(lián)	岑(cén)	薛(xuē)
雷(léi)	贺(hè)	倪(ní)	汤(tāng)
滕(téng)	殷(yīn)	罗(luó)	毕(bì)

郝(hǎo) 邬(wū) 安(ān) 常(cháng)
乐(yuè/lè) 于(yú) 时(shí) 傅(fù)
皮(pí) 卞(biàn) 齐(qí) 康(kāng)
伍(wǔ) 余(yú) 元(yuán) 卜(bǔ)
顾(gù) 孟(mèng) 平(píng) 黄(huáng)
和(hé) 穆(mù) 萧(xiāo) 尹(yǐn)
姚(yáo) 邵(shào) 湛(zhàn) 汪(wāng)
祁(qí) 毛(máo) 禹(yǔ) 狄(dí)
米(mǐ) 贝(bèi) 明(míng) 臧(zāng)
计(jì) 伏(fú) 成(chéng) 戴(dài)
谈(tán) 宋(sòng) 茅(máo) 庞(páng)
熊(xióng) 纪(jì) 舒(shū) 屈(qū)
项(xiàng) 祝(zhù) 董(dǒng) 粱(liáng)
杜(dù) 阮 (ruǎn) 蓝(lán) 闵(mǐn)
席(xí) 季(jì) 麻(má) 强(qiáng)
贾(jiǎ) 路(lù) 娄(lóu) 危(wēi)
江(jiāng) 童 (tóng) 颜(yán) 郭(guō)
梅(méi) 盛(shèng) 林(lín) 刁(diāo)
钟(zhōng) 徐(xú) 丘(qiū) 骆(luò)
高(gāo) 夏(xià) 蔡(cài) 田(tián)
樊(fán) 胡(hú) 凌(líng) 霍(huò)
虞(yú) 万(wàn) 支(zhī) 柯(kē)
昝(zǎn) 管(guǎn) 卢(lú) 莫(mò)
经(jīng) 房(fáng) 裘(qiú) 缪(miào)
干(gān) 解(xiè) 应(yìng) 宗(zōng)
丁(dīng) 宣(xuān) 贲(bēn) 邓(dèng)
郁(yù) 单(shàn) 杭(háng) 洪(hóng)
包(bāo) 诸(zhū) 左(zuǒ) 石(shí)
崔(cuī) 吉(jí) 钮 (niǔ) 龚(gōng)
程(chéng) 嵇(jī) 邢(xíng) 滑(huá)
裴(péi) 陆(lù) 荣(róng) 翁(wēng)
荀(xún) 羊(yáng) 於(yū) 惠(huì)
甄(zhēn) 麴(qū) 家(jiā) 封(fēng)
芮(ruì) 羿(yì) 储(chǔ) 靳(jìn)
汲(jí) 邴(bǐng) 糜(mí) 松(sōng)
井(jǐng) 段(duàn) 富(fù) 巫(wū)
乌(wū) 焦(jiāo) 巴(bā) 弓(gōng)
牧(mù) 隗(kúi/wěi) 山(shān) 谷(gǔ)
车(chē) 侯(hóu) 宓(mì) 蓬(péng)

全(quán)	郗(xī)	班(bān)	仰(yǎng)
秋(qiū)	仲(zhòng)	伊(yī)	宫(gōng)
宁(nìng)	仇(qiú)	栾(luán)	暴(bào)
甘(gān)	钭(tǒu)	厉(lì)	戎(róng)
祖(zǔ)	武(wǔ)	符(fú)	刘(liú)
景(jǐng)	詹(zhān)	束(shù)	龙(lóng)
叶(yè)	幸(xìng)	司(sī)	韶(sháo)
郜(gào)	黎(lí)	蓟(jì)	薄(bó)
印(yìn)	宿(sù)	白(bái)	怀(huái)
蒲(pú)	台(tái)	从(cóng)	鄂(è)
索(suǒ)	咸(xián)	籍(jí)	赖(lài)
卓(zhuó)	蔺(lìn)	屠(tú)	蒙(méng)
池(chí)	乔(qiáo)	阴(yīn)	鬱(yù)
胥(xū)	能(néng)	苍(cāng)	双(shuāng)
闻(wén)	莘(shēn)	党(dǎng)	翟(zhái)
谭(tán)	贡(gòng)	劳(láo)	逄(páng)
姬(jī)	申(shēn)	扶(fú)	堵(dǔ)
冉(rǎn)	宰(zǎi)	郦(lì)	雍(yōng)
郤(xì)	璩(qú)	桑(sāng)	桂(guì)
濮(pú)	牛(niú)	寿(shòu)	通(tōng)
边(biān)	扈(hù)	燕(yān)	冀(jì)
郏(jiá)	浦(pǔ)	尚(shàng)	农(nóng)
温(wēn)	别(bié)	庄(zhuāng)	晏(yàn)
柴(chái)	瞿(qú)	阎(yán)	充(chōng)
慕(mù)	连(lián)	茹(rú)	习(xí)
宦(huàn)	艾(ài)	鱼(yú)	容(róng)
向(xiàng)	古(gǔ)	易(yì)	慎(shèn)
戈(gē)	廖(liào)	庾(yǔ)	终(zhōng)
暨(jì)	居(jū)	衡(héng)	步(bù)
都(dōu)	耿(gěng)	满(mǎn)	弘(hóng)
匡(kuāng)	国(guó)	文(wén)	寇(kòu)
广(guǎng)	禄(lù)	阙(què)	东(dōng)
欧(ōu)	殳(shū)	沃(wò)	利(lì)
蔚(yù)	越(yuè)	夔(kuí)	隆(lóng)
师(shī)	巩(gǒng)	厍(shè)	聂(niè)
晁(cháo)	勾(gōu)	敖(áo)	融(róng)
冷(lěng)	訾(zī)	辛(xīn)	阚(kàn)
那(nā)	简(jiǎn)	饶(ráo)	空(kōng)
曾(zēng)	毋(wú)	沙(shā)	乜(niè)

养(yǎng)　鞠(jū)　须(xū)　丰(fēng)
巢(cháo)　关(guān)　蒯(kuǎi)　相(xiāng)
查(zhā)　後(hòu)　荆(jīng)　红(hóng)
游(yóu)　竺(zhú)　权(quán)　逯(lù)
盖(gě)　益(yì)　桓(huán)　公(gōng)
仉(zhǎng)　督(dū)　晋(jìn)　楚(chǔ)
闫(yán)　法(fǎ)　汝(rǔ)　鄢(yān)
涂(tú)　钦(qīn)　归(guī)　海(hǎi)
岳(yuè)　帅(shuài)　缑(gōu)　亢(kàng)
况(kuàng)　后(hòu)　有(yǒu)　琴(qín)
商(shāng)　牟(móu)　佘(shé)　佴(nài)
伯(bó)　赏(shǎng)　墨(mò)　哈(hǎ)
谯(qiáo)　笪(dá)　年(nián)　爱(ài)
阳(yáng)　佟(tóng)　言(yán)　福(fú)
万俟(mò qí)　司马(sī mǎ)　上官(shàng guān)　欧阳(ōu yáng)
夏侯(xià hóu)　诸葛(zhū gě)　闻人(wén rén)　东方(dōng fāng)
赫连(hè lián)　皇甫(huáng fǔ)　尉迟(yù chí)　公羊(gōng yáng)
澹台(tán tái)　公冶(gōng yě)　宗政(zōng zhèng)　濮阳(pú yáng)
淳于(chún yú)　单于(chán yú)　太叔(tài shū)　申屠(shēn tú)
公孙(gōng sūn)　仲孙(zhòng sūn)　轩辕(xuān yuán)　令狐(líng hú)
钟离(zhōng lí)　宇文(yǔ wén)　长孙(zhǎng sūn)　慕容(mù róng)
鲜于(xiān yú)　闾丘(lú qiū)　司徒(sī tú)　司空(sī kōng)
亓官(qí guān)　司寇(sī kòu)　子车(zǐ chē)　颛孙(zhuān sūn)
端木(duān mù)　巫马(wū mǎ)　公西(gōng xī)　漆雕(qī diāo)
乐正(yuè zhèng)　壤驷(rǎng sì)　公良(gōng liáng)　拓拔(tuò bá)
夹谷(jiá gǔ)　宰父(zǎi fù)　谷梁(gǔ liáng)　段干(duàn gàn)
百里(bǎi lǐ)　东郭(dōng guō)　南门(nán mén)　呼延(hū yán)
羊舌(yáng shé)　微生(wēi shēng)　梁丘(liáng qiū)　左丘(zuǒ qiū)
东门(dōng mén)　西门(xī mén)　南宫(nán gōng)　第五(dì wǔ)

第七章　计算机与条码知识

第一节　计算机知识

计算机又称电脑,是一种能快速、高效地完成信息处理的数字化电子设备。它能按照人们编写的程序对数据进行加工处理、存储或传送,获得所期望的结果信息,并利用这些信息来提高劳动生产率、提高人们的生活质量。

通常可以将计算机分为巨型机、大型机、小型机、微型机、工作站几类,本节中所说的计算机主要是指微型机,即个人计算机(简称PC机),包括便携式和台式两种。这种计算机的特点是体积小、重量轻、价格低廉、易使用、应用面广,使用者主要是个人或者家庭。

一、计算机基础知识

(一)计算机硬件系统

计算机的硬件系统是指实际的物理设备,形象地说就是"看得见、摸得着"的计算机主机和外设的物理实体。从功能角度而言,主要包括五大部件:控制器、运算器、存储器、输入设备、输出设备。

1. 微处理器(CPU)

微处理器即中央处理器,是由控制器和运算器共同组成的,是计算机的核心部分,相当于计算机的"大脑"。控制器是计算机的控制、协调中心,主要是按照要求控制、管理计算机系统各个部件协调一致的工作;运算器的主要功能是完成各种算术运算、逻辑运算以及移位、传送、比较等工作。

2. 存储器

存储器主要用于存放程序和数据,分为主存储器(内存储器,简称内存)和辅助存储器(外存储设备,简称外存)。内存主要是用来存储当前正在使用的程序和数据及其最终结果,分为随机存储器(RAM)和只读存储器(ROM),前者可以写入也可以读出,但关机后数据将会丢失,后者只能读出,关机后数据不会丢失。辅助存储器简称外存,用来长期存储大量暂时不用的数据、程序及运算结果,包括软盘、硬盘、光盘、磁带等。

3. 输入设备

输入设备是用户将数据、指令和程序输入到计算机内存储器时所使用的设备,常用的有键盘、鼠标、扫描仪、光笔、CD-ROM、DVD-ROM。

4. 输出设备

输出设备是将计算机的处理结果转换成外界能够识别和使用的数字、文字、图形、声音等形式的设备,常用的主要有显示器、打印机、绘图仪、音响等。

通常将CPU和内存合称为"主机",把输入设备和输出设备以及外存储器合称为外部设备。外存储器一般归属外部设备,它既可以作为输入设备,又可以作为输出设备。

(二)常用计算机软件介绍

软件是计算机系统中的各类程序、文件以及所需要的数据的总称。形象地说软件是“看不见、摸不着”的,其中最重要的是程序,它是计算机完成特定工作的最重要因素。

根据使用途径,可以将计算机软件分为系统软件和应用软件。

1. 系统软件

系统软件是指管理、监控和维护计算机资源的软件,如操作系统、汇编和编译程序等语言处理程序、系统实用程序等。

(1)常见的操作系统有微软公司出品的 Windows 系列、我国自主开发的红旗 Linux。目前个人计算机使用较多的是其中的 Windows XP、Windows 7。另外还有 Linux、UNIX 等操作软件。

(2)语言处理程序,又称程序设计语言,包括机器语言、汇编语言、高级语言。

(3)系统实用程序,一般是指一些服务性程序,主要从事对计算机监控、调试、故障诊断等工作。

2. 应用软件

应用软件是为解决实际问题或达到一定的应用目的而编制的程序,如办公软件、杀毒软件、媒体播放软件、图片处理软件以及一些行业专业软件等。

(1)办公软件最常用的包括 Word 和 WPS 处理软件,主要用于文字的排版输出;Excel 表格处理软件,主要用于表格数据的处理;PowerPoint 软件,主要用于演示文稿的制作;

(2)常用的杀毒软件包括瑞星、诺顿、卡巴斯基、金山毒霸等;

(3)常用的媒体播放软件包括超级解霸、Realone、豪杰解霸、暴风影音等;

(4)图片处理软件主要是用于一些图片及照片的编辑处理,常用的有 Photoshop、ACDSee 等;

(5)行业专业软件主要是应一些行业的特殊业务需求而专门设计制作的应用软件,如快件跟踪查询系统和快递企业内部信息处理系统等。

(三)计算机病毒知识

随着计算机的普及以及网络的发展,计算机使用时的安全问题就变得尤为重要。计算机病毒简单而言就是一种程序,它可以使个人计算机完全失去工作能力,甚至会造成数据完全丢失。

1. 计算机病毒的定义

计算机病毒是病毒编制者在计算机程序中插入的破坏计算机功能或者破坏数据,影响计算机使用并且能够自我复制的一组计算机指令或程序代码。

计算机病毒分类的方法有很多,如按病毒存在的媒体分为网络病毒、文件病毒和引导型病毒;按病毒传染的方法可分为驻留型病毒和非驻留型病毒;按病毒破坏的能力可分为无害型、无危险型、危险型和非常危险型;按病毒的算法可分为伴随型病毒、“蠕虫”型病毒和寄生型病毒。

2. 计算机病毒的特点

(1)传染性

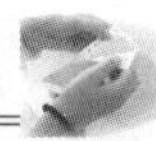

这是衡量一个程序是否为病毒的首要条件,指的是计算机病毒的再生机制。大多数计算机病毒都是通过不断的自我复制来达到破坏目的或扩大破坏效果的。

(2)人为性

计算机病毒从本质上来说也是一种程序,是人为编制的而并不是由计算机自身故障所产生的。

(3)潜伏性

计算机病毒可以隐藏在计算机系统中几周、几个月甚至是几年的时间而不被发现。通过隐蔽,病毒就可以完成自身的传染和复制。

(4)可触发性

计算机病毒一般都是有控制条件的,只有达到这个条件,计算机病毒才会被激活并开始传染或者破坏。

(5)破坏性

计算机病毒一旦被激活,就会对原有的计算机系统产生破坏作用。破坏作用有大有小,但都会导致一个共同的危害结果,那就是降低计算机系统的工作效率。

3. 计算机病毒的传播

计算机病毒可以通过存储设备进行传播,例如软盘、硬盘、光盘等,也可以通过计算机网络进行传播。

计算机病毒的传播还必须同时满足两个条件:一是计算机系统要处于运行状态;二是计算机要有对磁盘的读写操作或文件传送操作。

计算机病毒在传播时要先进入并存储在内存中,然后寻找机会进行传染,找到攻击目标后进行病毒复制和破坏。

4. 计算机病毒的检测与防治

(1)计算机病毒的检测

计算机病毒是具有潜伏性的,所以在其没有发作前,一般很难被察觉。当计算机病毒发作时,可以根据计算机运转状态出现的异常进行判断。常见的异常状况有:

①计算机运行速度变慢;

②计算机不明原因的重启或者死机;

③系统启动的时间过长或者不能正常启动;

④用户访问的设备无法正常使用;

⑤计算机中的文件丢失或被更改,常用的程序不能正常运行;

⑥屏幕上出现与程序无关的信息或者画面;

⑦计算机的外设,如打印机、显示器等无法正常工作;

⑧磁盘空间或内存空间无故变小。

(2)计算机病毒的防治

计算机病毒的防治主要是在使用计算机时注意以下几点:首先不要随意使用不明来源的软盘、光盘和程序,使用外来盘必须先杀毒;其次要定期对重要的程序或数据进行备份,如有需要,可对写入数据的软盘进行写保护,将重要的文件设置为“只读属性”;第三,要使用杀毒软件,采用防病毒软件的实时监控功能,定期对计算机系统进行病毒查杀,定期对杀毒软件进行升级。

目前常用的杀毒软件有瑞星杀毒软件、金山毒霸、江民 KV 系列杀毒软件、诺顿杀毒软件、卡巴斯基杀毒软件等。

二、计算机网络基础

计算机网络是指把多个分布在不同地点上、具有独立自主功能的计算机通过通信方式连接起来以便进行信息交换、资源共享或协同工作的系统。按照网络覆盖范围的大小,可以将计算机网络分为局域网、区域网、广域网。

(一)局域网、区域网、广域网

1. 局域网

局域网,也称局部网,它是将一个小区域内的具有通信能力的个人计算机进行相互连接的通信网络。主要用于有限距离内的计算机之间进行数据和信息的传递。这里所说的有限距离,一般是指 10 公里之内,几百米至数公里不等,可以覆盖一个大楼或是一个企业。

局域网的特点还包括数据传输率高、误码率低、网络协议简单、灵活等,所以局域网一般都比较稳定,性能可靠而且便于扩充和管理。

局域网的功能主要在于资源共享,所以通常采用"客户机—服务器"模式。客户机是局域网中的客户终端,一般是指用户使用的个人计算机,也称工作站,客户可以通过它向服务器发出请求,使用网络系统提供的服务。服务器是为网络中的所有客户机提供共享资源,并对这些资源进行管理的高性能的管理机,一般采用大型机、小型机或高性能的计算机。

2. 区域网

区域网的覆盖范围比局域网要大一些,通常可以覆盖一个城市,从几十公里到几百公里不等,因此也称为城市网、城域网。它所要求的硬件、软件都比局域网要高一些,室外通信线路大多使用的是光纤。

3. 广域网

广域网是覆盖范围最大的网络系统,又称远程网。它是通过一组复杂的分组交换设备和通信线路将各主机与通信子网连接起来的大型网络。一个广域网中通常可以包含若干个局域网或者区域网。

在广域网中最为人所熟知的就是互联网。互联网与局域网的工作原理相同,但是局域网通常连接的只有几十到几百台计算机,而互联网连接了全球 150 多个国家、上亿台计算机,信息和资源可以通过互联网在全球范围内达到共享。

(二)互联网、因特网、万维网

互联网、因特网、万维网三者的关系是:互联网包含因特网,因特网包含万维网。

国际标准的互联网写法是 Internet,任何能彼此通信的设备组成的网络都叫互联网。

因特网是互联网的一种,国际标准写法是 Internet。它是由上千万台设备组成的全球最大的互联网。

因特网是基于 TCP/IP 协议实现的,TCP/IP 协议由很多协议组成,其中位于应用层的协议有 FTP、SMTP、HTTP 等。只要应用层使用的是 HTTP 协议,就称为万维网(World Wide Web)。

(三)中国互联网的发展

截至 2011 年 12 月底,中国网民规模突破 5 亿,达到 5.13 亿,全年新增网民 5580 万。互联网普及率较上年底提升 4%,达到 38.3%。

中国手机网民规模达到3.56亿,占整体网民比例为69.3%,较上年底增长5285万人。

家庭电脑上网宽带网民规模为3.92亿,占家庭电脑上网网民比例为98.9%。

农村网民规模为1.36亿,比2010年增加1113万,占整体网民比例为26.5%。

网民中30～39岁人群占比明显提升,较2010年底上升了2.3%,达到25.7%。

网民中初中学历人群占比继续保持增长,由32.8%上升至35.7%。

使用台式电脑上网的网民比例为73.4%,比2010年底降低5%;手机则上升至69.3%,其使用率正不断逼近传统台式电脑。

2011年,网民平均每周上网时长为18.7个小时,较2010年同期增加0.4小时。

截至2011年12月底,中国域名总数为775万个,其中.CN域名总数为353万个。中国网站总数为230万个。

三、计算机日常操作基础

(一)计算机的使用环境

良好的使用环境、正确的操作规则和合理的维护,不仅能延长计算机设备的使用寿命,还能保证计算机工作状态的稳定,提高工作效率。总体而言,使用计算机时应保持工作环境洁净、温度适宜、避免潮湿、保持平稳、忌震动。

1.温度

计算机的最佳工作环境温度是10～30℃。因为计算机在工作时自身的各个部件,尤其是CPU、电源等,都会向外释放大量的热量,所以如果周围的温度过高会影响计算机的散热。温度过低,会使计算机内某些部件的参数发生变化,加速部件的老化。另外,使用计算机时不宜使工作环境的温度骤然改变,例如将机器从低温环境猛然移至高温环境中,这样会使计算机内部的电子器件表面结晶而造成损坏。

2.湿度

计算机工作环境的相对湿度应保持在20%～80%。湿度较低时,容易产生静电干扰;湿度过高时,计算机内的电子器件表面容易受潮、变质,严重时还会发生短路现象。

3.洁净

计算机工作环境应保持洁净,避免灰尘。由于计算机散热的需要,计算机的机箱不是完全封闭的,这就难免会有灰尘覆盖。灰尘过多,会影响电子器件的散热,并且会带来大量的静电,影响计算机的正常运行。因此,使用计算机时要保持环境洁净,定期打扫、除尘,计算机关机散热后,最好用防静电织物把计算机罩好。

4.静电与磁场

静电可能使计算机部件失灵,严重的甚至能击穿主板或其他板卡的元器件,造成永久性的损害。注意保持工作环境的相对湿度可以较为有效地防止静电产生,而过分干燥的环境则很容易引起静电。需要用手接触到计算机内部电子器件时,最好带上防静电手套,或先与其他金属接触一下,释放身体所带的静电。计算机如果受到周围磁场的影响,可能会出现数据处理出错或者丢失、显示器抖动、甚至显示器深度磁化等现象。因此,计算机在使用时,最好与会产生强烈磁场的电,如电视、冰箱、马达或者大型音箱等设备保持13cm以上的距离。

5.电源电压

计算机对电源电压的要求有两个:一是要稳定,二是不间断供电。

我国计算机能够正常工作的标准电压为198～242V,电压不稳定会影响磁盘驱动器的运行,从而引起读写错误,而且也会影响到打印机等外部设备。过低的电压会使计算机自动关机或死机,电压过高则会熔断保险丝甚至烧毁电源,危害更大。

6.其他

计算机显示器、机箱的后侧都有若干凹槽和开口,这是用于通风和散热的。为了防止过热、确保计算机能够稳定工作,在计算机使用时和使用后的一定时间内,不要覆盖这些开口。另外,不要将重物压在计算机的机箱上,增加箱体负担。显示器上更不能放置重物,以免造成显示器托盘与LCD屏幕间的衔接部位断裂。

(二)计算机正常操作顺序

1.开机

由于系统在开机的瞬间会产生较大的电流冲击,因此开机时应严格遵守先开外设,再开主机的顺序,即开机时,应先打开打印机、显示器等的电源,再打开主机电源。

2.关机

关机时的顺序与开机正好相反。关机时,应先关闭主机电源,然后再关外设设备的电源。

计算机在使用时,不要频繁地开、关机。如遇到计算机"死机"现象,尽量使用热启动(同时按下Ctrl、Alt、Delete键),非使用冷启动不可的时候,也应在关机30秒后,再次开机。

计算机在开机状态下,不宜进行清洁,不宜随便搬动、不宜拔插各种接口卡。如果要拆装主机和外部设备的信号电缆,也最好不要在开机时进行。

(三)计算机的日常保养和维护

1.计算机系统的日常保护

首先,为了防止突然断电或计算机硬件损害所引发的数据资料丢失,在使用计算机时应养成随时保存资料的习惯,对于某些重要的数据资料,还应使用其他的外设存储设备进行数据备份。

其次,要养成定期使用杀毒软件进行全盘扫描的习惯。可以根据计算机使用的频率来确定杀毒周期,一般以一周为宜。

2.显示器的日常保养

对于显示器的保养,最主要的就是清洁。对显示器进行清洁时,首先应关闭电源,拔下电源线和信号线。不要使用酒精、清洁剂等化学溶液进行擦拭清洁,更不能使用粗糙的布或者餐巾纸。清洁显示器应该使用不掉碎屑的软质布料,从屏幕中心螺旋式地向外轻轻擦拭。要注意防止液体或其他物体进入显示器内部。显示器的屏幕不可用手或者笔等硬物直接碰触。计算机长时间不操作时,应设定屏幕保护程序,防止屏幕老化。需要搬运显示器时,应使用柔软的物体将屏幕包裹好。

3.键盘鼠标的日常保养

(1)键盘保养

要定期对键盘进行清洁。注意清洁时不要让液体流入键盘缝隙中,以免造成短路,损坏器件。在录入数据、使用键盘时,不要用力敲击键盘,以免损坏。

(2)鼠标保养

鼠标在使用时要注意保持鼠标移动平面的光滑与清洁,同时不要用力、过于频繁地点击鼠标键,以免影响鼠标使用寿命。

4. 打印机的日常保养

打印机必须在干净无尘、无酸碱腐蚀的环境中工作，排放要平稳，防止震动。安装打印机时，应保证打印机处于关机状态。要注意适当增加通风和保温，打印机的工作环境太潮湿或粉尘过多的话，打印机的部分构件和墨盒的打印喷嘴都可能受到腐蚀和污染。打印机的工作环境猛然发生较大变化时，墨盒的塑料构件和喷嘴孔径等零件会发生变化，影响打印的效果。

打印机使用时不要频繁地开、关机。一般一个月左右要对打印机进行一次彻底的清洁。清洁时要关闭电源，从送纸器中取出所有纸张。要定期用酒精清洁打印头，以免污垢堵塞打印头导板针孔。

打印机连续工作1小时后，应停止5~10分钟左右，以保证打印效果和打印机寿命。要定期检查硒鼓和墨盒，根据使用情况，及时更换新墨盒。如需搬运打印机，应使墨盒归位，注意保持打印机水平，切勿倒置，否则打印头清洗槽中的墨水会倒流出来。

第二节　条形码技术知识

一、条形码技术概述

1. 条形码技术的定义

条形码(又称条码)是将线条与空白按照一定的编码规则组合起来的符号，用以代表一定的字母、数字等资料。条形码系统是由条形码符号设计、制作及扫描阅读组成的自动识别系统。世界上最早的条形码是20世纪20年代开始发明的，我国从80年代中期开始研制并使用条形码。目前，条形码已广泛应用于国民经济各个领域。

2. 条形码技术的特点

(1)输入速度快

资料显示，如果键盘输入，一个每分钟打90个字的打字员输入12个字符或字符串需要1.6秒，而使用条形码，做同样的工作只需0.3秒，速度提高了5倍，而且条形码可以实现“即时数据输入”。

(2)准确度高

键盘输入数据出错率为三百分之一，利用光学字符识别技术出错率为万分之一，而采用条形码技术误码率低于百万分之一。

(3)成本低

条形码标签易于制作，对印刷技术设备和材料没有特殊要求，识别设备操作容易，不需要特殊培训，且设备也相对便宜。与其他自动化识别技术相比较，应用条形码技术所需费用比较低。

(4)可靠性强

条形码技术可靠准确。条形码识别装置与条形码标签相对位置的自由度要比光学字符识别(OCR)大得多。而且常用的一维条形码上所表示的信息完全相同并且连续，这样即使是标签有部分缺欠，仍可以从正常部分输入正确的信息。

(5)灵活实用

条形码符号作为一种识别手段可以单独使用，也可以和有关设备组成识别系统实现自动化识别,还可和其他控制设备联系起来实现整个系统的自动化管理。同时,在没有自动识别设备时,也可实现手工键盘输入。

3. 条形码阅读设备和分类

(1)在线式阅读器

在线式阅读器按其功能和用途,又可分为多功能阅读器和各类在线式专用阅读器。多功能阅读器除具有识别多种常用码制的功能外,根据不同需要还可增加编程功能、可显示功能以及多机联网通信功能等。

(2)便携式阅读器

主要有笔式扫描器、CCD 式扫描器和激光扫描器三种。

笔式扫描器,俗称光笔,是一种外型像笔的扫描器,使用时移动光笔去扫描物体上的条形码。光笔的价格比较便宜,但扫描的长度稍受限制,大约在 32 个字符左右,较适合一般小商店及个人使用。

CCD 扫描器采用发光二极体的泛光源照明整个条形码,再透过平面镜与光栅将条形码符号映射到由光电二极体组成的探测器阵列上,经探测器完成光电转换,再由电路系统对探测器阵列中的每一光电二极体依次采集信号,辨识出条形码符号,完成扫描。CCD 扫描器的优点是操作方便,不直接接触条形码也可辨读,性能较可靠,寿命较长。图 7-1 所示为手持式 CCD 扫描器。

激光手持式条形码扫描器是利用激光二极管作为光源的单线式扫描器,它主要有转镜式和颤镜式两种。激光平台式扫描器是一种体积较大、价格较高的扫描系统,使用时以物就机,即机器固定,以物品的移动来扫描解码,适用于输送带或一般大型超市,见图 7-2。

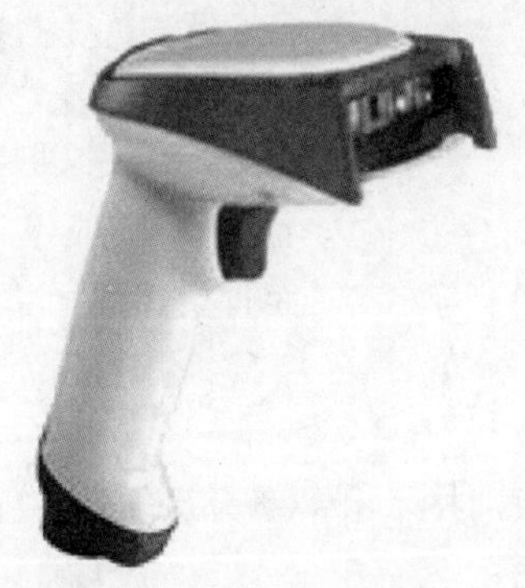

图 7-1　手持式扫描器

图 7-2　平台式激光扫描器

二、条形码种类

从维度看,条形码主要可分为一维条形码和二维条形码两种,不同维度的条形码又可细分为多种码制。例如,一维条形码主要有 UPC 码、EAN 码、39 码、128 码、库德巴码等;二维条形码主要有 PDF417、Maxi Code、Data Matrix 等。

一维条形码自问世以来,不久便得到普及使用,目前它仍是我国经济社会最为广泛应用的码制。但是由于一维条形码的信息容量很小,其应用范围受到一定的限制。随着技术的发展,人们在一维条形码的基础上又发明了二维条形码。与一维条形码相比,二维条形码具有信息密度高、容量大,编码范围广,保密、防伪性能好,译码可靠性高,纠错能力强等优点,更能满足

人们在某些领域的高使用要求。但是相应的,其成本也远远高于一维条形码。

目前,国内快递服务使用的条形码多为一维的39码、128码,也有部分企业开始使用二维码。因此,在这里主要介绍这三种码制。

1. 39码

39码于1974年由Intermec公司推出,是一种可供使用者双向扫描的分散式条形码。它的最大优点是条形码长度没有限制,可以根据需求做相应调整。条形码能用大小写英文字母、数字和其他一些符号表示,通常以“*”作为起始码和终止码,见图7-3。由于39码具有自我检查能力,可以不设校验码。基于这些特点,39码的应用比一般一维条形码广泛,目前主要利用于工业产品、商业资料及票证的自动化管理。

图7-3　39码的结构

2. 128码

128码于1981年推出,是一种长度可变、连续性的字母数字条形码。与其他一维条形码相比,128码比较复杂,数字、字母和符号可以交互运用,编码方式灵活,应用弹性也较大。

128码的结构大致可分为起始码、资料码、终止码、校验码等四部分,其中校验码是可有可无的。128码有A、B、C三种类型,可提供标准ASCII(美国信息互换标准代码)中128个字符的编码使用。主要用于工业、仓库和零售业,见图7-4。

3. PDF417码

PDF417码是美国符号科技公司(Symbol Technologies, Inc.)发明的二维条形码,由于其不仅具有错误侦测能力,而且能从受损的条形码中读回完整的资料,所以错误复原能力非常强,错误复原率最高可达50%,PDF417条码具有成本低、信息可随载体移动、不依赖于数据库和计算机网络、保密防伪性能强等优点。目前主要应用于运输包裹与商品资料标签,见图7-5。

图7-4　128码的结构

图7-5　PDF417码的结构

第八章　相关法律、法规和标准的规定

本章主要介绍与快递业务员工作有一定关联的法律基础知识,包括邮政法、民法、合同法、刑法、消费者权益保护法、国家安全法等基本内容,也简要地介绍快递市场管理办法、快递业务经营许可管理办法、快递服务国家标准、万国邮政公约等内容。

第一节　《中华人民共和国邮政法》的有关规定

《中华人民共和国邮政法》(以下简称《邮政法》)由中华人民共和国第十一届全国人民代表大会常务委员会第八次会议于2009年4月24日修订通过并公布,自2009年10月1日起正式施行。

一、《邮政法》的主要规定

《邮政法》在关于邮政企业专营权、邮政普遍服务、快递企业法律地位、外资快递企业经营快递服务、消费者权益保护、损失赔偿等方面有着比较大的修改和变动。

《邮政法》内容包括总则、邮政设施、邮政服务、邮政资费、损失赔偿、快递业务、监督检查、法律责任和附则,共九章八十七条。

二、《邮政法》中关于快递业务的规定

快递,是指在承诺的时限内快速完成的寄递活动。《邮政法》第六章对快递业务相关内容有着明确的规定。主要有以下内容:

(1)经营快递业务,应当依照本法规定取得快递业务经营许可;未经许可,任何单位和个人不得经营快递业务。外商不得投资经营信件的国内快递业务。国内快递业务,是指从收寄到投递的全过程均发生在中华人民共和国境内的快递业务。

(2)申请快递业务经营许可,必须具备下列条件:符合企业法人条件;不低于标准的注册资本;有与申请经营的地域范围相适应的服务能力;有严格的服务质量管理制度和完备的业务操作规范;有健全的安全保障制度、措施和法律、行政法规规定的其他条件。

(3)申请快递业务经营许可,在省、自治区、直辖市范围内经营的,应当向所在地的省、自治区、直辖市邮政管理机构提出申请,跨省、自治区、直辖市经营或者经营国际快递业务的,应当向国务院邮政管理部门提出申请;申请时应当提交申请书和有关申请材料。

(4)受理申请的邮政管理部门应当自受理申请之日起四十五日内进行审查,作出批准或者不予批准的决定。予以批准的,颁发快递业务经营许可证;不予批准的,书面通知申请人并说明理由。邮政管理部门审查快递业务经营许可的申请,应当考虑国家安全等因素,并征求有关部门的意见。申请人凭快递业务经营许可证向工商行政管理部门依法办理登记后,方可经营快递业务。

(5)邮政企业以外的经营快递业务的企业(以下称快递企业)设立分支机构或者合并、分立的,应当向邮政管理部门备案。

(6)快递企业不得经营由邮政企业专营的信件寄递业务,不得寄递国家机关公文。

(7)快递企业经营邮政企业专营业务范围以外的信件快递业务,应当在信件封套的显著位置标注信件字样。快递企业不得将信件打包后作为包裹寄递。

(8)经营国际快递业务应当接受邮政管理部门和有关部门依法实施的监管。邮政管理部门和有关部门可以要求经营国际快递业务的企业提供报关数据。

(9)快递企业停止经营快递业务的,应当书面告知邮政管理部门,交回快递业务经营许可证,并对尚未投递的快件按照国务院邮政管理部门的规定妥善处理。

(10)经营快递业务的企业依法成立的行业协会,依照法律、行政法规及其章程规定,制定快递行业规范,加强行业自律,为企业提供信息、培训等方面的服务,促进快递行业的健康发展。经营快递业务的企业应当对其从业人员加强法制教育、职业道德教育和业务技能培训。

第二节　《快递市场管理办法》的有关规定

为加强快递市场管理,维护国家安全和公共安全,保护用户合法权益,促进快递服务健康发展,依据《邮政法》和国家有关规定,2008 年 7 月 12 日实施《快递市场管理办法》(以下简称《办法》)。

针对目前快递服务中的延误、丢损等投诉热点问题,《办法》规定,我国将建立以公众满意度、时限准时率和用户申诉率为核心的快递服务质量评价体系,实行快递企业等级评定制度;快递企业应公布并遵守服务承诺、合理制定格式合同、建立与用户沟通渠道和制度,不得操纵市场价格、扰乱市场秩序,不得违法泄露用户信息,不得私自开拆、隐匿、毁弃、扣留、倒卖、盗窃用户快件等;《办法》明确了禁止寄递的物品种类,同时要求建立严格的收寄验视制度,对信件以外的快件应按照国家有关规定当场验视内件、当面封装;《办法》还规定快递企业应加强对快递从业人员的职业技能培训,定期向邮政管理部门上报统计报表和报告;《办法》还规定了邮政管理部门将定期评估测试快递服务水平,定期向社会公告快递服务质量。

《办法》主要从以下三方面为快递服务和管理进行了规范:

1. 快递服务的基本规范

(1)明确要求提供执行快递服务标准。国家邮政局委托中国标准化研究院起草了《快递服务》国家标准,并于 2012 年 5 月 1 日正式实施。

(2)明确要求快递企业应当公布并遵守其服务承诺,合理制定格式合同。快递企业一定要向公众公布自身的服务承诺,承诺服务时限,做到明码标价,规范合同格式,杜绝霸王条款。

(3)针对目前快递服务中主要的投诉热点问题,明确了快递企业以及从业人员禁止性的行为种类。如私自开拆、隐匿、毁弃、扣留、倒卖、盗窃快件等。

2. 快递安全的基本规范

(1)收寄安全制度。进一步明确了禁止寄递物品的种类,要求企业建立健全严格的收寄验视制度,除信件类的快件都要当场验视。

(2)应急保障制度。规定在发生重大服务阻断或者停止快递服务时,企业应当及时妥善地保管和处理好快件。同时还规定接受网络购物等经营商委托提供快递服务的快递企业时,应当和委托方签订安全保障协议。

(3)监督检查制度。明确了对企业的监督检查制度,对违反国家有关规定,危害安全的行为制订了必要的处罚措施。

3.快递市场管理的主要方式

(1)要求企业实行备案制度。规定从事快递经营活动的快递服务组织应当办理备案手续,以加强市场监管的有效性。

(2)统计报告制度。规定快递企业应当按照《国家统计法》的有关规定履行企业的统计上报义务。

(3)等级评定制度。快递企业服务质量到底如何,要通过第三方进行调查研究并予以公告,让群众、用户和消费者了解企业的实际情况。具体规定由邮政管理部门定期评估、测试快递服务水平,并向社会进行公告,充分发挥社会监督的作用。

(4)行业自律制度。快递企业在自愿的前提下,组建行业协会,制定自律性的规章制度,对市场经营活动作出规范。

(5)信息报送制度。快递企业应当按相关规定,向邮政管理机构报送与监管事项有关的文件资料。

第三节 《快递业务经营许可管理办法》的有关规定

为规范快递业务经营许可管理,促进快递行业健康发展,根据《邮政法》、《中华人民共和国行政许可法》及其他有关法律、行政法规的规定,2009 年 10 月 1 日颁布实施《快递业务经营许可管理办法》。

一、快递业务经营许可的管理规定

国务院邮政管理部门及省、自治区、直辖市邮政管理机构(以下统称邮政管理部门)负责快递业务经营许可的管理工作。

快递业务经营许可管理,应当遵循公开、公平、公正以及便利高效的原则。

经营快递业务,应当依法取得邮政管理部门颁发的《快递业务经营许可证》,并接受邮政管理部门及其他有关部门的监督管理;未经许可,任何单位和个人不得经营快递业务。

二、对快递经营许可条件的规定

1.申请经营快递业务应符合的条件

(1)申请经营快递业务的组织必须是企业法人。

(2)注册资本应符合的条件。

在省、自治区、直辖市范围内经营的,注册资本不低于人民币五十万元;跨省、自治区、直辖市经营的,注册资本不低于人民币一百万元;经营国际快递业务的,注册资本不低于人民币二百万元。

(3)具备与申请经营的地域范围相适应的服务能力。

(4)有严格的服务质量管理制度,包括服务承诺、服务项目、服务价格、服务地域、赔偿办法、投诉受理办法等,有完备的业务操作规范,包括收寄验视、分拣运输、派送投递、业务查询等制度。

(5)有健全的安全保障制度和措施,包括保障寄递安全、快递服务人员和用户人身安全、用户信息安全的制度,符合国家标准的各项安全措施,开办代收货款业务的,应当以自营方式提供代收货款服务,具备完善的风险控制措施和资金结算系统,并明确与委托方和收件人之间的权利、义务。

(6)法律、行政法规规定的其他条件。

2. 外商不得投资经营信件的国内快递业务

国内快递业务,是指从收寄到投递的全过程均发生在中华人民共和国境内的快递业务。

邮政企业以外的经营快递业务的企业(以下称快递企业),不得经营由邮政企业专营的信件寄递业务,不得寄递国家机关公文。

三、快递经营许可审批程序

1. 快递经营许可申请

申请快递业务经营许可,在省、自治区、直辖市范围内经营的,应当向所在地省、自治区、直辖市邮政管理机构提出申请;跨省、自治区、直辖市经营或者经营国际快递业务的,应当向国务院邮政管理部门提出申请。

2. 申请快递业务经营许可,应当向邮政管理部门提交的申请材料

快递业务经营许可申请书;工商行政管理部门出具的企业名称预核准通知书或者企业法人营业执照;验资报告、场地使用证明以及与申请经营的地域范围相适应的服务能力的相关材料; 法律、行政法规规定的其他材料。

3. 快递业务经营许可申请受理

邮政管理部门应当自受理之日起四十五日内对申请材料审查核实,作出批准或者不予批准的决定。予以批准的,颁发《快递业务经营许可证》;不予批准的,书面通知申请人并说明理由。

邮政管理部门审查快递业务经营许可的申请,应当考虑国家安全等因素,并征求有关部门的意见。

4.《快递业务经营许可证》备案

跨省、自治区、直辖市经营或者经营国际快递业务的,自企业取得《快递业务经营许可证》之日起三十日内,企业分支机构应当持《快递业务经营许可证》副本,到所在地省、自治区、直辖市邮政管理机构备案。

快递企业设立、撤销分支机构或者合并、分立的,应当向邮政管理部门备案。

《邮政法》公布前按照国家有关规定,经国务院对外贸易主管部门批准或者备案,并向工商行政管理部门依法办理登记后经营国际快递业务的国际货物运输代理企业,依照《邮政法》相关规定领取《快递业务经营许可证》的,应当向国务院邮政管理部门提交下列材料:

《快递业务经营许可证》领取申请书;国务院对外贸易主管部门批准或备案文件;工商行政管理部门依法颁发的营业执照;分支机构名录。

四、许可证管理

经营快递业务的企业,应当按照《快递业务经营许可证》的许可范围和有效期限经营快递业务。

《快递业务经营许可证》的有效期限为五年。

1.许可证换领

经营快递业务的企业,应当在《快递业务经营许可证》有效期限满三十日前向颁发许可证的邮政管理部门提出申请,换领许可证。

《快递业务经营许可证》中企业名称、企业类型、股权关系、注册资本、经营范围、经营地域和分支机构等事项发生变更的,应当报邮政管理部门办理变更手续、并换领许可证。

2.许可证年度报告制度

《快递业务经营许可证》管理实行年度报告制度。经营快递业务的企业应当在每年4月30日前向颁发《快递业务经营许可证》的邮政管理部门提交下列材料:

(1)年度报告书,包括年度经营情况、遵守法律法规情况等;

(2)《快递业务经营许可证》副本原件;

(3)企业法人营业执照复印件。

3.许可证交回

快递企业在《快递业务经营许可证》有效期内停止经营的,应当提前书面告知颁发许可证的邮政管理部门,交回《快递业务经营许可证》,并按邮政管理部门规定妥善处理未投递的快件。

4.许可证注销

遇有下列情形之一的,邮政管理部门应当依法办理快递业务经营许可的注销手续:

(1)《快递业务经营许可证》有效期届满未延续的;

(2)企业法人资格依法终止的;

(3)申请人自取得《快递业务经营许可证》后无正当理由超过六个月未经营快递业务的,或者自行连续停业六个月以上的;

(4)《快递业务经营许可证》有效期内停止经营的;

(5)快递业务经营许可依法被撤销、撤回的,或者《快递业务经营许可证》被依法吊销的;

(6)法律、行政法规规定的其他情形。

五、对取得《快递业务经营许可证》的企业监督检查

邮政管理部门依法对取得《快递业务经营许可证》的企业进行监督检查,被检查企业应当接受和配合监督检查。监督检查的主要内容:

(1)经营快递业务的企业名称、法定代表人(负责人)、经营地址、经营范围、经营地域、经营期限等重要事项,应当与《快递业务经营许可证》登记事项相符合;

(2)《快递业务经营许可证》变更、延续、注销等手续的执行和办理情况;

(3)经营快递业务的企业应当持续符合颁发《快递业务经营许可证》的条件;

(4)法律、行政法规规定的其他内容。

邮政管理部门进行监督检查时,监督检查人员不得少于两人,并应当出示执法证件;应当

记录监督检查的情况和处理结果,由监督检查人员签字后归档。

邮政管理部门进行监督检查时,不得妨碍经营快递业务的企业正常的生产经营活动,不得收取任何费用。

公民、企业和其他组织发现邮政管理部门的工作人员在实施行政许可和监督检查过程中有违法行为,有权向邮政管理部门举报,接到举报的邮政管理部门应当及时核实、处理。

第四节　《快递服务》国家标准的有关规定

为了提高快递服务质量和服务水平、规范快递服务市场、保障消费者的合法权益和增强快递企业竞争力。《快递服务》国家标准(以下简称《标准》)于2012年5月1日正式实施。

《标准》严格遵循新《邮政法》及《快递市场管理办法》的规定,并根据快递市场的最新发展,对原行业标准中的部分内容进行细化,增加大量原行业标准中未涉及的内容。

《标准》包括三部分内容,分别是GB/T 27917.1－2011《快递服务 第1部分:基本术语》,GB/T 27917.2－2011《快递服务 第2部分:组织要求》和GB/T 27917.3－2011《快递服务 第3部分:服务环节》。各部分单独成册,既相对独立,又紧密联系,共同构成了《快递服务》国家标准的全部内容。

《标准》着重就快递服务组织要求、服务质量、服务环节、快件查询和赔偿等方面做出了规范。其中快递服务组织要求包括了对服务资质的规定、对服务能力的规定、对加盟企业管理与国际业务代理的规定。

一、对服务资质的规定

《标准》在法人资质、人员资质、企业最低人数等方面作出了规定。比如,快递服务组织应依法取得邮政管理部门颁发的快递业务经营许可证。快递服务组织应具有工商行政管理机关注册登记的企业法人资质。在省、自治区、直辖市范围内经营快递业务的服务组织,其总部及分支机构的人员总和应不低于15人。经营跨省快递业务的快递服务组织,其总部及分支机构的人员总和应不低于100人。经营中国香港、澳门、台湾快递业务或国际快递业务的组织,其总部及分支机构人员总和应不低于20人。

二、对服务能力的规定

《标准》从经营省内快递业务、跨省快递业务和国际快递业务三类组织应具备的服务能力分别做出了规定。

1.在省、自治区、直辖市范围内经营快递业务的服务组织,应具备的服务能力

(1)具备在省、自治区、直辖市范围内经营快递业务的网络和运递能力。

(2)经营同城快递业务的,应提供寄递快件的电话查询服务;经营省内异地快递业务的,除提供电话查询服务外,还应当有提供快件跟踪查询的信息网络。

(3)有符合《国家职业技能标准 快递业务员(试行)》并通过资格认定的快递业务员,经营同城快递业务的,快递业务员中具备初级以上资格的不应低于30%;经营省内异地快递业务的,快递业务员中具备初级以上资格的不应低于40%。

2. 跨省、自治区、直辖市经营快递业务的组织应具备的服务能力

(1)具备与经营地域范围相适应的网络和运递能力。

(2)有封闭的、面积适宜的快件处理场所,符合国务院邮政管理部门及国家安全机关依法履行职责的要求,并配备相应的处理设备、监控设备和消防设施。

(3)有统一的计算机管理系统,有可提供寄递快件跟踪查询的信息网络,并配备符合规定的数据接口,可根据要求向邮政管理部门提供快件的有关数据。

(4)有符合《国家职业技能标准 快递业务员(试行)》并通过资格认定的快递业务员,快递服务组织总部及其分支机构快递业务员中具备初级以上资格的不应低于40%。

3. 经营国际及中国港澳台快递业务的服务组织应当具备的服务能力

(1)具备经营国际及中国港澳台快递业务的网络和运递能力。

(2)有封闭的、面积适宜的快件处理场所,符合国务院邮政管理部门及国家安全机关、海关依法履行职责的要求,并配备相应的处理设备、监控设备和消防设施。

(3)有统一的计算机管理系统,有可提供寄递快件跟踪查询的信息网络,并配备符合规定的数据接口,可根据要求向邮政管理部门和相关部门提供快件的相关数据。

(4)有符合《国家职业技能标准 快递业务员(试行)》并通过资格认定的快递业务员,快递服务组织总部及其分支机构快递业务员中具备初级以上资格的不应低于50%。

(5)有获得专业资格的报关、报检、报验人员。

三、对加盟企业管理与国际业务代理的规定

1. 加盟企业管理规定

快递服务组织(总部)对加盟企业的管理,应满足以下要求:

(1)所选择的加盟企业具有企业法人资质,并取得邮政管理部门颁发的相应的快递业务经营许可证。

(2)建立加盟企业的遴选制度,确保所选择的加盟企业具备与经营地域范围相适应的运递能力。

(3)与加盟企业签订相关合同,明确责任和义务。合同宜符合国务院邮政管理部门及其他相关部门指定的《快递行业特许经营(加盟)合同》(示范文本)的要求。

(4)建立统一的作业规范,并对加盟企业进行业务指导与培训。

(5)建立评估制度,对加盟企业的服务意识、作业流程、内部管理、用户满意度等内容进行考核。

(6)妥善处理加盟企业之间的纠纷,并协调处理全网用户投诉。

(7)加强风险管理,制订风险管理预案。

2. 国际业务代理

在境内代理国际快递业务的代理商,应满足以下要求:

(1)具有企业法人资格,并取得邮政管理部门颁发的国际快递业务经营许可证。

(2)具有代理收寄或投递国际快件的能力。

(3)与委托方签订代理协议,明确双方权利和义务。

四、对服务质量的规定

《标准》分别就服务时限、彻底延误时限、业务档案、快件赔偿等方面做出了规定。

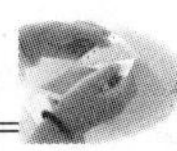

1. 服务时限规定

在服务时限方面,规定了快递最长服务时限。除了与用户有特殊约定(如偏远地区),快递服务时限应满足以下要求:同城不得超过24小时,国内异地快递不超过72小时;香港、澳门、台湾快递服务时限不超过6个日历天;亚洲和北美洲地区快递服务时限不超过6个日历天;欧洲地区快递服务时限不超过8个日历天;大洋洲地区快递服务时限不超过9个日历天;其他地区国际快递服务时限可视实际情况而定。

2. 彻底延误时限的规定

彻底延误时限是从快递服务组织承诺的快递服务时限到达之时起,到用户可以将快件视为丢失的时间间隔。

在彻底延误时限方面,规定同城快件为3个日历天,省内异地和省际快件为7个日历天,港澳台快件和国际快件为21个日历天。

3. 业务档案规定

对于快递服务组织运营过程中形成的各种记录,要求应进行分类、汇总、储存,并形成业务档案,作为其经营管理的依据。快递服务组织宜采用现代信息技术,建立档案数据库,实现档案的计算机管理和查询。国内快递运单的实物保存期限宜不少于1年,电子保存期限应不少于2年,国际及港澳台快递运单实物保存期限不应少于6个月,其他档案的保存期限应满足相关法律法规要求。

4. 快件赔偿规定

《标准》规定,当快件发生延误、丢失、损毁、内件不符的情况时,快递服务组织应予寄件人或寄件人指定的受益人一定的赔偿,有约定的按约定赔偿,购买保价(保险)的快件按照被保价(保险)金额进行赔偿;没有购买保价(保险)的快件,按照《邮政法》及相关规定办理。

同时,属于物品本身性质、不可抗力、寄件人过错、收件人过错等原因产生的损失,快递服务组织可不负担赔偿责任。

在索赔处理时限上,同城件、国内异地快件和港澳台快件为30个日历天,国际快件为60个日历天。当双方就赔金支付问题达成一致后,7个工作日内必须支付赔金。

此外,《标准》对服务费用、服务场所、快递运单以及收寄、投递、处理、查询和运输等运营环节也作出了明确的规定。

第五节　《中华人民共和国民法通则》的有关规定

《中华人民共和国民法通则》是我国的基本法之一,主要调整的是平等主体的公民之间、法人之间、公民和法人之间的财产关系和人身关系。《中华人民共和国民法通则》由中华人民共和国第六届全国人民代表大会第四次会议于1986年4月12日通过,自1987年1月1日起施行。

一、民事权利

民事权利是民事主体实现自己某种利益的可能性。公民和法人的民事权利受到法律保护,在受到侵害时有权得到国家的司法救济。公民和法人的民事权利主要包括:财产所有权、债权、知识产权和人身权。

1. 财产所有权

财产所有权是指所有人依法对自己的财产享有占有、使用、收益和处分的权利。用户对邮件、汇款享有所有权。邮政法对邮件的所有权也作了相应规定。《邮政法》第三条规定,“公民的通信自由和通信秘密受法律保护。除因国家安全或者追查刑事犯罪的需要,由公安机关、国家安全机关或者检察机关依照法律规定的程序对通信进行检查外,任何组织或者个人不得以任何理由侵犯公民的通信自由和通信秘密。除法律另有规定外,任何组织或者个人不得检查、扣留邮件、汇款”。

财产所有权可分为动产所有权和不动产所有权。动产是指不动产以外的财产。如机器设备、车辆、动物、各种生活日用品等等。不动产是指土地和土地上的定着物,包括各种建筑物,如房屋、桥梁、电视塔、地下排水设施等等;生长在土地上的各类植物,如树木、农作物、花草等,需要说明的是,植物的果实尚未采摘、收割之前,树木尚未砍伐之前,都是地上的定着物,属于不动产,一旦采摘、收割、砍伐下来,脱离了土地,则属于动产。

2. 知识产权

知识产权包括著作权、专利权和商标权。著作权又称为版权,《中华人民共和国著作权法》规定著作权包括人身权和财产权,其中人身权包括发表权、署名权、修改权和保护作品完整权;财产权包括复制权、发行权、出租权、展览权、表演权、放映权、广播权、信息网络传播权、摄制权、改编权、翻译权、汇编权。

专利权是指专利权享有人对其发明、实用新型和外观设计依法享有的专有的权利。在我国,发明专利权的期限为20年,实用新型和外观设计的专利权期限为10年。保护方法主要是责令侵权行为人停止侵害、赔偿损失、恢复名誉、消除影响,或者收缴非法制造的商品。如快递企业自主研发的快件处理系统和处理工具如通过专利权申请就受法律保护,未经同意,其他企业不得使用。

商标权是指商标注册人依法支配其注册商标并禁止他人侵害的权利,包括商标注册人对其注册商标的排他使用权、收益权、处分权、续展权和禁止他人侵害的权利。商标权是一种无形资产,具有经济价值,可以用于抵债,即依法转让。根据我国《商标法》的规定,商标可以转让,转让注册商标时转让人和受让人应当签订转让协议,并共同向商标局提出申请。如快递企业的注册商标受到法律的保护,其他企业不得冒用。

3. 人身权

人身权分为人身权和身份权,包括公民享有生命健康权、姓名权、肖像权,公民、法人享有名誉权和荣誉权等。公民享有肖像权,未经本人同意,不得以营利为目的使用公民的肖像。快递企业在收寄快件时,应当为客户保守信息秘密,保护客户的人身权。

二、民事责任

《民法通则》第一百零六条规定“公民、法人违反合同或者不履行其他义务的,应当承担民事责任”。承担民事责任的方式主要指停止侵害,排除妨碍,消除危险,返还财产,恢复原状,修理、重作、更换、赔偿损失,支付违约金,消除影响、恢复名誉,赔礼道歉。以上承担民事责任的方式,可以单独适用,也可以合并适用。在快递合同无效情况下则适用民法

通则。

快递企业有背书条款的义务,因为快递企业的原因,造成快件丢失,要承担法律责任;对于快递服务合同,没有履行背书的告知义务,用户没有予以确认,导致合同无效,快递客户索赔将适用民法通则的相关规定。

第六节 《中华人民共和国合同法》的有关规定

《中华人民共和国合同法》作为调整民事主体之间的交易关系的法律,是我国民法的重要组成部分。由中华人民共和国第九届全国人民代表大会第二次会议于1999年3月15日通过,自1999年10月1日起施行。合同是平等主体的自然人、法人、其他组织之间设立、变更、终止民事权利义务关系的协议。

一、合同概述

1. 合同概念

合同是平等主体的自然人、法人、其他组织之间设立、变更、终止民事权利义务关系的协议。

2. 合同分类

根据合同当事人的双方权利、义务分担的不同,分为双务合同与单务合同;根据当事人取得权益是否付出相应代价,分为有偿合同与无偿合同;根据合同是否以交付标的物为成立要件,分为诺成性合同与实践性合同;根据合同的成立是否需要特定的法律形式,分为要式合同与非要式合同;根据法律是否明确规定,并具有特定名称,分为有名合同与无名合同。

二、合同订立

1. 合同内容

合同内容包括合同当事人、标的、数量、质量、价款或酬金、履行期限、地点和方式、违约责任和争议的解决。

2. 合同形式

合同形式包括书面形式、口头形式和其他形式。书面形式是指合同书、信件和数据电文(包括电报、电传、传真、电子数据交换和电子邮件)等可以有形地表现所载内容的形式。

3. 要约

要约是希望和他人订立合同的意思表示。

4. 承诺

承诺是受要约人同意接受要约条件的意思表示。

5. 合同成立

(1)成立时间:承诺生效时间就是合同成立时间。

(2)成立地点:承诺生效的地点为合同成立的地点。

(3)合同成立与生效的关系:依法成立的合同,自合同成立时生效。法律行政法规规定应当办理批准、登记手续的依照其规定。合同生效可以附生效条件和生效期限。当事人对合同的效力可以约定附条件。附生效条件的合同,自条件成就时生效。附解除条件的合同,自条件成就时失效。当事人对合同的效力也可以约定附期限。附生效期限的合同,自期限届至时生效。附终止期限的合同,自期限届满时失效。

6. 格式条款

当事人为了重复使用而预先拟定,并在订立合同时未与对方协商的条款。

三、合同效力

1. 有效合同

有效合同是指依法成立的合同,自合同成立时生效。

2. 无效合同

有下列情形之一的,合同视为无效:一方以欺诈、胁迫的手段订立合同,损害国家利益;恶意串通,损害国家、集体或者第三人利益;以合法形式掩盖非法目的;损害社会公共利益;违反法律、行政法规的强制性规定。

3. 可撤销可变更的合同

因重大误解订立的合同或者在订立合同时显失公平的,当事人一方有权请求人民法院或者仲裁机构变更或者撤销;一方以欺诈、胁迫的手段或者乘人之危,使对方在违背真实意愿的情况下订立的合同,受损害方有权请求人民法院或者仲裁机构变更或者撤销。当事人请求变更的,人民法院或者仲裁机构不得撤销。

四、违约责任

违约责任又称违反合同的民事责任,是指合同当事人违反合同所应承担的责任。合同债务是违约责任的前提,没有合同债务也就不存在违约责任;同时,违约责任制度的设立也是保障债务履行以及保护、救济债权人合法权益的有效手段。

违约责任的形态分为:不履行合同义务和履行合同义务不符合约定两种。不履行合同义务是指合同当事人不能履行或拒绝履行合同义务。不能履行是指债务人由于某种情形,事实上已经不可能再履行债务。拒绝履行是指义务人能够履行而拒不履行,这种情形下义务人必然要承担违约责任。履行合同义务不符合约定的含义很广,包括不履行以外的一切违反合同义务的情况,包括履行迟延和不完全履行。承担违约责任的方式包括继续履行合同、采取补救措施、赔偿损失、支付违约金、定金等。

第七节 《中华人民共和国消费者权益保护法》的有关知识

消费者权益保护法,是调整国家、经营者和消费者三者之间的保护消费者权益的过程中发生的社会关系的法律规范的总称。《中华人民共和国消费者权益保护法》于1993年颁布,并于1994年1月1日起施行。

一、消费者的权利

该法规定的消费者应享受的权利包括保障安全权、知悉真情权、自主选择权、公平交易权、依法求偿权、维护尊严权、监督批评权七种权利。

1. 保障安全权

消费者在购买、使用商品和接受服务时享有人身、财产安全不受损害的权利。消费者有权要求经营者提供的商品和服务符合保障人身、财产安全的要求。

如雨天路滑时快递企业可以在营业厅门口台阶放置防滑垫,防止客户在出入营业厅时滑倒。在营业厅办理快递业务的人数较多时,应当采取有效措施防止过度拥挤,保障消费者人身安全。

2. 知悉真情权

消费者享有知悉其购买、使用的商品或者接受的服务的真实情况的权利。消费者有权根据商品或者服务的不同情况,要求经营者提供商品的价格、产地、生产者、用途、性能、规格、等级、主要成分、生产日期、有效期限、检验合格证明、使用方法说明书、售后服务,或者服务的内容、规格、费用等有关情况。

如快递企业须向消费者提供背书提示,消费者有权对交寄的快件在交寄之日起一年内进行查询等。

3. 自主选择权

消费者享有自主选择商品或者服务的权利。消费者有权自主选择提供商品或者服务的经营者,自主选择商品品种或者服务方式,自主决定购买或者不购买任何一种商品、接受或者不接受任何一项服务。消费者在自主选择商品或者服务时,有权进行比较、鉴别和挑选。如选择快递服务的消费者,他们可以自由选择快递企业、自由选择快递产品、自由选择是否保价。

4. 公平交易权

消费者享有公平交易的权利。消费者在购买商品或者接受服务时,有权获得质量保障、价格合理、计量正确等公平交易条件,有权拒绝经营者的强制交易行为。

快递企业称量快件所使用的器具,必须符合国家规定,准确计量,公平交易,维护消费者的合法权益。

5. 依法求偿权

消费者因购买、使用商品或者接受服务受到人身、财产损害的,享有依法获得赔偿的权利。如快递企业在寄递快件过程中发生丢失、损毁、内件不符、延误,而导致快递用户的快件所有权受到损害,快递企业应依法赔偿快递用户的损失。

6. 维护尊严权

消费者在购买、使用商品和接受服务时,享有其人格尊严、民族风俗习惯得到尊重的权利。如快递业务员为少数民族客户提供快递服务时,应尊重少数民族的风俗习惯。

7. 监督批评权

消费者享有对商品和服务以及保护消费者权益工作进行监督的权利。消费者有权检举、控告侵害消费者权益的行为和国家机关及其工作人员在保护消费者权益工作中的违法失职行为,有权对保护消费者权益工作提出批评、建议。

如客户对快递企业的服务提出建议或批评时,快递业务员应当虚心听取并及时向部门负责人如实汇报,切忌与客户发生争吵。

二、争议解决的途径

1. 双方当事者自行协商

消费者如同快递企业就服务质量问题发生争执,首先可向快递企业提出自己的要求,并通过自行协商使问题得以解决。

2. 请求消费者协会调解

当事者双方,即经营者和消费者,都有权请求消费者协会进行调解,只要有一方提出请求,消费者协会就有义务出面进行调解。

3. 向有关行政部门提出申诉

对快递企业处理结果不满意或在规定的时限内未予答复的,消费者可与当地邮政管理局联系或拨打国家邮政局 12305 申诉电话,也可在国家邮政局邮政业消费者申诉受理中心网站提交电子邮件申诉。

4. 提请仲裁机构进行仲裁

在向有关行政部门提出申诉的同时,还可向仲裁机构提出仲裁申请。

5. 向人民法院提起诉讼

对行政部门和仲裁机构的处理和仲裁不服的,可向人民法院提起最后诉讼。

第八节　《中华人民共和国道路交通安全法》的相关知识

《中华人民共和国道路交通安全法》是为了维护道路交通秩序,预防和减少交通事故,保护人身安全,保护公民、法人和其他组织的财产安全及其他合法权益,提高通行效率而制定的。

《中华人民共和国道路交通安全法》于 2003 年 10 月 28 日经第十届全国人民代表大会常务委员会第五次会议通过,并自 2004 年 5 月 1 日起施行。该法分别于 2007 年 12 月 29 日和 2011 年 4 月 22 日经过全国人民代表大会常务委员讨论,进行过两次修订,修订后的法规共分 8 章,124 条,自 2011 年 5 月 1 日起正式施行。

该法全方位规范了车辆和驾驶人管理、明确了道路通行条件和各种道路交通主体的通行规则、确立了新的道路交通事故处理原则和机制、加强了对公安机关交通管理部门及其交通警察的执法监督、完善了违反交通安全管理行为的法律责任。

一、道路交通违章处罚

1. 交通违章

交通违章是指机动车、非机动车驾驶人和行人,违反道路交通安全法及交通管理的行为。

2. 道路运输违章处罚种类

处罚种类包括:警告、罚款、暂扣或者吊销机动车驾驶证和拘留。构成犯罪的依法追究刑事责任。

二、道路交通事故处理

在道路上发生交通事故,车辆驾驶人应当立即停车,保护现场;造成人身伤亡的,车辆驾驶人应当立即抢救受伤人员,并迅速报告执勤的交通警察或者公安机关交通管理部门。因抢救受伤人员变动现场的,应当标明位置。乘车人、过往车辆驾驶人、过往行人应当予以协助。

案例分析

2005年4月1日上午,某快递公司收派员小张驾驶一辆微型面包车,与骑单车的刘小姐发生碰撞,刘小姐在事故中受伤,当场昏迷。小张在情急之下,开车将刘小姐送到医院抢救,没有保护现场。后来,交警做出交通事故认定:小张对该起事故应负全部责任,刘小姐对该起事故不负责任。刘小姐出院后状告小张,要求其赔偿医疗费和精神损失费,并最终获得了法院的支持。

分析:机动车与非机动车、行人发生道路交通事故造成人身伤亡、财产损失,当事人有条件报案、保护现场但没有依法报案、保护现场,致使事故基本事实无法查清,又没有证据证明非机动车、行人有交通安全违法行为以及机动车驾驶人已经采取必要处置措施的,由机动车一方承担赔偿责任。

在本案中,小张在有条件报案并保护现场的情况下没有依法报案、保护现场,致使事故基本事实无法查清,公安交通管理机关依法认定小张应负此次事故的全部责任符合法律规定。发生交通事故,正确的处理方法应当是:

(1)立即报案:发生交通事故后,应立即停车,保护现场,不要移动现场上的任何车辆、物品,并要劝阻围观群众进入现场。有人身伤亡的,马上报告公安交通管理机关并立即抢救受伤人员,同时向所投保的保险公司报案。

(2)标明位置:如因抢救受伤人员变动现场的,应当标明位置。此处所称的位置,不仅包括伤者的位置,还应包括车辆的位置及事故中散落物品及碎片的位置。当然,交警还将根据双方对事故现场的描述、制动痕迹等其他表象及相应的鉴定结论综合判断事故原因及责任。

(3)用非事故车运伤员:在抢救伤员的过程中尽量使用其他的非事故车辆运送伤员。

(4)请求他人帮助:在紧急情况下,在标注好现场位置的情况下使用事故车辆,如有同乘人员,尽量留一人看守现场,避免因其他车辆经过造成标注位置的灭失。如有其他车辆及行人,也可请求他们的协助,只有保护好事故现场,才能依法保护各方的合法权益。

(5)严防二次事故:发生事故后,要打开危险报警闪光灯提示危险,并在来车方向设置警告标志,以免其他车辆再次碰撞。对油箱破裂、燃油溢出的现场,要严禁烟火,以免造成火灾,扩大事故后果。

本案中,小张及时抢救伤者是正确的,如果小张选择了保护现场而坐视伤者不管,或放弃抢救而停在原地等待交警处理,伤者的伤情因延误治疗而加重,驾驶员将面临更重的民事赔偿责任,甚至刑事责任。但是抢救伤者应尽量用非事故车辆,如必须用事故车辆抢救伤者,应当标明变动现场的位置,并迅速向执勤的交警或者交管部门报告,同时向所投保的保险公司报案。

三、道路交通事故法律责任认定与处理

(一)道路交通事故责任认定

1. 交通事故等级划分

轻微事故,是指造成轻伤1~3人或财产损失机动车损失不足1000元,非机动车不足200

元的事故;一般事故,是指一次造成重伤 1 ~2 人或轻伤 3 人以上,或者财产损失不足 3 万元的事故;重大事故,是指一次造成死亡 1 ~2 人,或者重伤 3 人以上 10 人以下,或者财产损失 3 万元以上不足 6 万元的事故;特大事故,是指一次造成死亡 3 人以上或者重伤 11 人以上,或者死亡 1 人同时重伤 8 人以上,或者死亡 2 人同时重伤 5 人以上,或者财产损失 6 万元以上的事故。

2. 交通事故责任认定时限

自交通事故发生之日起按下列时限对交通事故的责任作出认定:轻微事故 5 日,一般事故 15 日,重、特大事故 20 日,因交通事故情节复杂不能按期作出认定的,须报上一级公安交通管理部门批准,按上述规定分别延长 5 日、15 日、20 日。

3. 当事人申请重新认定时限

当事人对责任认定不服的,可以在接到责任书后 15 日内向上一级公安机关申请重新认定,上级公安机关接到重新认定申请书后 30 日内应当作出维持、变更或撤消的决定。接到《道路交通事故责任重新决定书》后,应当在 5 日内向各方当事人或代理人公布。交通事故责任的重新认定为最终决定。

4. 责任推定

(1)当事人逃逸或者故意损坏、伪造现场,毁灭证据,使交通事故责任无法认定的,应当负全部责任。

(2)当事人一方有条件报案而未报案或未及时报案,使交通事故责任无法认定的,应当负全部责任。当事人各方有条件报案而均未办案或未及时报案,使交通事故责任无法认定的,应当负同等责任。但机动车与非机动车、行人发生交通事故的,机动车一方应当负主要责任,非机动车、行人一方负次要责任。

(3)交通运输肇事后逃逸。交通运输肇事后逃逸是指行为人在发生了具备有关法定情形的交通事故后,为逃避法律追究而逃跑的行为。

我国《刑法》第一百三十三条规定:“违反交通运输管理法规,因而发生重大事故,致人重伤、死亡或者使公私财产遭受重大损失的,处三年以下有期徒刑或者拘役;交通运输肇事后逃逸或者有其他特别恶劣情节的,处三年以上七年以下有期徒刑;因逃逸致人死亡的,处七年以上有期徒刑”。依据该条的规定,交通运输肇事后逃逸应该是交通肇事罪的一个法定加重处罚情节。

(二)交通事故中汽车保险与赔偿

1. 交通事故责任强制保险

根据《机动车交通事故责任强制保险条例》规定,在中华人民共和国境内道路上行驶的机动车的所有人或者管理人都应当投保机动车交通事故责任强制保险。机动车所有人或者管理人未按照规定投保交强制责任险的,将由公安机关交通管理部门扣留机动车,通知机动车所有人、管理人按照规定投保并处应缴纳的保险费的两倍罚款。

2. 报赔

发生交通事故后,应妥善保护好现场,并及时向保险公司报案,路面事故同时还要报请交通部门处理,非路面交通事故(如车辆因驾驶原因撞在树或墙上),应由相关管理部门出具证明材料。

3. 核定

(1)保险公司接到报案后,会派人到现场勘察或到交通部门了解出险情况,同时对车辆进行定损,估算合理费用,并通知车主到保险公司指定的修理厂处理事故车辆。

(2)对第三者责任的索赔,还应由保险公司对赔偿金额依法确定,并依据投保金额予以赔付。对于保户与第三者私下谈定的赔偿金额,保险公司可拒绝赔付。

4.赔付规定

(1)保险车辆发生全部损失后,如果保险金额等于或低于出险当时的实际价值,将按保险金额赔偿。

(2)保险车辆发生全损后,如果保险金额高于出险当时的实际价值,将按出险时的实际价值赔偿。

5.赔付时间

在车辆修复或自交通事故处理结案之日起三个月之内,保户应持保险单、事故处理证明、事故调解书、修理清单及其他有关证明到保险公司领取赔偿金。如与保险公司发生争议不能达成协议,可向经济合同仲裁机关申请仲裁或向人民法院提起诉讼。

四、关于酒后驾车和伪造机动车号牌等内容的修订

第十一届全国人民代表大会常务委员会第二十次会议决定对《中华人民共和国道路交通安全法》作如下修改:

(1)将第九十一条修改为:"饮酒后驾驶机动车的,处暂扣六个月机动车驾驶证,并处一千元以上两千元以下罚款。因饮酒后驾驶机动车被处罚,再次饮酒后驾驶机动车的,处十日以下拘留,并处一千元以上两千元以下罚款,吊销机动车驾驶证。

醉酒驾驶机动车的,由公安机关交通管理部门约束至酒醒,吊销机动车驾驶证,依法追究刑事责任;五年内不得重新取得机动车驾驶证。

饮酒后驾驶营运机动车的,处十五日拘留,并处五千元罚款,吊销机动车驾驶证,五年内不得重新取得机动车驾驶证。

醉酒驾驶营运机动车的,由公安机关交通管理部门约束至酒醒,吊销机动车驾驶证,依法追究刑事责任;十年内不得重新取得机动车驾驶证,重新取得机动车驾驶证后,不得驾驶营运机动车。

饮酒后或者醉酒驾驶机动车发生重大交通事故,构成犯罪的,依法追究刑事责任,并由公安机关交通管理部门吊销机动车驾驶证,终生不得重新取得机动车驾驶证。"

(2)将第九十六条修改为:"伪造、变造或者使用伪造、变造的机动车登记证书、号牌、行驶证、驾驶证的,由公安机关交通管理部门予以收缴,扣留该机动车,处十五日以下拘留,并处两千元以上五千元以下罚款;构成犯罪的,依法追究刑事责任。

伪造、变造或者使用伪造、变造的检验合格标志、保险标志的,由公安机关交通管理部门予以收缴,扣留该机动车,处十日以下拘留,并处一千元以上三千元以下罚款;构成犯罪的,依法追究刑事责任。

使用其他车辆的机动车登记证书、号牌、行驶证、检验合格标志、保险标志的,由公安机关交通管理部门予以收缴,扣留该机动车,处两千元以上五千元以下罚款。"

第九节　《中华人民共和国国家安全法》的相关知识

《中华人民共和国国家安全法》于1993年2月22日经第七届全国人民代表大会常务委员会第三十次会议通过,并自公布之日起施行。

一、危害国家安全行为的定义

该法所称危害国家安全的行为,是指境外机构、组织、个人实施或者指使、资助他人实施的,或者境内组织、个人与境外机构、组织、个人相互勾结实施的危害中华人民共和国国家安全的行为。

二、危害国家安全行为的表现

危害中华人民共和国国家安全的行为主要表现为:

(1)阴谋颠覆政府,分裂国家,推翻社会主义制度的。

(2)参加间谍组织或者接受间谍组织及其代理人的任务的。

(3)窃取、刺探、收买、非法提供国家秘密的。

(4)策动、勾引、收买国家工作人员叛变的。

(5)进行危害国家安全的其他破坏活动的。

三、危害国家安全的罪行及刑事责任

1. 为境外窃取、刺探、收买、非法提供国家秘密、情报罪

该罪是指为境外的机构、组织、人员窃取、刺探、收买、非法提供国家秘密或情报的行为。对犯有该罪的,处五年以上十年以下有期徒刑;情节特别严重的,处十年以上有期徒刑或者无期徒刑;情节较轻的,处五年以下有期徒刑、拘役、管制或者剥夺政治权利。该法第五十六条和第一百一十三条还规定,犯有本罪的,应当附加剥夺政治权利,可以并处没收财产;对国家和人民危害特别严重、情节特别恶劣的,可以判处死刑。

2. 故意泄露国家秘密罪

该罪是指国家机关工作人员或者非国家机关工作人员违反保守国家秘密法,故意使国家秘密被不应知悉者知悉,或者故意使国家秘密超出了限定的接触范围,情节严重的行为。对犯有该罪的,处三年以下有期徒刑或者拘役;情节特别严重的,处三年以上七年以下有期徒刑。

3. 非法获取国家秘密罪

该罪是指以窃取、刺探、收买方法,非法获取国家秘密的行为。对犯有本罪的,处三年以下有期徒刑、拘役、管制或者剥夺政治权利;情节严重的,处三年以上七年以下有期徒刑。

第十节 《万国邮政联盟公约》的相关知识

一、万国邮政联盟

万国邮政联盟(UPU)成立于1874年,其前身是“邮政总联盟”,1878年改为现名,其总部设在瑞士首都伯尔尼,现是联合国系统专门负责国际邮政事务的一个政府间国际组织。

联合国的任何会员国只要有三分之二以上的万国邮政联盟成员国同意即可加入万国邮政联盟。中国于1914年加入万国邮政联盟。1999年第22届万国邮联大会在中国北京成功举办。万国邮联的成员国目前有192个会员国,最近的成员是2011年10月4日加入的南苏丹共和国,迄今一共举办了24届万国邮联大会。

二、万国邮政联盟公约

《万国邮政联盟公约》及其实施细则是指万国邮政联盟制定的一项有关处理国际邮政业务的基本法则的条约。主要包括四部分：一是适用于国际邮政业务的共同规则；二是关于函件业务的规定；三是函件的航空运输；四是公约的生效日期和有效期限。

《万国邮政联盟公约》及其实施细则是国际邮政业务的基本国际法规，对邮联各会员国均有约束力。按照公约的规定，各国邮政对邮件的丢失、损毁及延误的法律责任只承认邮件本身造成的直接损失，间接损失或没有实现的利益不在考虑之列。

1. 公约规定的主要内容

对函件业务，如函件的种类、交付邮资、函件的撤回和应寄件人的要求更改姓名和地址、禁寄物品、海关监管、查询和补偿、邮资的归属、转运费和终端费的结算等项业务做了规定。

对函件的航空运输规则，如使用航空运输函件的加快航空附加费和不收航空附加费、航空函件的优先处理、航空运费的原则、航空运费的计算和结算等项业务也做了规定。

2. 公约对快递函件的规定

《万国邮政联盟公约》第三十二条对快递函件作了如下规定：

(1)在其邮政办理快递业务的各国，如寄件人提出要求，函件应在到达投递局后，尽快地派专人投送。至于保价信函，寄达邮政可以根据规章用快递方法寄回保价信函到达与否通知单。

(2)上述称为“快递”的函件，除应照付邮费外，还应按照第二十四条第1项(9)规定，另付快递费，并应预先付足。

(3)如快递函件的投送给寄达邮政带来有关收件人地址或函件到达寄达局的日子或钟点方面的特殊负担时，函件的投送和附加费的收取，应按各寄达国邮政对同类国内函件的规定办理。

(4)未经预先付足各项资费的快递函件应按平常函件投递。但已由原寄局作为快递处理的，仍应按快递投递。在这种情况下，应按第三十条的规定，补收资费。

(5)各邮政对于快递函件，可以只按快递试投一次，如果未能投出，可按平常函件处理。

(6)如果寄达国国内规章许可，收件人可要求投递局把寄给他的函件到达后立即按快递投送。在这种情况下，寄达邮政在投递的时候，可以按其国内规定收取资费。

第二编 快件处理知识

第九章 快件接收

本章主要介绍了进站快件总包验收和总包拆解的内容。要求重点掌握快件处理的基本要求,快件总包的接收步骤,异常车辆封志的处理方法,异常总包处理方法,优先、保价、自取、暂存快件的接收核验。

第一节 到件验收

快件接收是快件处理的重要环节之一。快件处理在快递服务全过程中主要具有集散作用、控制作用和协同作用。快件处理作业流程主要由总包到站接收、卸载总包、拆解总包、快件分拣、制作清单、总包封装、装载车辆、车辆施封等环节组成。

在进站快件总包接收作业过程中,处理中心接收人员对运输快件车辆的封志、总包路单、快件总包的规格和质量等方面要认真执行交接验收规定,明确责任环节,确保快件的处理质量。在交接过程中,应注意产生的异常情况,并对异常封志、异常总包进行及时处理。

一、快件交接的基本要求

为保证快件能安全、迅速、完整地传递,减少丢失、损毁和内件短少等现象发生,在快件处理的每个关键环节都必须严格执行交接验收、逐件比对和平衡合拢三项基本要求。这三项基本要求可起到明确快件处理各环节、各操作人员的责任界限,相互督促严格执行规章制度,保障服务质量的作用。

1. 交接验收

交接验收是在快件操作程序开始、结束环节应遵守的操作规范,只有从这一环节开始严格把关,才能保证其他工序操作正常。进站与出站之间办理的交接,必须严格遵守双方会同验收制度。

进站总包交接时,收方应认真清点总包数量,并验视外包装是否完好、封志是否符合规格、是否有水湿油污现象。出站总包也要逐袋验视总包规格、数量、发运方向是否有误。

2. 逐件比对

快件总包接收后、封装前,应根据快件编号和总包编号逐件比对相关封发清单、路单,以确

保快件及总包信息与实物相符。逐件比对具有双重作用,既可以发现路单或封发清单的差错,也可以发现实物的差错。

随着信息技术的发展,目前快递企业大部分采用信息系统,在接收、封装总包时利用条码扫描设备逐件扫描快件、总包条形码,将扫描信息上传系统后,通过系统自动进行比对。

3. 平衡合拢

每班次或每日快件生产结束,必须对快件进、出、存总件数进行汇总比对。进站快件总件数加上班次留存件数应等于本班次快件出站总件数加库存总件数,结果相等则平衡合拢;结果不相等应按规定措施复查,复查无果要上报相关部门,并详细记录差异情况备查。相关部门要认真分析差异情况,总结规律以整改流程、加强细节管理。

以上三个方面的要求在快件处理的每一个环节都起到重要的作用,必须严格遵守。

二、总包接收前的准备工作

总包接收前,处理中心各岗位的操作人员应根据各自的作业要求和内容,预先安排相关工作,准备相关物品与工具,确保作业规范化,提高作业效率。

(1)检查有无快件处理的相关要求和操作变更通知。

(2)领取条码扫描设备、名章、圆珠笔、拆解专用钳或剪。

(3)做好个人准备工作,穿好工作服,佩戴工作牌和上岗劳动保护用品,如防护手套、护腰工具等。

(4)检查装卸、分拣、条码扫描等设备,核对作业班次和时间。

(5)对作业场地进行检查,场地应清洁、干净、无遗留快件。

三、办理交接

办理交接主要是指办理总包的交接。总包经封扎袋口或封裹牢固形成一体,便于运输和交接。总包必须拴有袋牌,粘贴标签,同时总包内应附寄快件封发清单并在袋牌及标签写明内装件数。考虑到搬运方便,以及总包包袋的容量和承载能力限制,快件总包每包(袋)重量不宜超过32kg。总包单件在操作上视同总包,也必须登列总包路单。

(一)航空、铁路运输快件的交接

采用航空运输或铁路运输时,如果不是自有的飞机或火车,需要到机场或火车站提取快件总包,然后利用汽车将快件总包盘驳到快件分拣处理中心。

1. 提取快件总包步骤

(1)操作人员在快件总包到达前,整理完整到件信息,交与接发人员。

(2)接发人员至机场、火车站提货处,按操作人员交与的信息,核对到件数量,检查航空标签,可用扫描器在提货处直接做接收扫描。

(3)对出现的如破损、少件等问题,要当场与承运方提货处人员核对登记,并要求提供破损证明,有条件的要当场拍照。

2. 注意事项

(1)检查快件托运单信息,与实际接收情况进行比对。

(2)仔细核对联运方填写的货仓单、航空结算单以及货站发货单是否与实际运输数量、重量、航班或车次相符。

(二)公路运输快件的交接

不管采用哪种工具运输,最后装载快件总包进入处理中心的都是汽车。

1. 接收步骤

快件运输车辆进入处理中心场地后,快件处理人员应严格依照以下的步骤来办理交接验收手续,如图9-1所示。

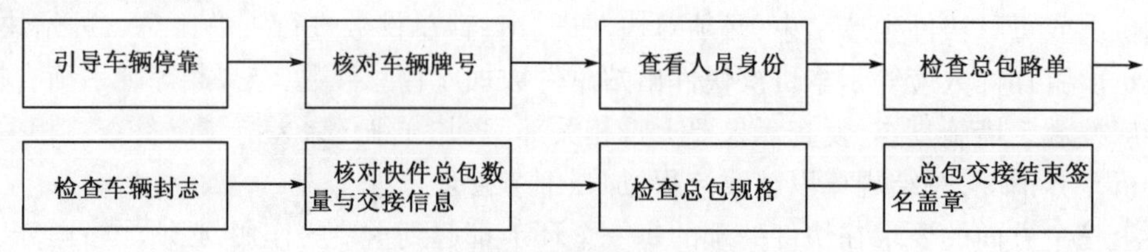

图9-1　公路运输快件接收流程图

2. 注意事项

(1)检查总包路单填写是否完整,有无缺漏,章戳签名是否规范,必须在总包路单上批明接收时间。

(2)如果总包数量与总包路单不符,双方需当面查清核实并在总包路单上批注实收数量。

四、车辆封志的管理

(一)车辆封志

车辆封志是固封在快件运输车辆车门上的一种特殊封志,其作用是防止车辆在运输途中被打开,保证已封车辆完整地由甲地运到乙地。固封封志是快件运输途中保证安全、明确责任的重要手段。随着信息技术的发展,现在也有一些快递企业使用全球卫星定位系统(GPS)与地理信息系统(GIS)相结合的信息封志来监视快件运输车辆的车门,利用系统记录信息来确定运输途中车门是否被无故打开,从而提高快件运输过程中的安全性。

车辆封志大体上可分为两大类:一类是实物封志,是快递企业经常使用的封志,包括金属类和塑料类封志;另一类是信息封志,是无形的封志。

1. 车辆封志的使用

(1)装好车后,必须将封志号码填入路单相应栏目,装车人员负责检查核对。

(2)封车时如果车辆封志损坏,装车人员必须拿坏的封志和路单到封志管理人员处更换,否则不能领取;换封志时,必须同时更改路单上的封志号码,确保路单号和车门封志号码相对应。

(3)场地装发完毕后,装发人员与押运人员共同对车厢进行施封;押运人员或驾驶员应对封志号码进行检查核对,并在路单上签字确认。

(4)车辆到达总包接收部门后,接收部门操作人员应先检查封志是否完好,并核对封志号码与路单记录的封志号码是否一致,之后签字确认。

2. 中途停靠作业要求

如在处理中心进行部分卸件,在卸件完成后必须重新施封,并在路单上写明封志号码,等同正常发车程序,并让驾驶员核对。

3. 责任划分

(1)在封志完好情况下,如果出现快件的短少,应向上一环节追查责任。

(2)在封志、车门锁损坏或缺失的情况下,应根据异常封志的相应情况进行处理。

(3)车辆在途中因执法部门查车而拆解车辆封志,驾驶员必须及时通知业务主管,并向执法人员索取相关证明;经核实后,驾驶员不必承担责任。

(二)异常车辆封志

不同材质的车辆封志,拆解方法略有不同。对于施封锁,交接人员应该使用施封锁专用钥匙开启,并妥善保管钥匙以备查询及循环使用;对于金属封志、铅封、塑料封志等,交接人员应该使用剪刀或专用钳来拆解。

拆解车辆实物封志,首先要认真检查封志是否已被打开,封志上的印志号码或封志标签是否清晰可辨。如果铅封印志模糊、塑料封志反扣松动能被拉开,属于异常封志,需要按照异常车辆封志处理方法进行处理。

1. 异常车辆封志的概念

异常车辆封志指拆解车辆封志之前,封志已经出现断开、损坏、标签模糊、塑料封志反扣松动能被拉开等现象。出现异常车辆封志应在路单上进行批注,并查明原因,及时进行处理。

2. 异常车辆封志的种类

(1)断开损坏的车辆封志

遭受外部人员偷窃、发生交通事故、车辆封志的质量问题、查车等意外情况均可能出现使车辆封志断开或损坏(图9-2～图9-4)。

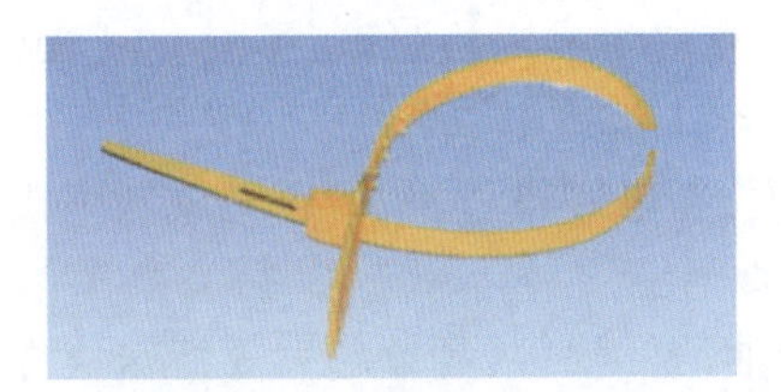

图9-2　断开的车辆封志(一)

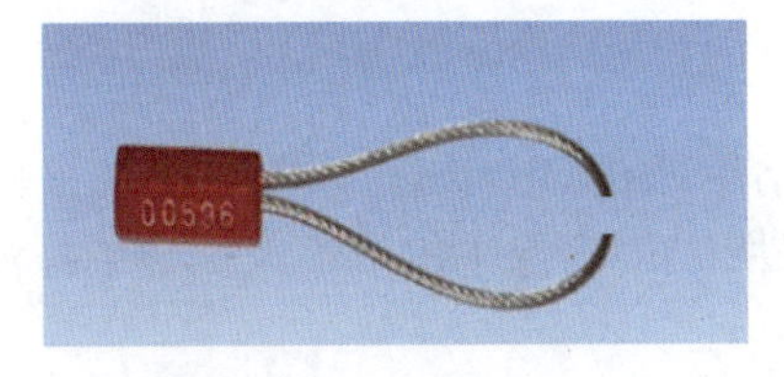

图9-3　断开的车辆封志(二)

图9-4　破坏车辆封志

(2)标签模糊的车辆封志

标签模糊的车辆封志包括条码模糊数字清晰的封志和条码及数字均模糊的车辆封志。

(3)条码与路单不符的车辆封志

路单填写错误或故意更换车辆封志均会导致封志号码与路单不符。

3. 异常车辆封志处理方法

(1)发现车辆封志异常应首先向作业主管报告,并在路单上批注交接异常的原因。

(2)拆解异常车辆封志和卸车应在监控范围内由两人或两人以上共同进行。

(3)将异常封志单独保管,拍照留存。

(4)对于条码模糊不能被正确识读的车辆封志,如果数字清晰,可以手工录入;如果条码和数字均模糊,应通过路单来查询本车所装载总包的情况,并填写异常车辆封志处理报告。

(5)对于车辆封志与路单不符的情况,应会同押运人员查明原因。

4. 异常信息封志

信息封志是全球卫星定位系统(GPS)、地理信息系统(GIS)和自动识别技术相结合的信息记录,可以对车辆运行和车门的开关进行即时记录。当车辆行驶的路线不正确,或途中车门被打开等异常情况出现时,系统会发出报警信号。监控中心收到报警信号后,可以通过系统对车辆进行跟踪和控制。当车辆抵达处理中心后,中心可根据异常情况原因进行相应处理。

五、总包卸载注意事项

总包卸载是将进站总包从快件运输车辆上卸载到处理场地的作业过程。卸载总包时要按规定搬运,注意快件的安全。目前快递业务发展迅速,随着业务量的增长,为了提高快件处理速度,快递企业纷纷提高处理中心的机械化程度,在快件接收环节,直接将快件总包和单件从车厢卸载到皮带输送机上,而且卸载与总包的交接验收同时进行。

1. 开启车门

对于厢式货车拆解车辆封志后打开车门时,卸车人员应站在靠近右侧车门一旁,左手用力抵住左车门,右手拉开右车门拉杆缓慢开启车门,注意控制车门开启速度,防止快件从车厢中掉出砸伤操作人员。

2. 卸载总包和总包单件

(1)把车上的总包和总包单件卸到滑梯上或直接放置在皮带输送机(卸货平台)上,操作时不得有抛、扔现象。

(2)必须根据条码扫描器的扫描速度来控制卸货速度,如果卸得过快,可以先放置一边,待皮带输送机上快件较少时再将其放置在皮带输送机上。

(3)包装外表上有突出的钉、钩、刺的快件,有异味和油渍的快件,超重超大等特殊快件,不能上皮带输送机传送,避免损伤、污染皮带输送机或快件摔损等事故发生,应将以上快件单独摆放在推车上,卸车扫描后直接搬运至目的地。

3. 总包单件的摆放

(1)对卸至皮带输送机上的快件进行整理,使快件详情单处在向上状态,以便确认。

(2)当皮带输送机出现双排流转现象时,应将部分快件卸下,确保主皮带输送机是单排流向,间距保持5cm左右。

(3)当皮带输送机上快件较少时,将卸下的快件重新放回皮带输送机上,确保快件匀速流转。

4. 车厢的清扫检查

卸载完成后,应检查车厢各角落,确保无快件遗漏在车厢内。

六、异常总包处理

接收进站总包是处理环节的总进口,处理中心必须严格把关,进行一丝不苟地检查,守住“大门”。交接时应以“路单”上登记的内容或网上信息为准,并与总包实物进行比对。对于验视发现的异常总包,交接双方要当场及时处理,明确责任。

(一)异常总包类型

异常总包是在总包验视过程中出现异常情况的总包。异常情况主要包括总包发运路向不

正确,总包规格重量不符合要求,袋牌或标签有脱落或字迹不清、无法辨别现象,总包有破损或有拆动的痕迹,总包有水湿、油污等现象。

(二)异常总包处理方法

根据异常总包的不同情况,应分别采取以下处理方法。

1. 总包发运路向不正确

对于发运路向错误的总包,应按最快方式进行转发,同时应向上一环节缮发快件差异报告。书写不清楚是导致总包发运路向不正确的主要原因,特别是不装袋的总包单件。有些城市的名称相近,容易看错,比如“深圳”与“深州”、“东营”与“东莞”、“临沂”与“临汾”,因此应按照要求使用规范汉字和阿拉伯数字,并书写工整。

发现发运路向不正确的总包或总包单件,应对书写不清楚的汉字进行批注,并将总包以最短时间按照正确路向发运。

2. 总包规格、重量不符合要求

根据总包包袋的容量和承载能力限制及搬运的方便性,快件总包每包(袋)重量不宜超过32kg。对于明显超规格超大超重的总包,应尽量缩短搬运距离,尽快进行总包拆解,避免搬运过程中损坏包袋,同时应向上一环节缮发快件差异报告,要求对方注意总包规格。

3. 袋牌或标签有脱落或字迹不清、无法辨别现象

(1)如果总包袋上标注了包号(或条形码),可以按照总包袋上的包号(或条形码)进行处理。

(2)如果无法根据总包标识辨别的,应拆解总包,找出封发清单,通过清单核对快件数量、路由。如果是总包错发,应补袋牌,重新按正确路向发送,同时应向上一环节缮发快件差异报告;如果总包发送路向正确,应直接进入下一环节。

4. 总包有破损或有拆动的痕迹

接收总包过程中发现总包有破损痕迹时,如总包内快件出现丢失、损毁、内件短少等严重质量问题,处理人员应首先报告作业主管,并对破损的总包进行拍照,然后拆解总包,对照封发清单检查是否有快件遗失、快件破损等情况,并填写质量报告记录,双方签字,存档备查。

对于总包有拆动痕迹、总包封志异常情况,应由交方负责开拆总包,保留袋皮、封志、袋牌,会同收方共同查验内装快件;如有不符,应在路单和袋内封发清单上批注。

5. 总包有水湿、油污等现象

接收总包时,发现水湿、油污等现象,交接双方应在路单上注明,找出污染源,并立即予以适当处理,尽快进入拆解环节,对总包内快件进行检查;如果快件水湿、油污情况严重,应填写质量报告记录,双方签字,并交作业主管处理。

【案例9-1】

流汤的包裹

某日在接收的快件中,一个湿漉漉的纸箱包装的快递包裹引起了接收人员小刘的注意。包裹像是被水泡过,不断地流着汤水,还散发出阵阵腥味。“里面一定装有生鲜食品!”小刘判断着,迅速将这件包裹与其他包裹隔离开来,并找到该快件的详情单,只见内装物品写着“鲜贝”。小刘没有迟疑,马上又按照发件人在详情单上留下的电话通知收件人速到处理中心来取,并与收件部门取得了联系。

不到一个小时的时间,收件人就赶到了处理中心,并当场打开了包裹。原来纸箱内有保温层,新鲜的扇贝就是被冰块包裹在保温层内寄出的。但是经过几天的运递路程,保温层已失去了作用,冰块融化渗透了外包装,流了出来。而这种情况幸好被接收人员小刘及时发现,并采取了积极有效的措施:①迅速将包裹隔离开来;②通知收件人限期领回;③将情况通报到收件部门,对生鲜食品的包装要求提出了建议。由于小刘实施了正确的处理方法,没有给其他包裹造成污染,使损失降到了最低。

七、包装标志基本知识

包装标志是为了便于物品交接、防止错发错运,便于识别,便于运输、仓储和海关等有关部门进行查验等工作,同时也便于收货人提取,而在进出口货物的外包装上标明的记号。在快件的装卸搬运过程中应注意正确使用包装标志。

1. 包装标志的类型

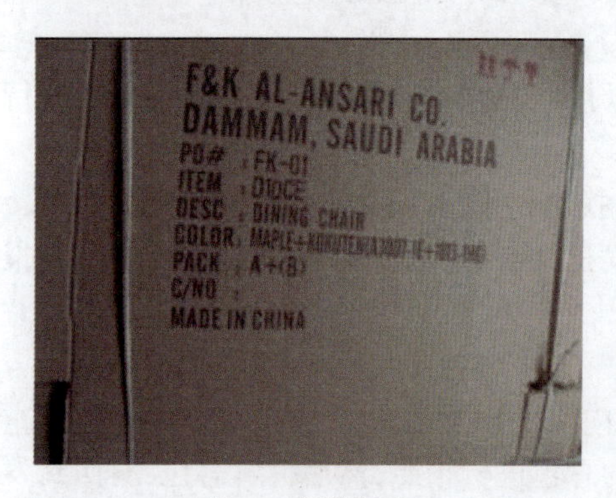

图 9-5　运输标志

(1)运输标志。它通常是由一个简单的几何图形和一些英文字母、数字及简单的文字组成,其作用在于使货物在装卸、运输、保管过程中容易被有关人员识别,以防错发错运。运输标志的内容包括:目的地名称或代号,收货人代号、发货人代号、件号(即每件标明该批货物的总件数),体积(长×宽×高),重量(毛重、净重、皮重)以及生产国家或地区等。在快件详情单上已经注明收件人、发件人、快件体积、重量等相关信息,大部分不再添加运输标志(图 9-5)。

(2)指示性标志。按商品的特点,对于易碎、需防湿、防颠倒的商品,在包装上用醒目图形或文字,标明"小心轻放"、"防潮湿"、"此端向上"等,如图 9-6 所示。

图 9-6　指示性标志

指示标志用来指示运输、装卸、保管人员在作业时需要注意的事项,以保证物品的安全。这种标志主要表示物品的性质,物资堆放、开启、吊运等的方法。特别是对于易碎商品,更应在包装上标记出装卸操作的方向,以防商品损坏。

(3)危险品标志。危险品标志是用来表示危险品的物理、化学性质以及危险程度的标志。它可提醒人们在运输、储存、保管、搬运等活动中引起注意,如有毒品、爆炸品、放射性物品等标

志(图9-7)。

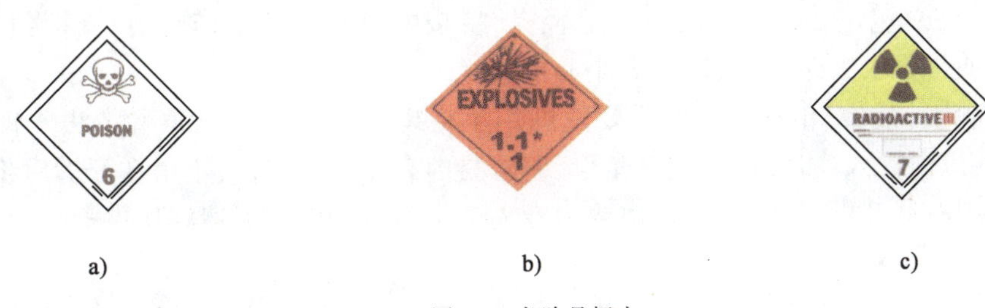

a) b) c)

图9-7 危险品标志

a)有毒品;b)爆炸品;c)放射性物品

2. 包装标志的要求

(1)包装标志必须按照国家有关部门的规定办理。我国对物品包装标记和标志所使用的文字、符号、图形以及使用方法,都有统一的规定。

(2)包装标志必须简明清晰、易于辨认。包装标记和标志文字要简练,图案清楚,易于制作,一目了然,方便查对。标记和标志的文字、字母及数字号码的大小应和包装件的标记和标志的尺寸相称,笔画粗细要适当。

(3)粘贴标志的部位要适当。所有的标志,都应位于搬运、装卸作业时容易看得见的地方。为防止在作业过程中某些标志因磨损或不清楚而难以识别,应尽可能在同一包装物的不同部位粘贴两个或两个以上相同的标记和标志,对于“易碎物品”、“向上”的标志应粘贴在包装四个侧面的左上角处。

(4)要选用明显的颜色作标记和标志,在装卸搬运时易于识别。

第二节 总 包 拆 解

总包拆解作业,就是开拆已经接收的进站快件总包,将快件由总包转为散件。总包拆解实质上是对总包内快件的接收,其特点是交接双方不是面对面的当场交接,而是一种“信誉交接”。因此,为了能够分清交接双方的责任,要求对上一环节封装的快件总包开拆后,还能恢复其“原始状态”。所以,开拆总包时,对封扎总包袋口的扎绳必须严格按规定操作;对总包空袋的袋身必须严格检查,并妥善保管,不得随意乱放。这样,一旦出现问题件,有利于辨明拆封双方的责任。目前,快递企业一般在拆解总包现场进行监控,出现问题时,可以通过查看监控录像分清责任。

一、总包拆解注意事项

拆解总包前应先验视总包路向和总包上的袋牌、封志、袋身等内容,确认总包路向无误后再开拆;对误发的总包不能拆解,应分拣出来交作业主管。

1. 拆解封志注意事项

(1)拆解铅质封志时,一般是左手捏住袋口向下压成弧形,右手持专用拆解剪在靠近铅封处剪断扎绳一股,不可损伤封志,保持扎绳、封志和袋牌连在一起。

(2)拆解塑料封志时,应使用专用拆解剪将塑料封志剪断,注意不得损伤总包、封志条码和袋牌。

2. 倒袋注意事项

(1)双手捏住总包包袋底部的两角向上轻提,将袋内快件倒在工作台上;开拆包袋时,特别是内装较多或体积较大包裹的包袋,要小心倒袋。

(2)每开拆完一袋,拿出相关快件后要随即用手将袋撑开,采用"三角看袋法",即用两手拿住袋口边沿,以肘撑入,将袋口支成三角形,验看袋内有无遗漏快件,不得在开拆后将袋倒扣代替验看。使用机器开拆时,开拆完毕也要由专人负责验看袋内有无遗漏快件。

3. 拆解后注意事项

(1)对拆下的空袋、袋牌、铅志、绳扣等物,放在指定位置,以备查用;待相关快件核对无误后,即可将袋牌和铅志分类处理,将空袋及时清理、放置和清退。

(2)拆解中发现异常情况的空袋、袋牌、铅志、绳扣等物,应妥善保管,以便作为相应证物。

二、总包拆解信息比对

1. 比对方式

总包拆解后需要将快件与封发清单信息进行比对。比对一般有两种方式,一是手工方式比对,二是电子方式比对。目前,快递企业一般采取电子方式比对。

(1)手工方式比对

根据总包内快件封发清单(表9-1)登列的项目与快件实物逐件核对。

快件封发清单　　表9-1

编号________　第______页

自____________至____________　　年　月　日

序号	快件编号	原寄地	件数	重量	备　注
1					
2					
3					
4					
5					
6					
7					
8					
…					
20					
合计					

封发人员(签章):　　接收人员(签章):

(2)电子方式比对

用条码识读设备逐一扫描快件,详情单条码受损无法扫描时,应手工键入条码信息。

2. 比对内容

(1)快件路向是否正确,有无误发。

(2)根据封发清单逐件核对,包括快件编码、原寄地、件数、重量。

(3)检查快件封装规格标准。

(4)比对合计数量是否有误。

(5)划销处及签章处是否盖章。

三、总包拆解常见异常情况及处理

在总包拆解中会遇到一些异常情况,包括:总包内快件与封发清单不一致,未附封发清单,拆出的快件有水湿、油污等,拆出的快件外包装破损、断裂、有拆动痕迹,封发清单更改划销处未签名、未签章,详情单条码污损不能识读,快件详情单地址残缺,有内件受损并有渗漏、发臭、腐烂变质现象发生的快件等。这些异常情况会影响快件的时效和安全,应及时加以处理。

(一)总包内快件与封发清单不一致情况的处理

总包内快件与封发清单信息比对不一致主要有三种情况:一是总包内快件与封发清单数量不一致,二是总包内快件与封发清单重量不一致,三是总包内快件与封发清单中记载快件编号、原寄地、备注不一致。

1.总包内快件与封发清单数量不一致

(1)总包内快件实际数量少于封发清单中记载快件数量

总包内快件实际数量少于清单记载数量属于严重质量问题,容易引发各环节纠纷,必须认真对待,严格按照要求去做。开拆总包后应保存封志、袋牌、铅志、绳扣、空袋,发现快件短少应向上一环节缮发快件差异报告,并附上原封志、袋牌、铅志、绳扣、空袋等原始凭证,明确上下环节责任。

(2)总包内快件实际数量多于封发清单中记载快件数量

检查总包内快件,与清单内容一一核对,找出清单中未记载的快件,说明上一环节封装时漏登清单或漏扫描快件,应在清单上进行批注,并向上一环节缮发快件差异报告,说明情况。

(3)封发清单中快件合计数错误

将总包内快件与封发清单中项目一一核对,全部相符,说明封发清单中快件合计数错误,应在清单上批注实际数量,并告知上一环节。

2.总包内快件与封发清单重量不一致

称重后快件重量小于封发清单上注明的重量,可能是内件短少或上一环节称重错误,应立即报告作业主管,追查原因,并向上一环节缮发快件差异报告。

3.总包内快件与封发清单中记载快件编号、原寄地、备注不一致

出现封发清单上快件编号登记错误、原寄地登记错误、保价快件在备注栏内未注明等情况,应按照快件实际内容在清单上进行批注,并向上一环节缮发快件差异报告。

(二)总包拆解中其他异常情况的处理

1.发现总包内未附有封发清单

应先称整包重量与袋牌所注重量核对是否相符,有电子信息的以电子信息为准,没有的向上一环节缮发快件差异报告,由上一环节补发清单或由上一环节授权后代补清单。

2.拆出的快件有水湿、油污等

(1)水湿、油污不严重的快件按要求进行阴干、清洁和隔离处理,并向上一环节缮发快件差异报告。

(2)水湿、油污严重的快件失去价值时,除向上一环节缮发快件差异报告外,交作业主管处理。

3. 拆出的快件外包装破损、断裂、有拆动痕迹

对于拆出的快件有外包装破损、断裂和拆动痕迹的,必须及时通知作业主管,对破损快件称重、拍照,并根据详情单检查内件是否漏出或出现丢失情况。

内件齐全后将快件重新进行包装,并向原寄地缮发快件差异报告;如发现内件短少,除向上一封发环节缮发快件差异报告外,交作业主管处理。

4. 封发清单更改划销处未签名、未签章

及时与上一环节联系,查明原因,根据正确的清单对快件进行核对。

5. 详情单条码污损不能识读

扫描快件时遇有详情单条码不能识读,应手工键入详情单条码信息;如果条码上数字也不能识读,应从清单上或通过信息系统查找快件信息,然后手工键入条码信息。

6. 快件详情单地址残缺

若详情单缺损轻微不影响使用,可以继续进入分拣环节;若详情单缺损严重无法正常使用,可以通过封发清单或系统内总包信息进行查询,并与发件人联系确认,将相关信息标注在详情单上,然后进入分拣环节。如果不能通过封发清单或系统内信息查询到快件详情单地址,则交作业主管处理。

7. 有内件受损并有渗漏、发臭、腐烂变质现象发生的快件

有内件破损并渗漏出液体、粉末状固体、半固体状物品,或者漏出内件疑似有毒、剧毒、不明的化工原料,必须由专人使用专用防护工具或防护设备进行隔离,不得用身体直接触摸或鼻嗅,防止伤害人体或污染其他快件;同时对快件进行拍照,将详情单号、破损情况等信息上报业务主管,并由问题件处理人员与发件人沟通联系加以解决。

四、特殊快件接收与核验

在总包拆解过程中,有一些特殊快件需要单独处理,这些快件主要包括优先快件、保价快件、自取快件、更址快件、撤回快件等。

(一)优先快件

1. 优先快件的概念

优先快件是指因时限要求或特殊要求需要优先处理快件的统称。为了保证服务质量,在整个处理流程中对于优先快件要优先处理,及时处理,确保时效性要求。

优先快件主要包括以下两种类型:

(1)时限要求高的快件,如果同时有即日达、次晨达快件需要处理,应优先处理即日达快件。

(2)客户明确要求在规定时间内送达的快件。

2. 优先快件的接收核验

(1)接收优先快件总包首先应核对优先快件总包数量是否正确,并验视发运路向是否正确;根据赶发班次顺序开拆处理,开拆后核对总包内快件数量是否正确。

(2)优先快件不得与其他快件混合开拆分拣。

(3)优先快件是否正确粘贴“优先快件”、“即日达”或“航空件”标识。

(4)检查快件包装是否完好,有无污损等情况。

(二)保价快件

1.保价快件概念

保价快件是指寄件人按规定交付保价费,快递企业对该快件的丢失、损毁、内件短少承担相应赔偿责任的快件。保价金额不能超过快递企业规定额度。

由于保价快件是价值较高或客户非常重视的物品,同时快递企业会承担更多的赔偿责任,因此接收保价快件总包应单独交接、登记备案、分开操作、单独放置。

2.保价快件的接收核验

(1)接收保价快件总包应认真执行交接验收制度,交接双方必须当场交接,验视规格,尤其应注意总包是否破损或有拆动痕迹。

(2)保价快件不得与其他快件混合开拆分拣。

(3)保价快件总包应双人会同开拆处理,对照封发清单,逐件进行核对,防止快件丢失损毁,并注意快件是否破损或有拆动痕迹。

(4)对保价快件必须逐件称重,及时发现保价快件是否短少,并进行相应处理。

(5)检查快件封装规格是否符合标准,外包装是否完好,查验是否正确粘贴"保价快件"标识。保价标识应粘贴在每个表面的骑缝线上,起到封条的作用。

(6)核验详情单上所填保价金额是否大写,有无超过规定限额,有无涂改。

(7)查验详情单所填的保价物品有无超出准寄规定等。

(三)自取快件

1.自取快件概念

自取快件是指快件到达约定目的地后,由收件人自行提取的快件。

2.自取方式适用情况

快递服务实行的是"送件上门"的服务,但在特殊情况下需要客户自取,这些特殊情况主要有以下几种:

(1)投递2次仍无法投递的快件,可由收件人到指定地点自取。

(2)相关政府部门(如海关、公安等)提出要求的,可由收件人到指定地点自取。

(3)收件地址属于尚未开通快递服务的区域,通过与寄件人协商,可采用收件人到指定地点自取的方式。

3.自取快件的接收核验

(1)检查快件外包装上是否正确粘贴"自取件"标识。

(2)检查详情单"备注栏"中是否有寄件人注明的"同意自取"字样及其签名或盖章。

(3)检查详情单"自取件"栏内是否有"√"的标记。

(四)更址快件

1.更址快件概念

更址快件又称为改寄件,是指快递企业受用户委托,变更原投递地址,寄往新地址的快件。

2.快件更址的条件

快件在发出之后,快件的状态是随时都在改变的,并非每份快件都可以进行更址的操作。如果快件已经派送至收件人手中,那快递企业就无法完成快件更址的操作,同样寄件人也就不再需要进行更址了。所以不同类型的快件更址需满足相应的条件。

(1)同城快件和国内异地快件:快件还未派送至收件人处;

(2)国际快件及港澳台快件:快件尚未出口验关前可更改地址。

3. 快件更址的申请

寄件人需要对快件进行更址时,应该致电快递企业的客户服务热线,由客户服务工作人员进行登记备案。为保证更改信息的准确无误,确保客户的权益不受损害,客服工作人员应详细记录寄件人的地址、联系人名称、联系方式、收件人地址、快件详情单编号等快件信息。同时为了避免地址更改过程中产生的风险,快递企业应要求寄件人本人提交书面申请(图9-8),签字确认后递交给快递企业人员。

更址申请单

快件详情单号码:________ ××快递服务电话:__________ 申请日期:__________

致____________快递公司:

________年____月____日经________发往________的单号为____________________

的快件,因寄件人原因申请更改收方地址,请尽快处理。更址费用________元,本人同意支付。

寄件人地址:______________________________

更改后信息:

更址后收件人姓名:______________ 更址后收件人电话:______________

更址后收件人地址:______________________________

寄件人(申请人)名称:__________

寄 件 人 签 章:__________

寄 件 人 联 系 方 式:__________

申 请 日 期:__________

图9-8 更址申请单

4. 更址快件的接收核验

寄件人提出更址申请后,快递企业信息部门根据申请在系统内进行相应设置,当快件到达原址处理中心后,扫描员进行逐件扫描时,扫描到此快件,扫描器会发出警报声,提醒扫描员将快件拿出单独放置进行更址处理。

(五)撤回快件

1. 撤回快件的概念

快件撤回是指快递企业根据寄件人的申请,将已经交寄给快递企业的快件取消寄递并退还给寄件人的一种服务。撤回的快件称为撤回快件。

2. 寄件人撤回条件

(1)同城和国内异地快递服务:快件尚未首次派送;

(2)港澳台快递服务:快件尚未封发出境;

(3)国际快递服务:快件尚未封发出境。

3. 快件撤回的申请

寄件人在发送快件的时候,可能会因为自己的疏忽而导致快件物品发错,或者由于收件人搬迁、业务变化等原因,导致已经发出的快件需要撤回。无论何种原因,寄件人在有快件撤回需求的时候需要第一时间致电快递企业的客户服务电话(或登录企业网站)提出申请。

(1)快递企业客户服务人员根据查询快件相关状态,回复客户是否可以对快件进行撤回。只要是尚未派送或是尚未封发出境,快件是可以进行撤回操作的。

(2)在确定快件可以进行撤回操作后,由快递企业发送“快件撤回申请单”(图9-9)给寄件人,由寄件人签字盖章回传给快递企业后,快递企业方可进行快件撤回的后续操作。

撤回申请单

快件详情单号码:________ ××快递投诉受理电话:____________ 申请日期:________

致______________快递公司:

_______年___月___日经_______发往_______的单号为______________________________

快件,因寄件人原因申请撤回,请尽快处理。撤回费用______元,本人同意支付,并承诺在收到快件后进行付款。

寄件人姓名:__________________寄件人电话:__________________

寄件人地址:____________________________________

收件人姓名:__________________收件人电话:__________________

收件人地址:____________________________________

寄 件 人 姓 名:__________________

寄 件 人 签 章:__________________

寄件人联系方式:__________________

申 请 日 期:__________________

图9-9 快件撤回申请单

4.撤回快件的接收核验

寄件人提出撤回申请后,信息部门根据申请在系统内进行相应设置。当快件到达处理中心后,扫描员进行逐件扫描到此撤回快件时,扫描器会发出警报声,提醒扫描员将快件拿出单独放置进行撤回处理。

五、单据的归档

在快件接收环节的单据主要有总包路单和封发清单。这些单据是企业内部各处理环节之间责任划分的重要资料,也是内部查询跟踪快件的重要依据。对于这些单据应妥善保管,在每天处理过程结束后送缴档案管理部门。

(1)在作业结束后,要按单据种类、编号顺序、日期、作业班次、进出站方向及车次、航班、铁路等发运类别进行整理,整理后加上封皮装订成册。

(2)装订成册后,在封皮上注明种类名称、起止编号、起止日期、作业班次等信息,并由经手人签字盖章。

(3)业务单据的整理、传递、管理要专人专管,做到“发有记录,接有签收”。

(4)以作业班次为单位,每日将上一日的单据送缴档案室保管。

第十章　快件分拣

本章主要介绍国内快件的分拣知识,国际进口快件名址批译方法,国际出口快件的分拣知识,问题件的处理,禁限寄物品、危险品的处理及快件差异报告的书写知识等内容。要求重点掌握国内快件的分拣知识、国际进口快件的名址批译方法及快件差异报告的书写。

第一节　国内快件的分拣

快件分拣是指将快件按寄达地址信息进行分类的过程。快件分拣是快件处理过程中的重要环节。分拣的准确性与效率决定了快件能否按预计的时限、合理的路线及有效的运输方式进行中转。目前,人工分拣操作是以快递详情单上收件人信息(如行政地址、邮政编码、电话区号或城市航空代码等)为依据进行的,而全自动分拣操作是以与快递详情单快件编号(条形码)相绑定的快件信息为依据进行的。

一、快件的直封和中转

快件分拣分为快件直封和中转两种基本方式。快件直封就是快件处理中心按快件的寄达地点把快件封发给到达城市处理中心的一种分拣方式;快件中转就是快件处理中心把寄达地点的快件封发给相关的中途处理中心,经再次分拣处理,然后封发给寄达城市处理中心的一种分拣方式。

各快递企业依据快件流量、流向的变化以及交通运输和企业营运网络等因素,在一定时间内确定的快件直封和中转关系。由于各快递企业的快递网络覆盖不同,运输线路各不相同,因而中转关系也不相同。例如发往内蒙古自治区通辽市的快件,有的快递企业由沈阳市中转,有的由长春市中转,还有的由呼和浩特市中转。为了便于掌握各快递企业的中转关系,快件处理业务员必须熟练掌握全国各地行政区划及各省快件公路运输线路。

(一)我国的行政区划及全国交通运输网

1. 我国行政区划

我国现有一级行政区划:4 个直辖市、23 个省、5 个自治区和 2 个特别行政区,如图 10-1 所示,包括:北京市、天津市、河北省、山西省、内蒙古自治区、辽宁省、吉林省、黑龙江省、上海市、江苏省、浙江省、安徽省、福建省、江西省、山东省、河南省、湖北省、湖南省、广东省、广西壮族自治区、海南省、重庆市、四川省、贵州省、云南省、西藏自治区、陕西省、甘肃省、青海省、宁夏回族自治区、新疆维吾尔自治区、香港特别行政区、澳门特别行政区和台湾省。截至 2011 年 8 月,全国共有 332 个地级城市,2858 个县级城市。

2. 我国高速公路运输网

我国高速公路网采用放射线与纵横网格相结合布局方案,由 7 条首都放射线、9 条南北纵线和 18 条东西横线组成,简称为“7918”网,总规模约 8.5 万公里,见附录一。通达全国的公路

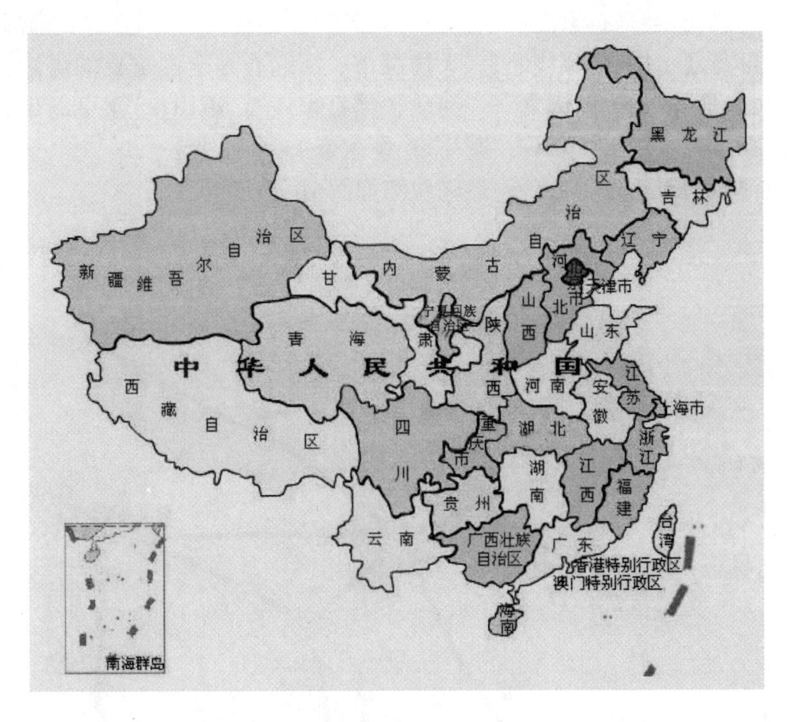

图 10-1　我国行政区划示意图

运输网络,良好的交通运输状况给我国快递企业的发展带来了极大便利。目前,国内快递企业的快件运输大多采用公路运输(运输距离一般在 1000km 以内)方式,部分采用航空运输(运输距离一般超过 1000km)方式,因而快件处理中心的选址和快件中转路由的设计与我国的公路运输网络布局关系非常密切。

以下几种情况,快件运输一般采用公路运输方式进行。

(1)在快件时限要求不高,能够保证快件时限的前提下。

(2)在没有开通航空运输线路的城市之间。

(3)在寄递物品不能通过航空安全检查要求,符合公路运输条件,经寄件人同意的情况下。

(4)在航空运输受到天气情况长时间延误时,经寄件人同意的情况下。

(二)交通地理(未含港澳台)

1. 北京市、天津市和河北省

北京市,简称京,是伟大祖国的首都,是我国的政治中心、科学文化中心和交通中心,是我国高科技和新经济中心,也是我国最大的消费市场和进出口岸之一。北京市辖东城、西城、海淀、朝阳、丰台、门头沟、石景山、房山、通州、顺义、昌平、大兴、怀柔、平谷 14 个市辖区和延庆、密云 2 个县。

天津市,简称津,是我国北方最大的沿海开放城市,三面与河北省接壤,西北部分两段与北京交界,东临渤海。天津地处环渤海地区经济中心,已形成汽车及机械、电子、化工、冶金四大支柱产业。纺织与食品工业是天津传统优势产业。天津市辖和平区、河东区、河西区、南开区、河北区、红桥区、东丽区、西青区、津南区、北辰区、武清区、宝坻区、滨海新区 13 个市辖区和宁河县、静海县、蓟县 3 个县。

河北省,简称冀,省会是石家庄市,北部和西北部与内蒙古、西部与山西、南部与河南、东南部与山东、东北部与辽宁接壤,环绕北京、天津两市。河北省是全国重要的煤炭、钢铁、纺织工业基地,是我国粮、棉、油集中产区之一。河北省辖石家庄市、唐山市、秦皇岛市、邯郸市、邢台市、保定市、张家口市、承德市、沧州市、廊坊市、衡水市11个地级市。

北京市、天津市和河北省主要公路运输线路如图10-2所示。

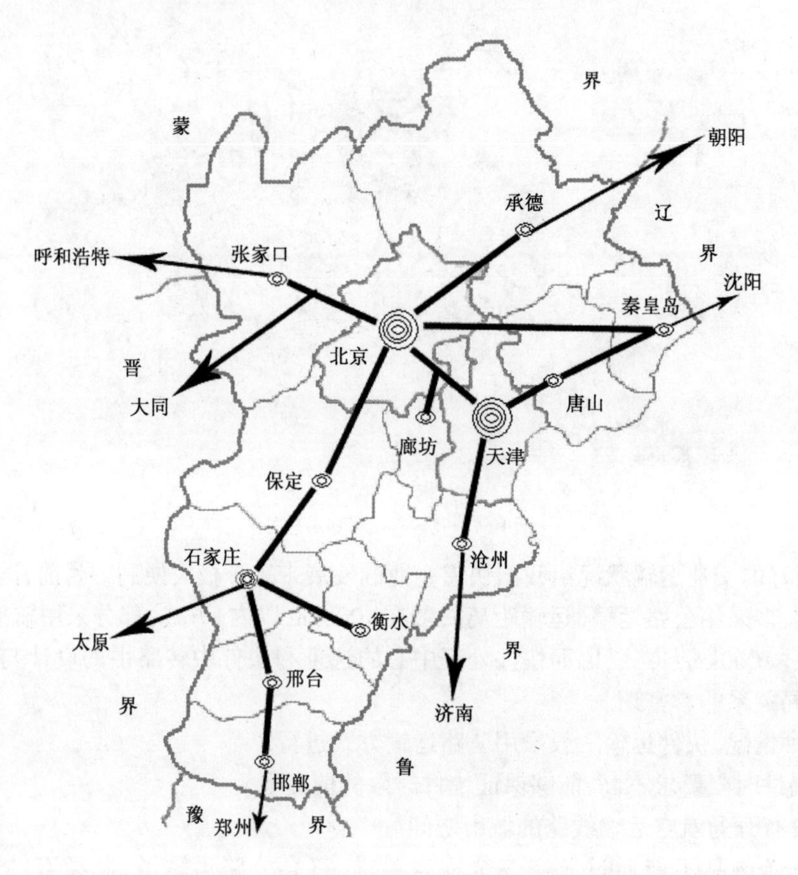

图10-2　北京市、天津市、河北省主要公路运输示意图

2. 山西省

山西省,简称晋,省会是太原市,北部与内蒙古、东部与河北、东南及南部与河南接壤,西部隔黄河与陕西为邻。山西工业基础雄厚,矿产资源十分丰富,其中以煤、铝土、铁等为最。冶金、电力、化工、机械等是山西最大的支柱产业。山西省辖太原市、大同市、阳泉市、长治市、晋城市、朔州市、忻州市、晋中市、吕梁市、临汾市、运城市11个地级市。山西省主要公路运输线路如图10-3所示。

3. 内蒙古自治区

内蒙古自治区,简称内蒙古,首府是呼和浩特市,东面与黑龙江、吉林接壤,东南与辽宁接壤,南部分别与河北、山西、陕西、宁夏、甘肃毗邻。内蒙古自治区是我国重要的商品粮、油、糖生产基地和畜牧业生产基地,也是我国重要的钢铁、煤炭生产基地之一。内蒙古自治区辖呼和浩特市、包头市、乌海市、赤峰市、通辽市、鄂尔多斯市、呼伦贝尔市、巴彦淖尔市、乌兰察布市9个地级市和锡林郭勒盟、兴安盟、阿拉善盟3个盟。内蒙古自治区主要公路运输线路如图10-4所示。

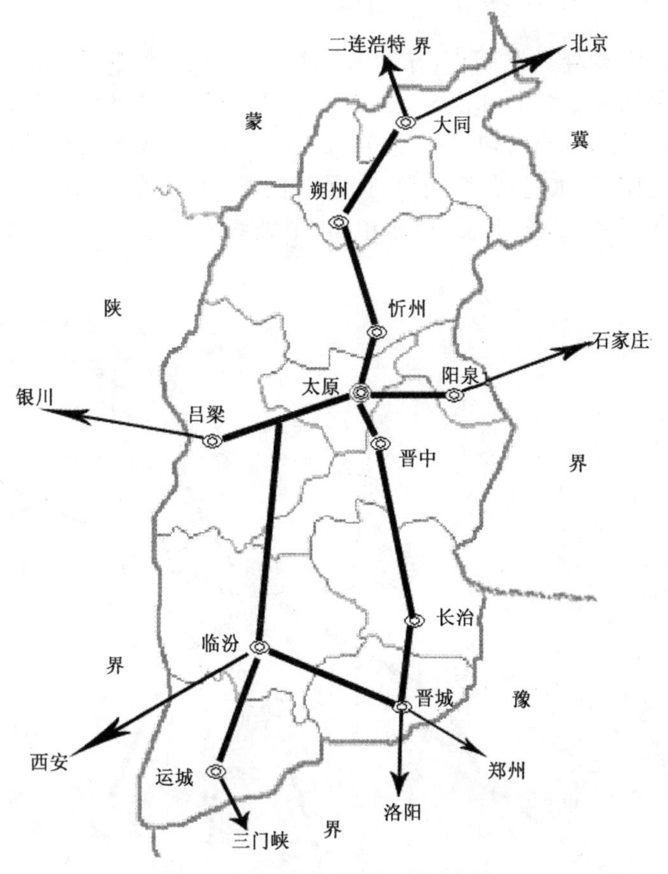

图 10-3　山西省主要公路运输示意图

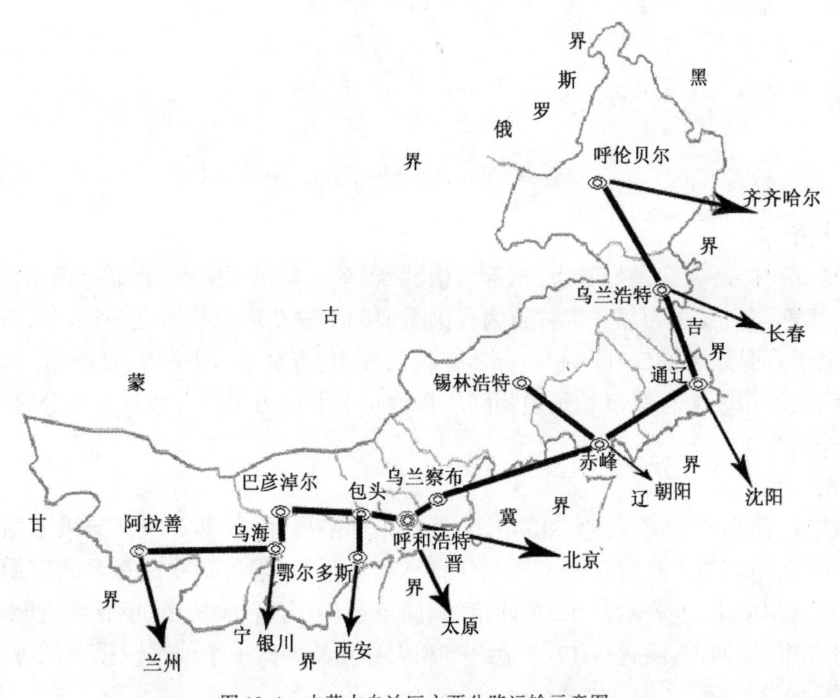

图 10-4　内蒙古自治区主要公路运输示意图

4. 辽宁省

辽宁省,简称辽,省会是沈阳市,东南隔鸭绿江与朝鲜为邻,东北与吉林、西北与内蒙古、西南与河北接壤,南临黄海和渤海。辽宁省是我国东北经济区和环渤海经济区的重要结合部,形成了以沈阳为中心,包括机械、电子、冶金、石油、煤炭等门类的我国最大的工业基地。辽宁省辖沈阳市、大连市、鞍山市、抚顺市、本溪市、丹东市、锦州市、营口市、阜新市、辽阳市、盘锦市、铁岭市、朝阳市、葫芦岛市 14 个地级市。辽宁省主要公路运输线路如图 10-5所示。

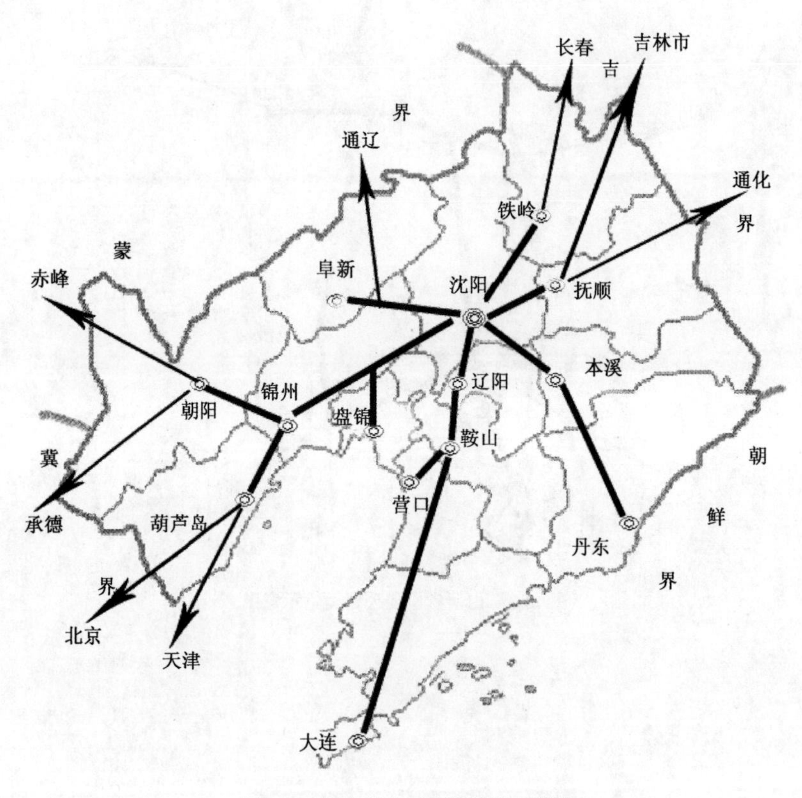

图 10-5 辽宁省主要公路运输示意图

5. 吉林省

吉林省,简称吉,省会是长春市,东部与俄罗斯、东南与朝鲜交界,北部与黑龙江、西南部与辽宁接壤,西部与内蒙古为邻。吉林省为我国重要的工农业生产基地之一,汽车、石油化工、食品、医药、电子等是该省的支柱产业。吉林省辖长春市、吉林市、四平市、辽源市、通化市、白山市、松原市、白城市 8 个地级市和延边朝鲜族自治州 1 个自治州。吉林省主要公路运输线路如图 10-6 所示。

6. 黑龙江省

黑龙江省,简称黑,省会是哈尔滨市,北部和东部隔黑龙江、乌苏里江与俄罗斯相望,西部与内蒙古毗邻,南部与吉林省接壤。黑龙江省林矿业资源丰富,是我国重要的能源工业基地。黑龙江省辖哈尔滨市、齐齐哈尔市、鸡西市、鹤岗市、双鸭山市、大庆市、伊春市、佳木斯市、七台河市、牡丹江市、黑河市、绥化市 12 个地级市和大兴安岭地区 1 个地区。黑龙江省主要公路运输线路如图 10-7 所示。

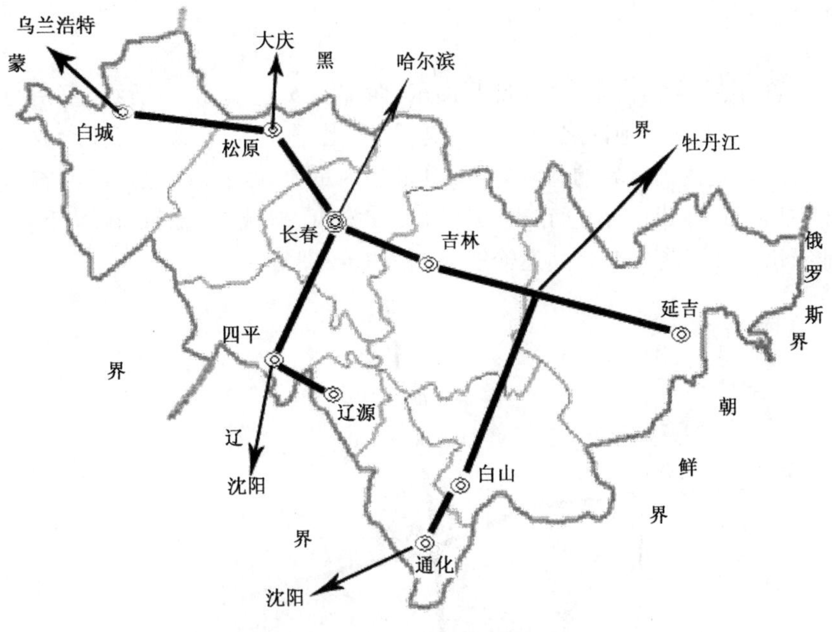

图 10-6 吉林省主要公路运输示意图

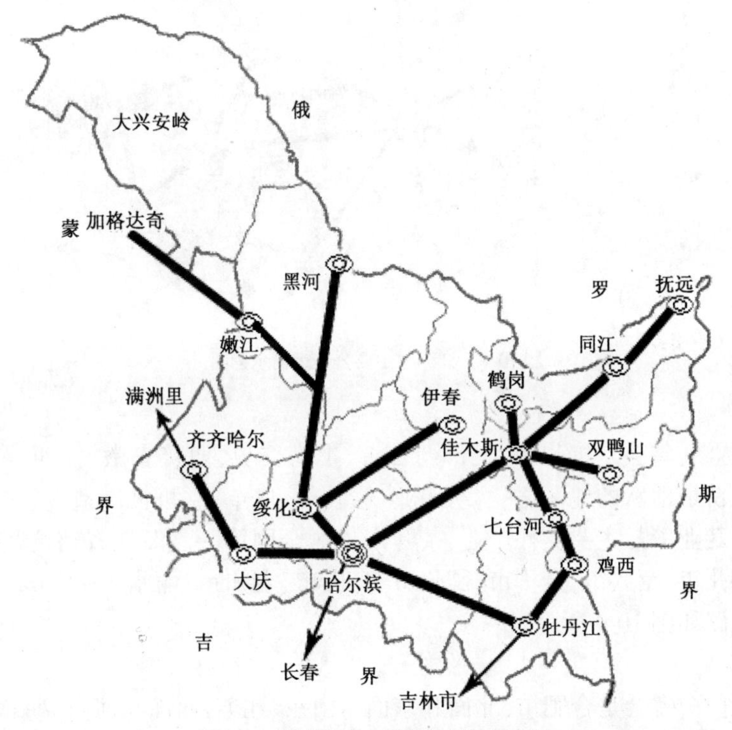

图 10-7 黑龙江省主要公路运输示意图

7. 上海市

上海市,简称沪,是我国重要的经济中心、贸易中心、金融和信息中心,是国际化大都市,东濒东海,南临杭州湾,为长江入海口,北部和西部与江苏交界,西南与浙江为邻。上海市辖黄浦、徐汇、长宁、静安、普陀、闸北、虹口、杨浦、闵行、宝山、嘉定、浦东新区、金山、松江、青浦、奉贤16个市辖区和崇明1个县。

8. 江苏省

江苏省,简称苏,省会是南京市,北部与山东、西部与安徽、南部与浙江、东南与上海毗邻。江苏省是我国经济最发达的地区之一,机械、电子、石化、汽车是重要的支柱产业,机械工业总量为全国第一,同时是我国著名的鱼米之乡,也是国内重要的油棉产地。江苏省辖南京市、无锡市、徐州市、常州市、苏州市、南通市、连云港市、淮安市、盐城市、扬州市、镇江市、泰州市、宿迁市13个地级市。江苏省主要公路运输线路如图10-8所示。

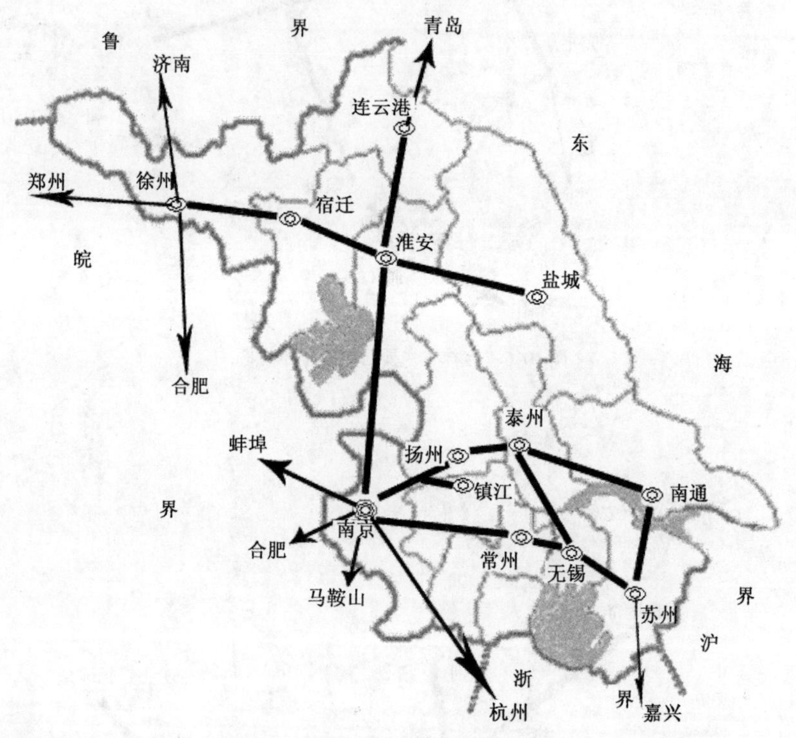

图10-8　江苏省主要公路运输示意图

9. 浙江省

浙江省,简称浙,省会是杭州市,北部与江苏、上海交界,西接安徽、江西,南与福建为邻。浙江省是我国经济最活跃的地区之一,纺织业、服装业、皮革业、机械制造业、电子及通信设备制造业、石化、医药业等是主要支柱产业,茶叶产量居全国第一。浙江省辖杭州市、宁波市、温州市、嘉兴市、湖州市、绍兴市、金华市、衢州市、舟山市、台州市、丽水市11个地级市。浙江省主要公路运输线路如图10-9所示。

10. 安徽省

安徽省,简称皖,省会是合肥市,北面和东面与山东、江苏,西面与河南、湖北,南面与江西,东南与浙江交界。安徽省经济发展具有明显的资源依托特点,已逐步形成以煤炭、电力、冶金、机械制造、石油化工、纺织、食品等为主体,门类较为齐全的现代工业生产体系,同时是我国粮、棉、油料、茶叶主产区之一。安徽省辖合肥市、芜湖市、蚌埠市、淮南市、马鞍山市、淮北市、铜陵市、安庆市、黄山市、滁州市、阜阳市、宿州市、六安市、亳州市、池州市、宣城市16个地级市。安徽省主要公路运输线路如图10-10所示。

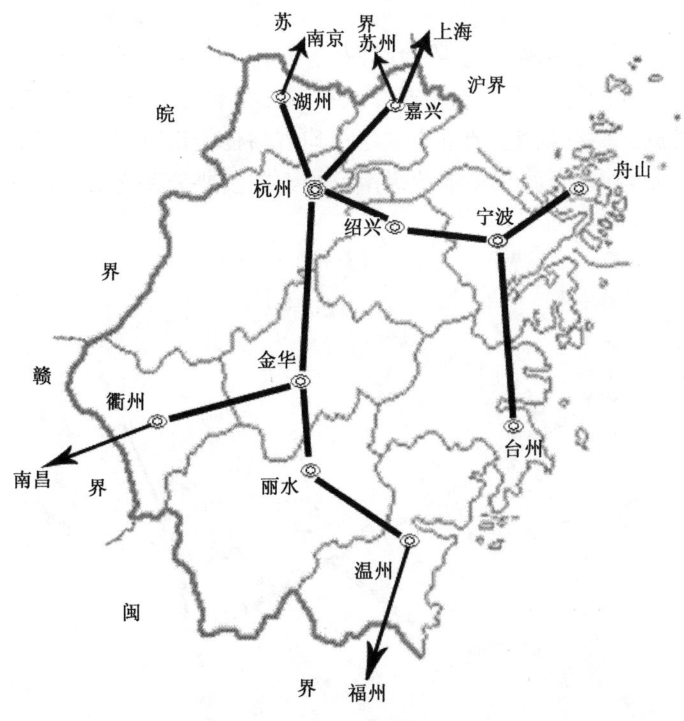

图 10-9　浙江省主要公路运输示意图

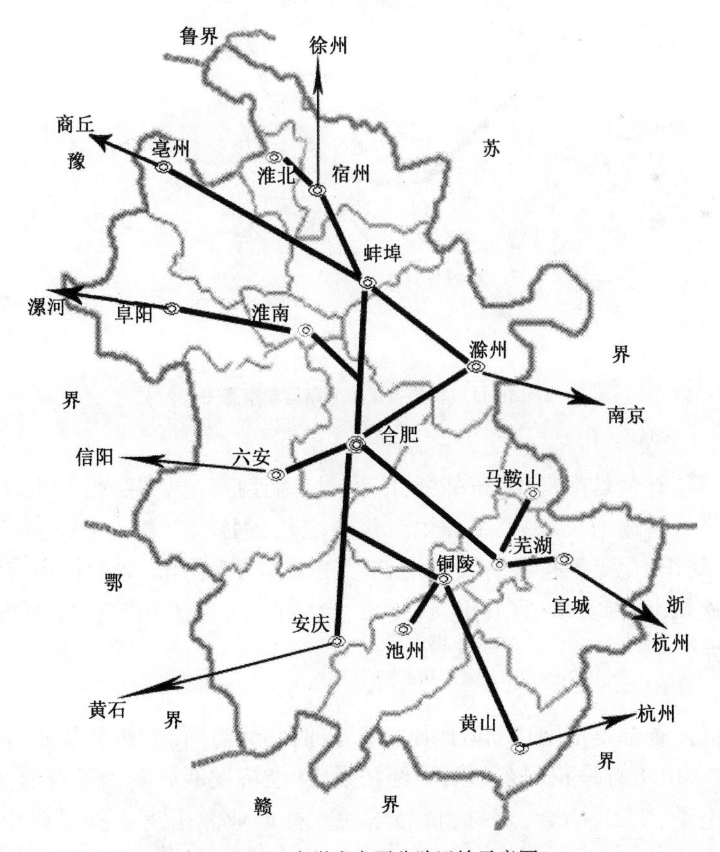

图 10-10　安徽省主要公路运输示意图

11. 福建省

福建省,简称闽,省会是福州市,东隔台湾海峡与台湾省相望,东北部与浙江省毗邻,西北和西部与江西省交界,西南部与广东省相连。该省工业以轻工业为主,门类齐全,农业以水稻为主,经济作物以甘蔗、油菜、花生、烟草为主。福建省辖福州市、厦门市、莆田市、三明市、泉州市、漳州市、南平市、龙岩市、宁德市9个地级市。福建省主要公路运输线路如图10-11所示。

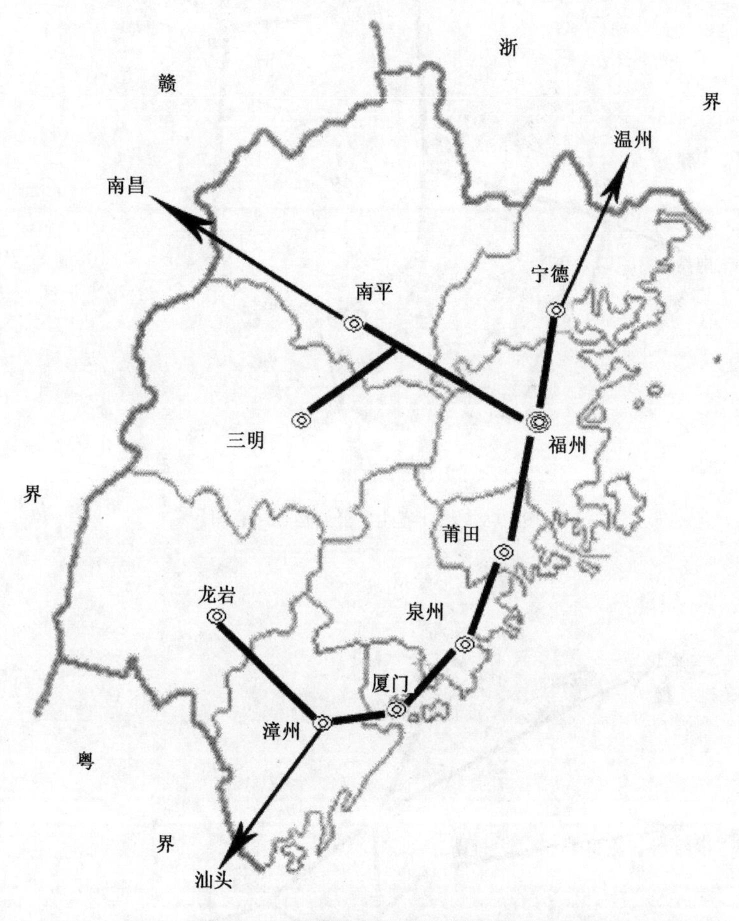

图10-11 福建省主要公路运输示意图

12. 江西省

江西省,简称赣,省会是南昌市,东邻浙江、福建,南连广东,西接湖南,北毗邻湖北、安徽。江西省近年来经济呈快速增长态势,工业生产快速增长,钢铁、有色工业具备相当规模,冶金、建材、汽车、家电、纺织、化工等行业有大幅增长。江西省辖南昌市、景德镇市、萍乡市、九江市、新余市、鹰潭市、赣州市、吉安市、宜春市、抚州市、上饶市11个地级市。江西省主要公路运输线路如图10-12所示。

13. 山东省

山东省,简称鲁,省会是济南市,位于山东半岛,西北部与河北、西部及西南部与河南、南部与安徽、江苏接壤。山东省是我国东部沿海经济强省,经济发展居全国各省前列,已形成能源、纺织、轻工机械、电子、化工、冶金、建材、食品八大支柱产业。山东省辖济南市、青岛市、淄博市、枣庄市、东营市、潍坊市、烟台市、威海市、济宁市、泰安市、日照市、德州市、聊城市、临沂市、莱芜市、滨州市、菏泽市 17 个地级市。山东省主要公路运输线路如图 10-13 所示。

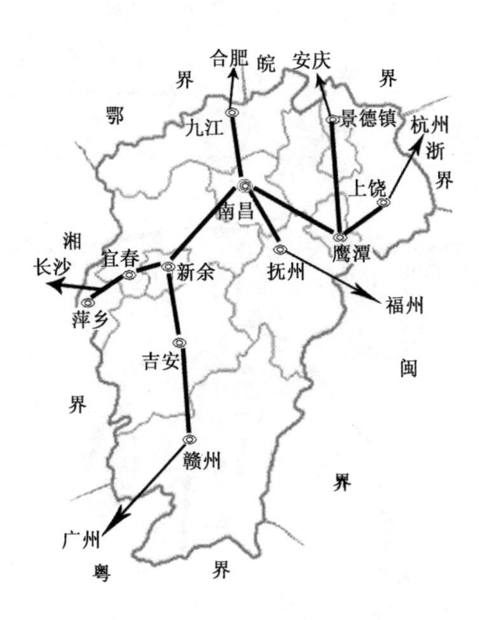

图 10-12　江西省主要公路运输示意图

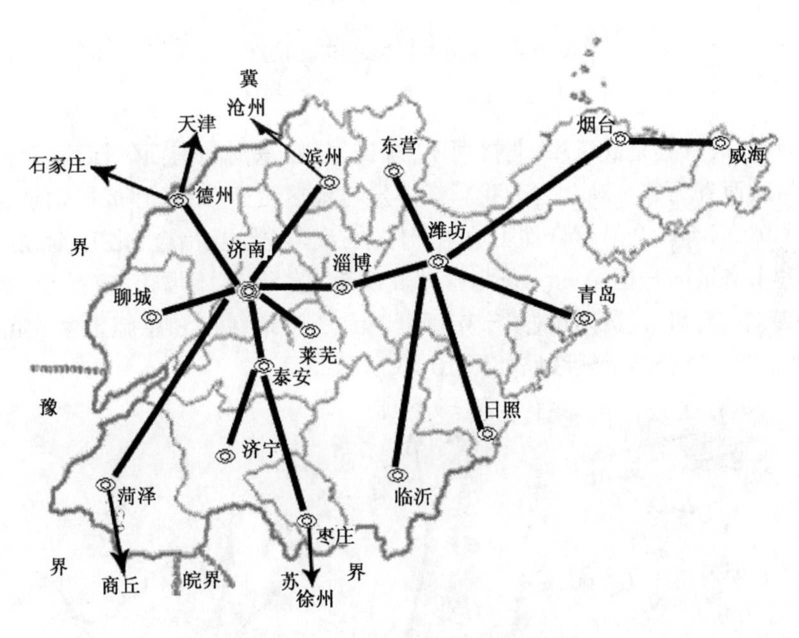

图 10-13　山东省主要公路运输示意图

14. 河南省

河南省,简称豫,省会是郑州市,北部与河北、山西,西部与陕西,南部与湖北,东部与安徽、山东毗邻。河南省经济近年获得迅速发展,机械、电子、化工、食品、轻纺、建材等是其主要支柱产业,还是我国主要农业区,小麦、芝麻产量居全国首位。河南省辖郑州市、开封市、洛阳市、平顶山市、安阳市、鹤壁市、新乡市、焦作市、濮阳市、许昌市、漯河市、三门峡市、南阳市、商丘市、信阳市、周口市、驻马店市 17 个地级市和济源市 1 个省管市。河南省主要公路运输线路如图 10-14 所示。

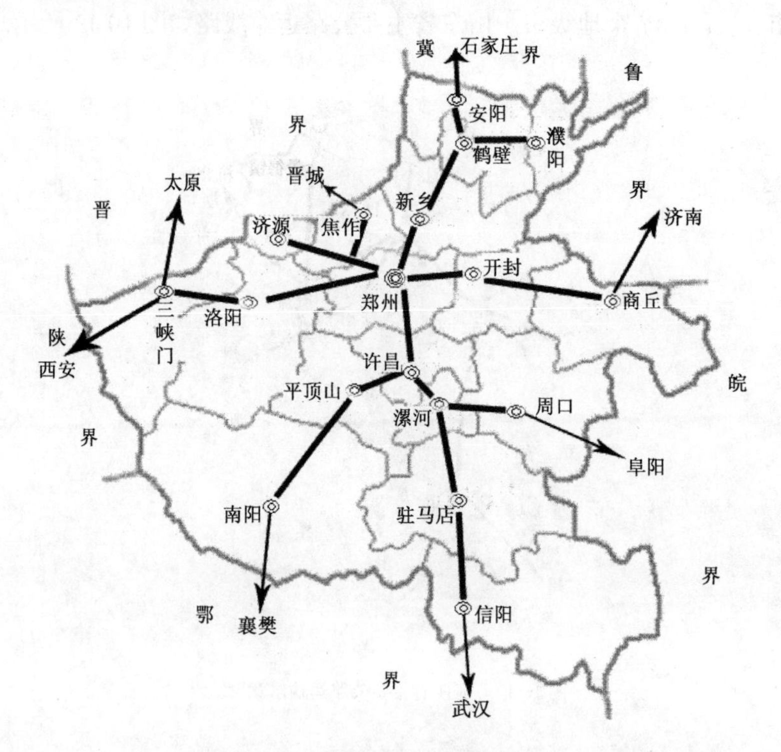

图 10-14 河南省主要公路运输示意图

15. 湖北省

湖北省,简称鄂,省会是武汉市,北接河南,东连安徽,东南和南面邻江西、湖南两省,西靠重庆市,西北与陕西省为邻。湖北省为我国经济发达地区之一,现已建成以钢铁、机械、电力、纺织、食品为主体,门类齐全的综合性工业生产体系,汽车、机电、冶金、化工、轻纺、建材和建筑是支柱产业,汽车产量居全国第一。湖北省辖武汉市、黄石市、十堰市、宜昌市、襄樊市、鄂州市、荆门市、孝感市、荆州市、黄冈市、咸宁市、随州市 12 个地级市和恩施土家族苗族自治州 1 个自治州。湖北省主要公路运输线路如图 10-15 所示。

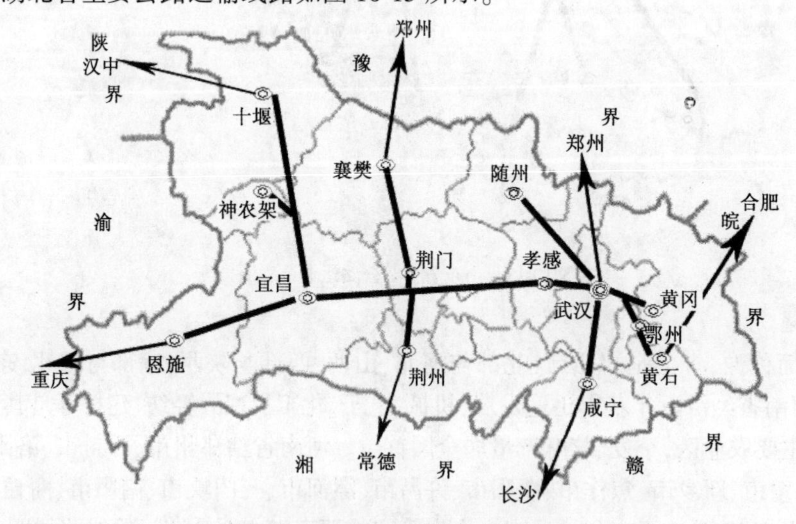

图 10-15 湖北省主要公路运输示意图

16. 湖南省

湖南省,简称湘,省会是长沙市,东部与江西,西部与重庆、贵州,南部与广东、广西相毗邻。湖南省历史悠久,物产丰富,经济贸易源远流长,因鱼和大米产量很大,号称"鱼米之乡"。湖南省辖长沙市、株洲市、湘潭市、衡阳市、邵阳市、岳阳市、常德市、张家界市、益阳市、郴州市、永州市、怀化市、娄底市13个地级市和湘西土家族苗族自治州1个自治州。湖南省主要公路运输线路如图10-16所示。

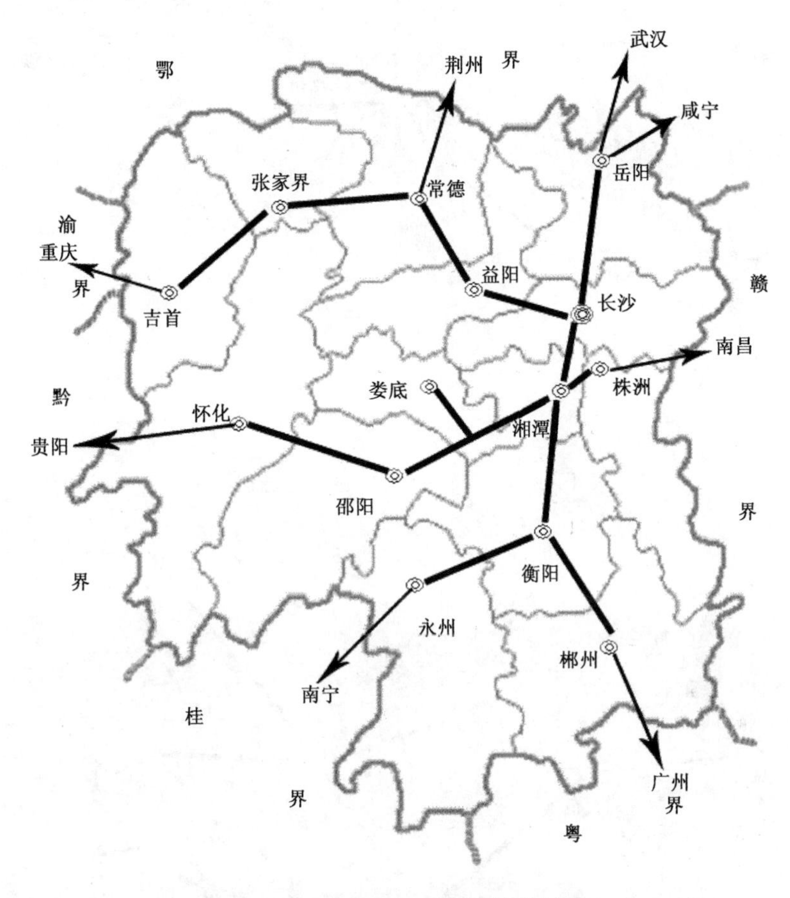

图10-16　湖南省主要公路运输示意图

17. 广东省

广东省,简称粤,省会是广州市,东面与福建,北面与湖南、江西,西面与广西为邻,南面与香港、澳门特别行政区相连,与海南省隔海相望。广东省历来商业蓬勃,是我国经济最发达的省份之一。家电、塑料制品、食品、服装、纺织、电子电力、冶金等是广东省的支柱产业。广东省辖广州市、韶关市、深圳市、珠海市、汕头市、佛山市、江门市、湛江市、茂名市、肇庆市、惠州市、梅州市、汕尾市、河源市、阳江市、清远市、东莞市、中山市、潮州市、揭阳市、云浮市21个地级市。广东省主要公路运输线路如图10-17所示。

18. 广西壮族自治区

广西壮族自治区,简称桂,首府是南宁市,南濒北部湾,西部与云南,北部与贵州、湖南,东部与广东相连,处于中国—东盟自由贸易区的前沿和枢纽位置。广西壮族自治区辖南宁市、柳州市、桂林市、梧州市、北海市、防城港市、钦州市、贵港市、玉林市、百色市、贺州市、河池市、来宾市、崇左市14个地级市。广西壮族自治区主要公路运输线路如图10-18所示。

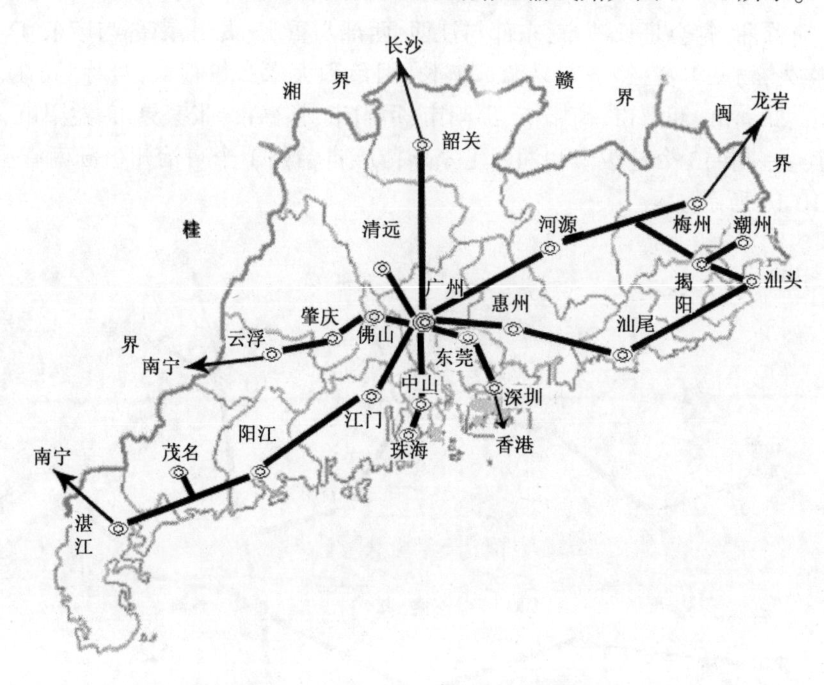

图10-17　广东省主要公路运输示意图

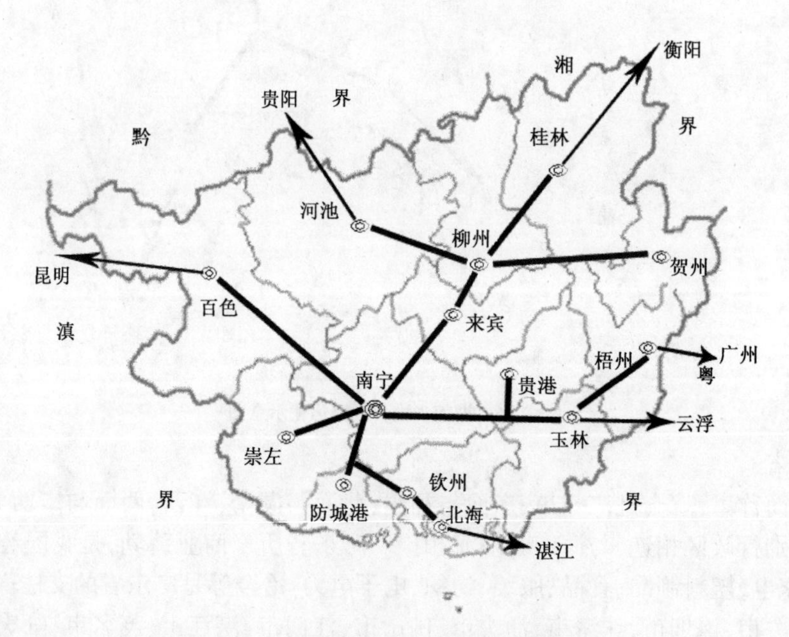

图10-18　广西壮族自治区主要公路运输示意图

19. 海南省

海南省,简称琼,省会是海口市,位于我国最南端,北以琼州海峡与广东省划界,是我国海洋面积最大的省份。海南省全境是我国的五个经济特区之一,也是我国面积最大的经济特区。农业、旅游业、石油化工、电子信息、海洋生物制药等为其支柱产业。海南省辖海口市、三亚市和三沙市3个地级市和五指山市(琼山)、琼海市、儋州市、文昌市、万宁市、东方市6个县级市

和定安县、屯昌县、澄迈县、临高县4个县和白沙黎族自治县、昌江黎族自治县、乐东黎族自治县、陵水黎族自治县、保亭黎族苗族自治县、琼中黎族苗族自治县6个自治县。

20. 重庆市

重庆市，简称渝，北部与陕西，西部与四川，东部与湖北、湖南，南部与贵州为邻，是我国重要的中心城市，国家历史文化名城，长江上游地区的经济中心，国家重要的现代制造业基地，西南地区综合交通枢纽。重庆市辖渝中区、大渡口区、江北区、沙坪坝区、九龙坡区、南岸区、北碚区、万盛区、双桥区、渝北区、巴南区、万州区、涪陵区、黔江区、长寿区、江津区、合川区、永川区、南川区19个市辖区和綦江县、潼南县、铜梁县、大足县、荣昌县、璧山县、梁平县、城口县、丰都县、垫江县、武隆县、忠县、开县、云阳县、奉节县、巫山县、巫溪县17个县和石柱土家族自治县、秀山土家族苗族自治县、酉阳土家族苗族自治县、彭水苗族土家族自治县4个自治县。

21. 四川省

四川省，简称川或蜀，省会是成都市，北部与青海、甘肃、陕西，东部与重庆，西部与西藏，南面与云南、贵州为邻。四川省经济比较发达，其中白酒饮料业、装备制造业、水电和天然气在国内具有一定优势。四川省辖成都市、自贡市、攀枝花市、泸州市、德阳市、绵阳市、广元市、遂宁市、内江市、广安市、乐山市、宜宾市、南充市、达川市、雅安市、巴中市、眉山市、资阳市18个地级市和阿坝藏族羌族自治州、甘孜藏族自治州、凉山彝族自治州3个自治州。四川省主要公路运输线路如图10-19所示。

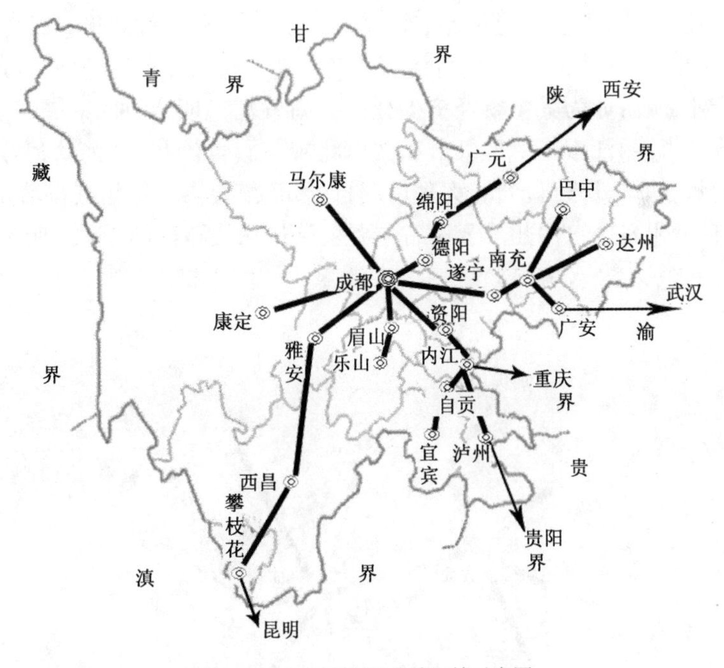

图10-19　四川省主要公路运输示意图

22. 贵州省

贵州省，简称黔或贵，省会是贵阳市，北面与四川、重庆，西面与云南，南面与广西，东面与湖南为邻。改革开放以来，贵州省现代工业有较大发展，尤其是煤炭、电力、有色金属、机械和卷烟等在全国占有重要地位。贵州省辖贵阳市、六盘水市、遵义市、安顺市4个地级市和铜仁地区、毕节地区2个地区和黔西南布依族苗族自治州、黔东南苗族侗族自治州、黔南布依族苗族自治州 3 个自治州。贵州省主要公路运输线路如图 10-20 所示。

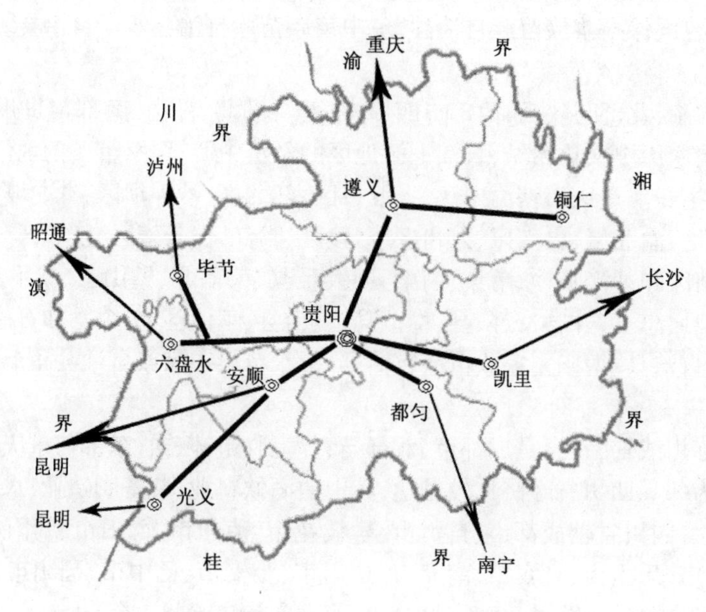

图 10-20　贵州省主要公路运输示意图

23. 云南省

云南省,简称滇或云,省会是昆明市,东与广西壮族自治区和贵州省毗邻,北以金沙江为界、与四川省隔江相望,西北隅与西藏自治区相连。近年来,云南省经济持续稳步发展,烟草业、生物业、矿产业、旅游业为其主要经济支柱。云南省辖昆明市、曲靖市、玉溪市、昭通市、保山市、临沧市、普洱市、丽江市 8 个地级市和文山壮族苗族自治州、红河哈尼族彝族自治州、西双版纳傣族自治州、楚雄彝族自治州、大理白族自治州、德宏傣族景颇族自治州、怒江傈僳族自治州、迪庆藏族自治州 8 个自治州。云南省主要公路运输线路如图 10-21 所示。

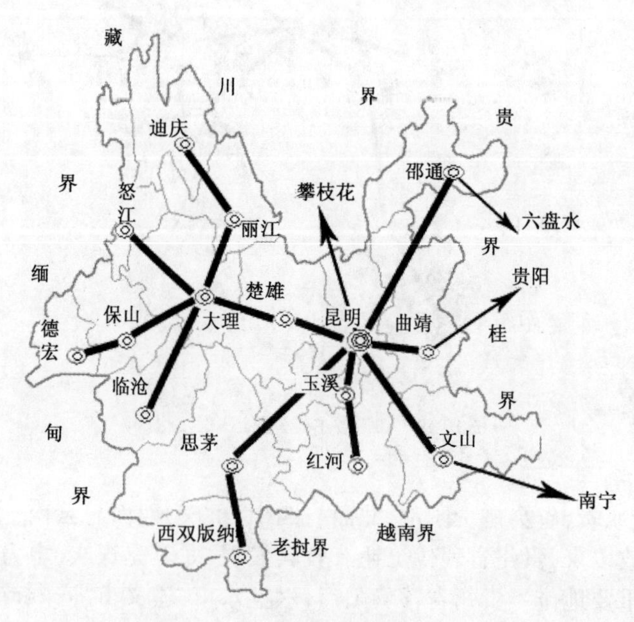

图 10-21　云南省主要公路运输示意图

24. 西藏自治区

西藏自治区，简称藏，首府是拉萨市，北与新疆维吾尔自治区、青海省毗邻，东连四川省，东南与云南省相连。旅游业、藏医药业、高原特色生物产业和绿色食品工业、农畜产品加工业和民族手工业和矿业等是其经济支柱。西藏自治区辖拉萨市1个地级市和昌都地区、山南地区、日喀则地区、那曲地区、阿里地区、林芝地区6个地区。西藏自治区主要公路运输线路如图10-22所示。

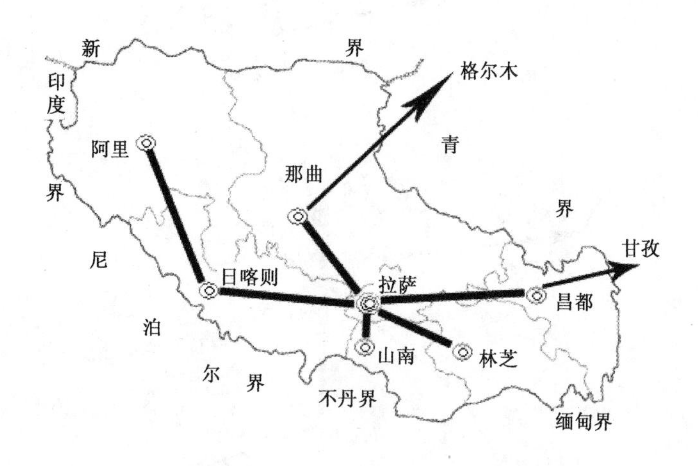

图10-22 西藏自治区主要公路运输示意图

25. 陕西省

陕西省，简称陕或秦，省会是西安市，北部与内蒙古，西北与宁夏，西部与甘肃，东部与山西、河南，东南与湖北，南部与四川、重庆相邻。陕西省工业基础雄厚，形成了军工、机械、电子、纺织等传统加工工业优势，新型纺织机械、电冰箱及空调压缩机、微型汽车、豪华大客车等产品业已形成一定规模，电子工业是新崛起的支柱产业。陕西省辖西安市、铜川市、宝鸡市、咸阳市、渭南市、延安市、汉中市、榆林市、安康市、商洛市10个地级市。陕西省主要公路运输线路如图10-23所示。

26. 甘肃省

甘肃省，简称甘或陇，省会是兰州市，北邻内蒙古、东北与宁夏、东部与陕西、西北与新疆、南部与青海、东南与四川毗邻。甘肃省是新兴的工业基地，是石油工业、有色金属、钢铁工业和化工工业的重要基地。甘肃省辖兰州市、嘉峪关市、金昌市、白银市、天水市、武威市、张掖市、平凉市、酒泉市、庆阳市、定西市、陇南市12个地级市和临夏回族自治州、甘南藏族自治州2个自治州。甘肃省主要公路运输线路如图10-24所示。

27. 青海省

青海省，简称青，省会是西宁市，北部、东部与甘肃，西北与新疆，西南及南部与西藏，东南与四川毗邻。青海省支柱产业有农业、水电业、盐化工业、有色金属工业、石油天然气工业等。青海省辖西宁市1个地级市和海东地区1个地区和海北藏族自治州、黄南藏族自治州、海南藏族自治州、果洛藏族自治州、玉树藏族自治州、海西蒙古族藏族自治州6个自治州。青海省主要公路运输线路如图10-25所示。

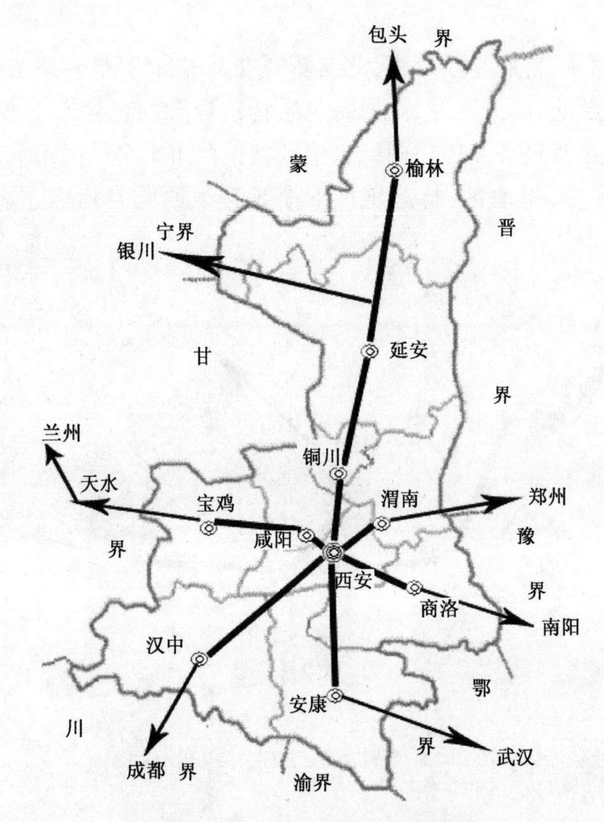

图 10-23　陕西省主要公路运输示意图

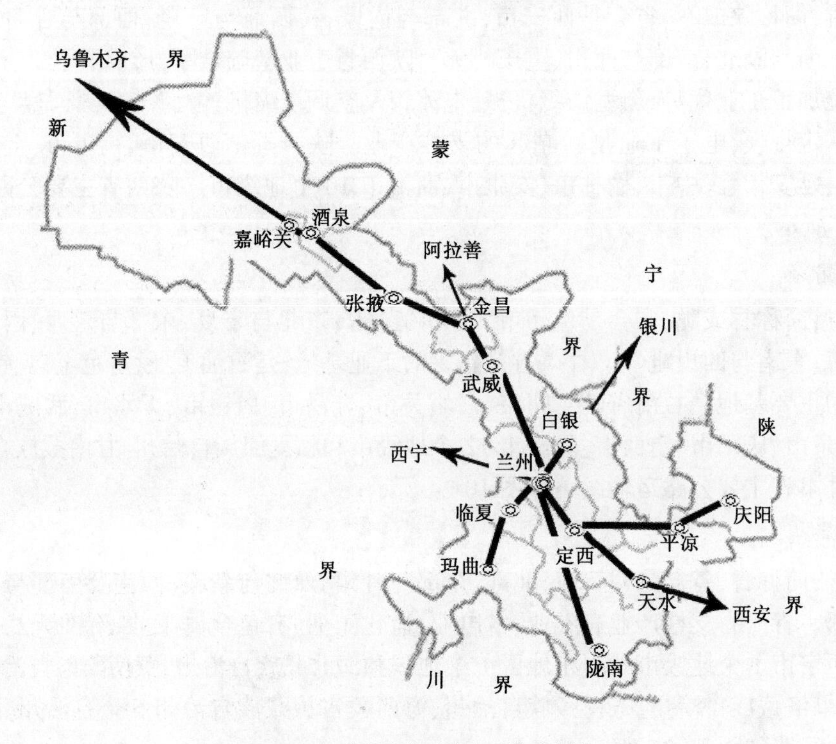

图 10-24　甘肃省主要公路运输示意图

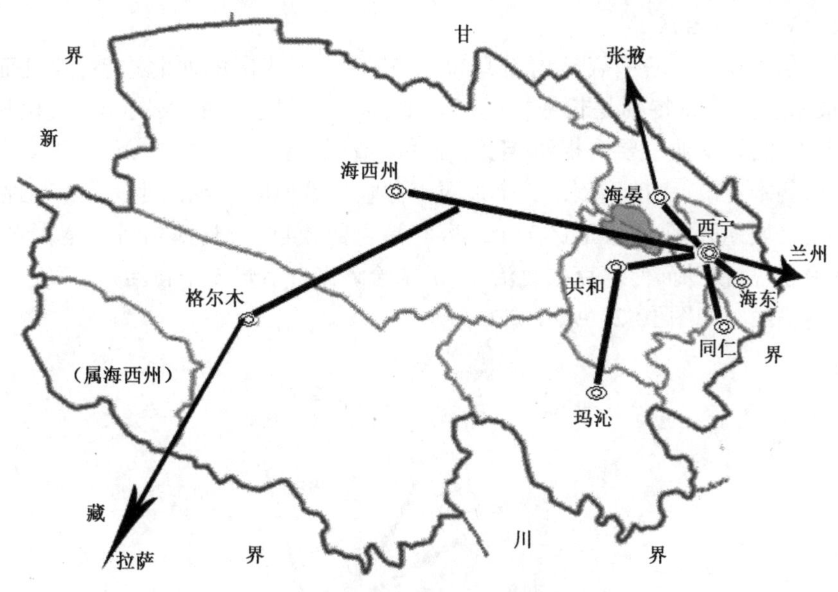

图 10-25　青海省主要公路运输示意图

28. 宁夏回族自治区

宁夏回族自治区，简称宁，首府是银川市，北部、东北、西北与内蒙古，南部、东南、西南与甘肃，东部一段与陕西为邻。宁夏回族自治区位于“丝绸之路”上，历史上曾是东西部交通贸易的重要通道，现已形成以煤炭、电力、冶金、机械、纺织、造纸、食品等行业为主的工业体系。宁夏回族自治区辖银川市、石嘴山市、吴忠市、固原市、中卫市 5 个地级市。宁夏回族自治区主要公路运输线路如图 10-26 所示。

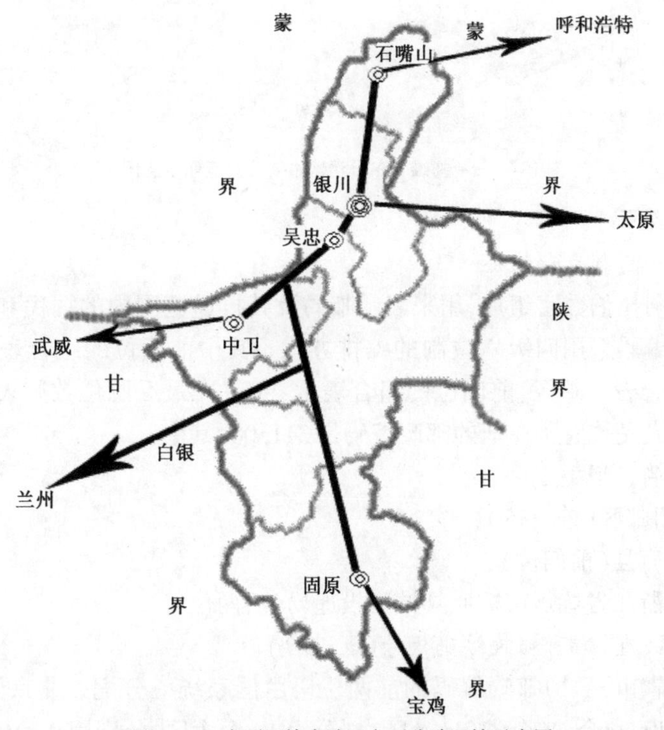

图 10-26　宁夏回族自治区主要公路运输示意图

29. 新疆维吾尔自治区

新疆维吾尔自治区,简称新,首府是乌鲁木齐市,位于我国的西北边疆,地处亚欧大陆中心,是我国最重要的棉花特别是长绒棉生产基地,拥有钢铁、石油、煤炭、电力、机械、电子、化工、建材等重工业,轻工业主要有棉纺、毛纺、制糖、造纸、搪瓷、玻璃、皮革、卷烟等。新疆维吾尔自治区辖乌鲁木齐市、克拉玛依市 2 个地级市和吐鲁番地区、哈密地区、阿克苏地区、喀什地区、和田地区、塔城地区、阿勒泰地区 7 个地区和昌吉回族自治州、博尔塔拉蒙古自治州、巴音郭楞蒙古自治州、克孜勒苏柯尔克孜自治州、伊犁哈萨克自治州 5 个自治州。新疆维吾尔自治区主要公路运输线路如图 10-27 所示。

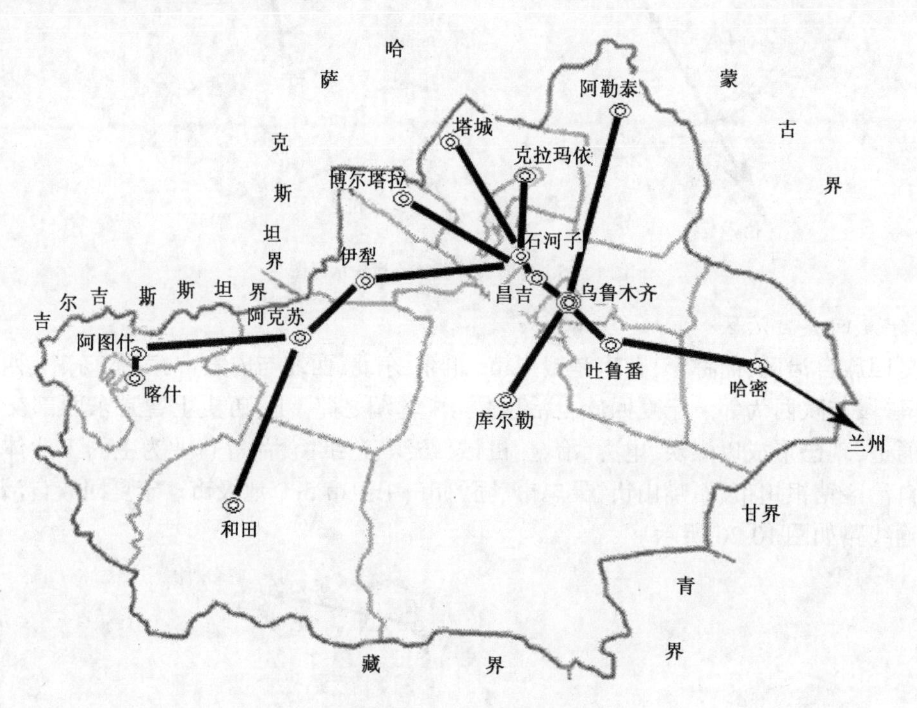

图 10-27　新疆维吾尔自治区主要公路运输示意图

(三)国内邮政编码

1. 我国邮政编码的制定和组成

邮政编码是由阿拉伯数字组成,用来表示邮局及其投递范围内的居民和单位的邮政通信代号。我国的邮政编码采用四级六位制的编排方式。其中前两位的组合表示省(自治区、直辖市),前三位的组合表示邮区,前四位的组合表示县(市),最后两位数则表示投递局。如浙江省杭州市桐庐县人民政府所在地的邮政编码是 311500,其中:

"31"表示浙江省(前两位);

"311"表示杭州邮区(前三位);

"3115"表示桐庐县(前四位);

"311500"表示浙江省杭州市桐庐县城区投递局(后两位)。

2. 各省(自治区、直辖市)邮政编码代号(表 10-1)

省(自治区、直辖市)码即邮政编码的前两位码由国家统一分配。北京为 10,上海为 20,天津为 30,重庆为 40,其余 28 个省(自治区)划分为 10 个大区,分别用 0 ~ 9 表示,9 区为台湾

省（目前还未确定邮政编码）。原则上每三个省（自治区）划为一区，同一区的省（自治区）的第一位码相同。

各省（自治区、直辖市）邮政编码分配表　　表 10-1

大区	省（市）	编码代号	大区	省（市）	编码代号
0 区	北京	10	4 区	湖南	41、42
	上海	20		湖北	43、44
	天津	30		河南	45、46、47
	重庆	40	5 区	广东	51、52
	内蒙	01、02		广西	53、54
	山西	03、04		贵州	55、56
	河北	05、06、07		海南	57
1 区	辽宁	11、12	6 区	四川	61、62、63、64
	吉林	13		云南	65、66、67
	黑龙江	15、16	7 区	陕西	71、72
2 区	江苏	21、22		甘肃	73、74
	安徽	23、24		宁夏	75
	山东	25、26、27	8 区	青海	81、82
3 区	浙江	31、32		新疆	83、84
	江西	33、34		西藏	85
	福建	35、36	香港、澳门、台湾暂无		

3. 我国主要城市（或地区）的邮政编码

（1）北京市：100000

（2）天津市：300000

（3）河北省：

石家庄市　050000　　邯郸市　056000　　唐山市　063000　　秦皇岛市　066000
承德市　067000　　保定市　071000　　张家口市　075000

（4）山西省：

太原市　030000　　朔州市　036000　　大同市　037000　　阳泉市　045000
长治市　046000　　晋城市　048000

（5）内蒙古自治区：

呼和浩特市　010000　　包头市　014000　　鄂尔多斯市　017000
呼伦贝尔市　021000　　通辽市　028000

（6）辽宁省：

沈阳市　110000　　大连市　116000　　鞍山市　114000　　抚顺市　113000
本溪市　117000　　锦州市　121000　　营口市　115000

（7）吉林省：

长春市　130000　　吉林市　132000　　通化市　134000　　四平市　136000
辽源市　136200

(8)黑龙江省:

哈尔滨市　150000　伊春市　153000　佳木斯市　154000

牡丹江市　157000　齐齐哈尔市　161000　大庆市　163000

(9)上海市:　200000

(10)江苏省:

南京市　210000　镇江市　212000　常州市　213000　无锡市　214000

苏州市　215000　徐州市　221000　连云港市　222000　淮安市　223000

宿迁市　223800　盐城市　224000　扬州市　225000　泰州市　225300

南通市　226000

(11)浙江省:

杭州市　310000　绍兴市　312000　湖州市　313000　嘉兴市　314000

宁波市　315000　舟山市　316000　台州市　318000　金华市　321000

丽水市　323000　衢州市　324000　温州市　325000

(12)安徽省:

合肥市　230000　蚌埠市　233000　亳州市　236000　芜湖市　241000

黄山市　245000　安庆市　246000　池州市　247100

(13)福建省:

福州市　350000　莆田市　351100　厦门市　361000

泉州市　362000　漳州市　363000　龙岩市　364000

(14)江西省:

南昌市　330000　九江市　332000　景德镇市　333000　上饶市　334000

鹰潭市　335000　赣州市　341000

(15)山东省:

济南市　250000　淄博市　255000　潍坊市　261000　烟台市　264000

威海市　264200　青岛市　266000　泰安市　271000　日照市　276800

(16)河南省:

郑州市　450000　安阳市　455000　驻马店市　463000

平顶山市　467000　洛阳市　471000　开封市　475000

(17)湖北省:

武汉市　430000　黄石市　435000　襄樊市　441000

十堰市　442000　宜昌市　443000

(18)湖南省:

长沙市　410000　湘潭市　411100　株洲市　412000　岳阳市　414000

衡阳市　421000　郴州市　423000

(19)广东省:

广州市　510000　清远市　511500　韶关市　512000　梅州市　514000

汕头市　515000　惠州市　516000　汕尾市　516600　河源市　517000

深圳市　518000　珠海市　519000　潮州市　521000　揭阳市　522000

东莞市　523000　湛江市　524000　茂名市　525000　肇庆市　526000

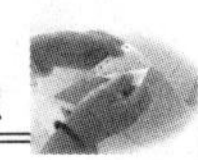

云浮市　527300　　佛山市　528000　　中山市　528400　　江门市　529000
阳江市　529500
(20)广西壮族自治区：
南宁市　530000　　北海市　536000　　桂林市　541000　　柳州市　545000
(21)海南省：
海口市　570100　　三亚市　572000　　三沙市　573199
(22)重庆市:400000
(23)四川省：
成都市　610000　　乐山市　614000　　攀枝花市　617000
绵阳市　621000　　自贡市　643000　　宜宾市　644000　　泸州市　646000
(24)贵州省：
贵阳市　550000　　六盘水市　553000　　遵义市　563000
(25)云南省：
昆明市　650000　　玉溪市　653100　　曲靖市　655000　　昭通市　657000
普洱市　665000　　丽江市　674100
(26)西藏自治区：
拉萨市　850000
(27)陕西省：
西安市　710000　　咸阳市　712000　　宝鸡市　721000
(28)甘肃省：
兰州市　730000　　酒泉市　735000　　天水市　741000
(29)青海省：
西宁市　810000
(30)宁夏回族自治区：
银川市　750000　　石嘴山市　753000　　固原市　756000
(31)新疆维吾尔自治区：
乌鲁木齐市　830000　　克拉玛依市　834000　　吐鲁番地区　838000
哈密地区　839000　　和田地区　848000

(四)国内电话区号

1.电话区号的制订和组成

我国在确定电话区号时,还没有程控电话交换机,而国内长途网采用的也是“多级汇接制”。分级原则是全国设一个主国际接口局,全国结合长话流量和行政区划分为几个大区,每个大区设一个汇接中心,即一级交换中心;每个大区分为几个省区,每个省区设一个中心,即二级交换中心;每个省区分为几个地区,在地区中心城市设中心,即三级交换中心;然后每个地区下面的县各设县中心,设四级交换中心;五级交换中心即为本地交换端局,一般为市话端局。基于这样的“多级汇接制”,在国内电话长途区号的编制上也体现了“多级”的原则,并且在号码编排上体现一定对应关系。第一级是国家总汇接中心、主国际接口局所在地,即首都北京,使用一位区号,就是“1”。第二级为直辖市和大区中心使用两位区号,当时三大直辖市,除北京已使用“1”以外,上海、天津各使用“21”、“22”区号。东北、华东、中南、西南、西北大区中心

城市沈阳、南京、武汉、成都、西安使用“24”、“25”、“27”、“28”、“29”区号。华北区因为北京兼任大区交换中心,原属于华北区大区中心的“23”区号空缺。又由于中南地区长话流量过大,因此设置华南区大区交换中心,也就是广州,使用“20”的区号。第三级为省交换中心和地区交换中心,使用三位区号。我国电话区号的编号布局详见表10-2。

电话区号的编号布局　　表10-2

大区	省(市)	电话区号编号	大区	省(市)	电话区号编号
直辖市	北京	10	华中区	湖北	71×、72×
	上海	21		湖南	73×、74×
	天津	22		江西	79×、70×
	重庆	23	华南区	广东	75×、76×
华北区	河北	31×、32× 33×、34×		广西	77×、78×
	山西	35×、36×		海南	898
	河南	37×、38× 39×、30×	西南区	四川	81×、82× 83×、84×
东北区	辽宁	41×、42×		贵州	85×、86×
	吉林	43×、44×		云南	87×、88×
	黑龙江	45×、46×		西藏	80×、89× (不含898)
	内蒙古	47×、48×	西北区	陕西	91×、92×
华东区	江苏	51×、52×		甘肃	93×、94×
	山东	53×、54×		宁夏	95×、96×
	安徽	55×、56×		青海	97×、98×
	浙江	57×、58×		新疆	99×、90×
	福建	59×、50×	香港、澳门、台湾特例		

注:×表示任一阿拉伯数字。

20世纪90年代我国普遍使用了计算机控制的程控交换机,而长途电话的多级汇接制也成为过去,地区电话网之间不需要经过上一级汇接中心即可实现通话。但当年的电话区号格式却保留了下来。原来空缺的号码资源除了预留给台湾地区的以外,都开始在各地作为填补号码资源空缺使用。空缺的“23”区号给了重庆直辖市,西藏区号中剩余的“898”区号给了海南省,北京的区号也因GSM移动电话特殊的长途拨号方式不得不被改为“10”。

需要说明的是,我们日常所说的电话区号“010”、“0531”等,最前面的“0”并非区号的一部分,它只是我国大陆地区国内长途电话接入码字冠,“0”以后才是区号。在我国大陆由于“0”是唯一的国内长途接入码,所以经常和后面的区号并列,并已形成习惯。

需要注意的是,港澳台地区使用国际电话区号。香港特别行政区国际电话区号:00852;澳门特别行政区国际电话区号:00853;台湾地区国际电话区号:00886。

2. 我国主要城市的电话区号

(1)北京市:010

(2)天津市:022

(3)河北省:

石家庄市　0311　　保定市　0312　　唐山市　0315　　秦皇岛市　0335

(4)山西省:

太原市　0351　　大同市　0352　　阳泉市　0353　　长治市　0355

(5)内蒙古自治区:

呼和浩特市　0471　　包头市　0472　　通辽市　0475

(6)辽宁省:

沈阳市　024　　抚顺市　024　　大连市　0411　　鞍山市　0412

本溪市　0414

(7)吉林省:

长春市　0431　　四平市　0434　　通化市　0435

(8)黑龙江省:

哈尔滨市　0451　　齐齐哈尔市　0452　　佳木斯市　0454　　大庆市　0459

(9)上海市:021

(10)江苏省:

南京市　025　　无锡市　0510　　镇江市　0511　　苏州市　0512

南通市　0513　　扬州市　0514　　徐州市　0516　　连云港市　0518

常州市　0519　　泰州市　0523

(11)浙江省:

杭州市　0571　　湖州市　0572　　嘉兴市　0573　　宁波市　0574

绍兴市　0575　　温州市　0577　　金华市　0579

(12)安徽省:

合肥市　0551　　蚌埠市　0552　　芜湖市　0553　安庆市　0556

(13)福建省:

福州市　0591　　厦门市　0592　　莆田市　0594　　泉州市　0595

漳州市　0596　　龙岩市　0597

(14)江西省:

南昌市　0791　　九江市　0792　　上饶市　0793　　景德镇市　0798

(15)山东省:

济南市　0531　　青岛市　0532　　淄博市　0533　　烟台市　0535

潍坊市　0536　　泰安市　0538

(16)河南省:

郑州市　0371　　安阳市　0372　　开封市　0378　　洛阳市　0379

(17)湖北省:

武汉市　027　　襄樊市　0710　　宜昌市　0717　　十堰市　0719

(18)湖南省:

长沙市　0731　　株洲市　0731　　湘潭市　0731　　岳阳市　0730

(19)广东省:

广州市 020 韶关市 0751 汕头市 0754 深圳市 0755
珠海市 0756 佛山市 0757 湛江市 0759 中山市 0760
潮州市 0768 东莞市 0769

(20)广西壮族自治区:
南宁市 0771 柳州市 0772 桂林市 0773 北海市 0779

(21)海南省:
海口市 0898 三亚市 0898 三沙市 0898

(22)重庆市:023

(23)四川省:
成都市 028 攀枝花市 0812 自贡市 0813 宜宾市 0831

(24)贵州省:
贵阳市 0851 遵义市 0852 六盘水市 0858

(25)云南省:
昆明市 0871 曲靖市 0874 玉溪市 0877 丽江市 0888

(26)西藏自治区:
拉萨市 0891

(27)陕西省:
西安市 029 咸阳市 029 宝鸡市 0917

(28)甘肃省:
兰州市 0931 酒泉市 0937 天水市 0938

(29)青海省:
西宁市 0971

(30)宁夏回族自治区:
银川市 0951

(31)新疆维吾尔自治区:
乌鲁木齐市 0991 克拉玛依市 0990

(五)国内城市航空代码

1.航空代码的制定

国际航空运输协会(International Air Transport Association,IATA)是一个由世界各国航空公司所组成的大型国际组织,其前身是1919年在海牙成立的国际航空业务协会。国际航空运输协会正式成立于1945年4月16日,总部设在加拿大蒙特利尔,执行机构设在日内瓦。

国际航空运输协会从组织形式上是一个航空企业的行业联盟,属非官方性质组织,但是由于大多数国家的航空公司是国家所有,即使非国有的航空公司也受到所属国政府的强力参与或控制,因此,实际是一个半官方组织。它制定运价的活动,必须在各国政府授权下进行。它的清算所对全世界联运票价进行结算。国际航空运输协会发挥着协调和沟通各国政策,管理在民航运输中出现的诸如票价、危险品运输等问题。

国际航空运输协会将其成员国国家名称用两个英文字母表示(英语名称缩写),城市名称以及其使用的机场名称用三个英文字母表示,以方便各国及地区航空运输企业之间的运输业务划分与合作。此代码被称为两字代码和三字代码(即 IATA AREAS AND CITY/AIRPORT

CODES)。

2. 我国主要城市的机场航空代码(表10-3)

我国主要城市的机场航空代码 表10-3

城 市 名 称	航 空 代 码	机 场 名 称	所 属 省 份
广州市	CAN	白云国际机场	广东
郑州市	CGO	新郑国际机场	河南
长春市	CGQ	龙嘉国际机场	吉林
重庆市	CKG	江北国际机场	重庆
长沙市	CSX	黄花国际机场	湖南
成都市	CTU	双流国际机场	四川
大连市	DLC	周水子国际机场	辽宁
福州市	FOC	长乐国际机场	福建
海口市	HAK	美兰国际机场	海南
呼和浩特市	HET	白塔机场	内蒙古
合肥市	HFE	骆岗机场	安徽
杭州市	HGH	萧山国际机场	浙江
哈尔滨市	HRB	阎家岗国际机场	黑龙江
南昌市	KHN	昌北机场	江西
昆明市	KMG	巫家坝国际机场	云南
贵阳市	KWE	龙洞堡机场	贵州
兰州市	LHW	中川机场	甘肃
拉萨市	LXA	贡嘎机场	西藏
齐齐哈尔市	NDG	三家子机场	黑龙江
宁波市	NGB	栎社机场	浙江
南京市	NKG	禄口国际机场	江苏
南宁市	NNG	吴墟机场	广西
北京市	PEK	首都国际机场	北京
上海市	PVG	浦东国际机场	上海
上海市	SHA	虹桥国际机场	上海
沈阳市	SHE	桃仙机场	辽宁
石家庄市	SJW	正定机场	河北
三亚市	SYX	凤凰国际机场	海南
深圳市	SZX	宝安国际机场	广东
青岛市	TAO	流亭国际机场	山东
济南市	TNA	遥墙国际机场	山东
天津市	TSN	滨海国际机场	天津
太原市	TYN	武宿机场	山西
乌鲁木齐市	URC	地窝堡国际机场	新疆

续上表

城市名称	航空代码	机场名称	所属省份
温州市	WNZ	永强机场	浙江
武汉市	WUH	天河国际机场	湖北
西安市	XIY	咸阳国际机场	陕西
厦门市	XMN	高崎国际机场	福建
西宁市	XNN	曹家堡机场	青海
徐州市	XUZ	观音机场	江苏
义乌市	YIW	义乌机场	浙江
珠海市	ZUH	三灶机场	广东
香港	HKG	香港国际机场	香港
澳门	MFM	澳门国际机场	澳门
台北市	TPE	桃园国际机场	台湾
高雄市	KHH	高雄国际机场	台湾

国际航空协会在制订城市及机场的三字代码的时候一般是按照该城市的英文名来进行缩写,如北京市 PEK;也有的是按照机场的英文名进行缩写,如上海浦东机场 PVG。

3. 我国主要航空公司的航空代码(表 10-4)

航空公司的 IATA 代码一般由 2 个英文(大写)字母组成,又称两字代码。航空公司的航空代码制订的一般原则是“先注册,先使用”,没有规划性。

我国主要航空公司标志、代码及中英文名称　　表 10-4

公司标志	IATA 代码	中文名称	英文名称
	CA	中国国际航空股份有限公司	Air China
	MU	中国东方航空股份有限公司	China Eastern Airlines
	CZ	中国南方航空股份有限公司	China Southern Airlines

续上表

公司标志	IATA代码	中文名称	英文名称
	MF	厦门航空有限公司	Xiamen Airlines
	3U	四川航空公司	Sichuan Airlines
	HU	海南航空股份有限公司	Hainan Airlines
	ZH	深圳航空有限责任公司	Shenzhen Airlines
	SC	山东航空公司	Shandong Airlines
	J5	深圳东海航空有限公司	Shenzhen Donghai Airlines
	Y8	扬子江快运航空有限公司	Yangtze River Express

二、快件分拣操作注意事项

1. 文件类快件分拣操作注意事项

对于文件类快件,快递企业一般采用人工分拣方式。按照收件人的地址(或邮政编码、电话区号、航空代码)将文件类快件投入分拣格口内或分拣筐内。对文件类快件进行分拣时需注意:

(1)一次取件数量不宜过多或过少,一般以20票左右为宜。取件过多容易导致处理人员很快疲劳,加重工作负担;取件过少则会导致工作效率降低。

(2)注意观察文件封是否有破损现象。在确定内件未遗失的情况下,用胶带进行粘贴加固,同时在详情单备注栏进行批注。

(3)分拣后将所有快件详情单一面向上并方向一致,然后进行逐票扫描,建立总包。

(4)扫描时发现非本分拣区域的快件应及时交换。

2. 包裹类快件分拣操作注意事项

对于包裹类快件,快递企业一般采用人机相结合的分拣方式。利用输送机(主要有皮带输送机、链板输送机、滚筒输送机等)将快件传送到分拣格口,处理人员按照收件人的地址(或邮政编码、电话区号、航空代码),及时、准确地拣取快件,将快件从输送机上搬下。对包裹类快件进行分拣时需注意:

(1)快件在输送机上传送时,应注意详情单一面向上,平稳放置。快件不宜放到输送带边缘处,防止快件在传送时掉落。

(2)超大、超重快件不允许上输送机传送。

(3)取件时,对于较轻快件,双手抓(托)住快件两侧;对于较重快件,双手托住底部或抓牢两侧的抓握位,贴近身体顺快件运动方向拣取,防止扭伤腰部。

(4)对于错分的快件应及时放回输送机传送,当班次分拣结束时还应去快件溢流口查找是否有漏分快件。

第二节 国际快件的分拣

目前,我国除了邮政EMS主要依靠万国邮政联盟各成员国的邮政渠道经办国际快递业务外,相当一部分国际快递业务都是由设在我国境内的外资快递企业经营。随着我国快递行业的不断发展壮大,经济实力不断增强,管理水平和技术水平不断提高,再加上国际快递业务需求的增加,我国的快递企业越来越多地开始涉足国际快递业务领域,并且开始不断拓展国际快递业务。

一、国际快递服务概述

(一)国际快递服务

1. 国际快递服务的概念

国际快递服务是指寄件人和收件人分别在我国境内和其他国家或地区(香港、澳门、台湾

地区除外）的快递服务，以及其他国家或地区（香港、澳门、台湾地区除外）间用户相互寄递但通过我国境内经转的快递服务。

2. 国际快递服务的分类

按照寄达范围的不同，国际快递服务又分为国际进境快递服务和国际出境快递服务。

国际进境快递服务也称国际进口快递服务，是指收件人在我国境内，寄件人在其他国家或地区（香港、澳门、台湾地区除外）的快递服务。

国际出境快递服务也称国际出口快递服务，是指寄件人在我国境内，收件人在其他国家或地区（香港、澳门、台湾地区除外）的快递服务。

3. 国际快件的概念

国际快件是指我国境内用户与其他国家或地区（香港、澳门、台湾地区除外）用户相互寄递，以及其他国家或地区（香港、澳门、台湾地区除外）间用户相互寄递但通过我国境内经转的快件。

4. 国际快件的分类

（1）按照寄达范围，国际快件分为：国际进境快件和国际出境快件。

①国际进境快件：也称国际进口快件，是指从其他国家或地区（香港、澳门、台湾地区除外）寄往我国境内的快件。

②国际出境快件：也称国际出口快件，是指从我国境内寄往其他国家或地区（香港、澳门、台湾地区除外）的快件。

（2）按内件性质，国际快件分为：文件类快件、个人物品类快件和货物类快件。

①文件类快件：法律、法规规定予以免税且无商业价值的文件、单证、票据及资料。

②个人物品类快件：海关法规规定自用、合理数量范围内的进出境的旅客分离运输行李物品、亲友间相互馈赠物品和其他个人物品。

③货物类快件：文件类及个人物品类以外的进出境快件。

（3）按补偿责任，国际快件分为：保价快件、保险快件和普通快件。

①保价快件：对于贵重的物品，客户要求予以保价，缴纳保价费，物品出现遗失问题时，快递企业按保价金额予以赔偿。需要注意的是，保价金额不能超过物品本身的价值以及部分寄达国接受的“最高保价金额”，同时快递企业为了有效规避风险，一般也制定了“最高保价金额”。

②保险快件：快件价值保险是为了保障客户快件安全，满足客户特定商业需求，由快件公司帮助客户向保险公司购买的保险，从经济上保护客户避免因为外部原因受到实际损失或灭失影响的保险服务。快件价值保险的费用按比例收取，有最低收取金额。例如某快递企业的收费标准为：国际快件支付投保金额的1%（最低保险费为人民币100元）。

③普通快件：未保价、保险的快件。

5. 国际快递服务的特点

相比于国内快递服务，国际快递服务具有以下特点：

（1）国际快递服务的操作流程更复杂。国际快递服务除了包含国内快递服务所必需的操作环节，由于快件在不同国家或地区流转，还需要帮助客户办理进出口清关服务。

(2)国际快递服务实施的难度更大。要顺利完成国际快递服务,需要依赖快递企业庞大的全球性网络或者网络联盟才能够实现。

(3)国际快递的资费不仅受到不同国家或地区快递资费标准的影响,而且还受到国际汇率变动的影响,结算过程更加复杂。

(4)国际快递对所寄物品的规定和限制,不但要遵守国内有关法律法规的规定,而且还受国际通用标准和收件人所在国有关法律法规的影响。

(二)国际快件业务的传递网络

目前国际快件业务的传递网络主要有两种模式。

1. 口岸中心和交换站模式

口岸中心(Gateway)的任务是向国外封发快件总包和接收、开拆、清关、处理国外发来的快件总包以及转发散寄过境的国际快件。其主要负责对国际快件进行清关。

交换站的任务是与寄达国(地区)交换站或其所委托的运输企业直接交换国际快件总包。

2. 国际转运中心和口岸中心模式

国际转运中心(Hub)的任务是接收各地口岸中心封发来的快件总包,按照正确的中转路由进行分拣、中转给各地口岸中心。

口岸中心(Gateway) 的任务是接收、开拆、处理(清关)由国际转运中心转发的快件总包以及向国际转运中心封发快件总包。其主要负责对国际快件进行清关。

(三)国际快递详情单

1. 国际快递详情单的常见样式(表10-5)

国际快递详情单样例　　表10-5

国际快件详情单样例一	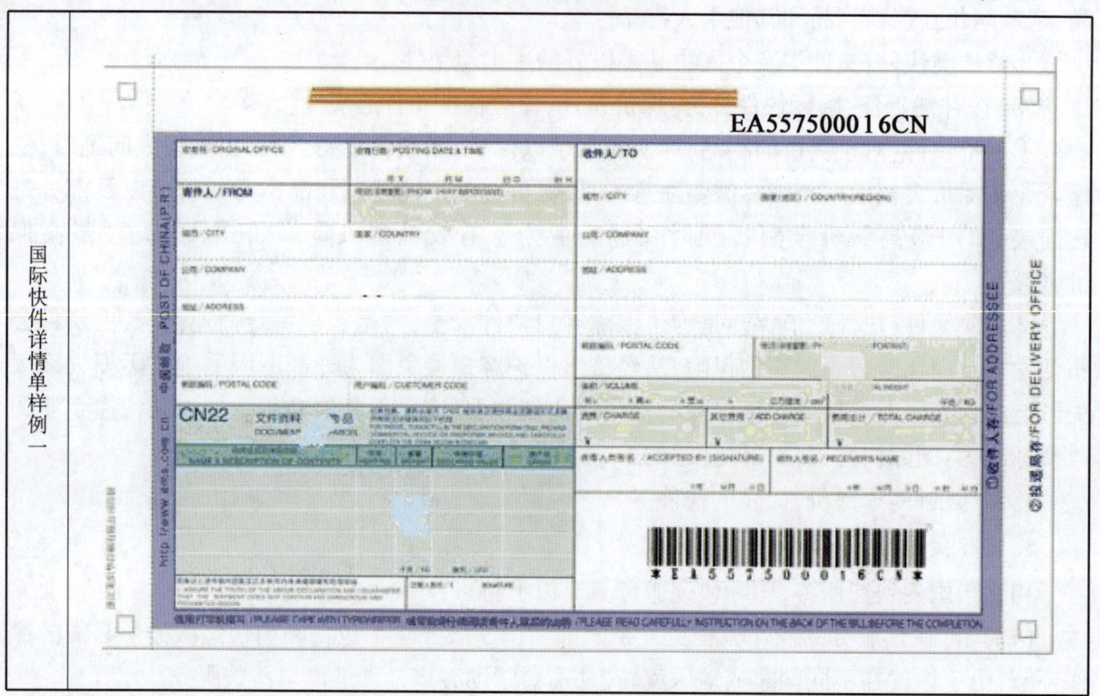

续上表

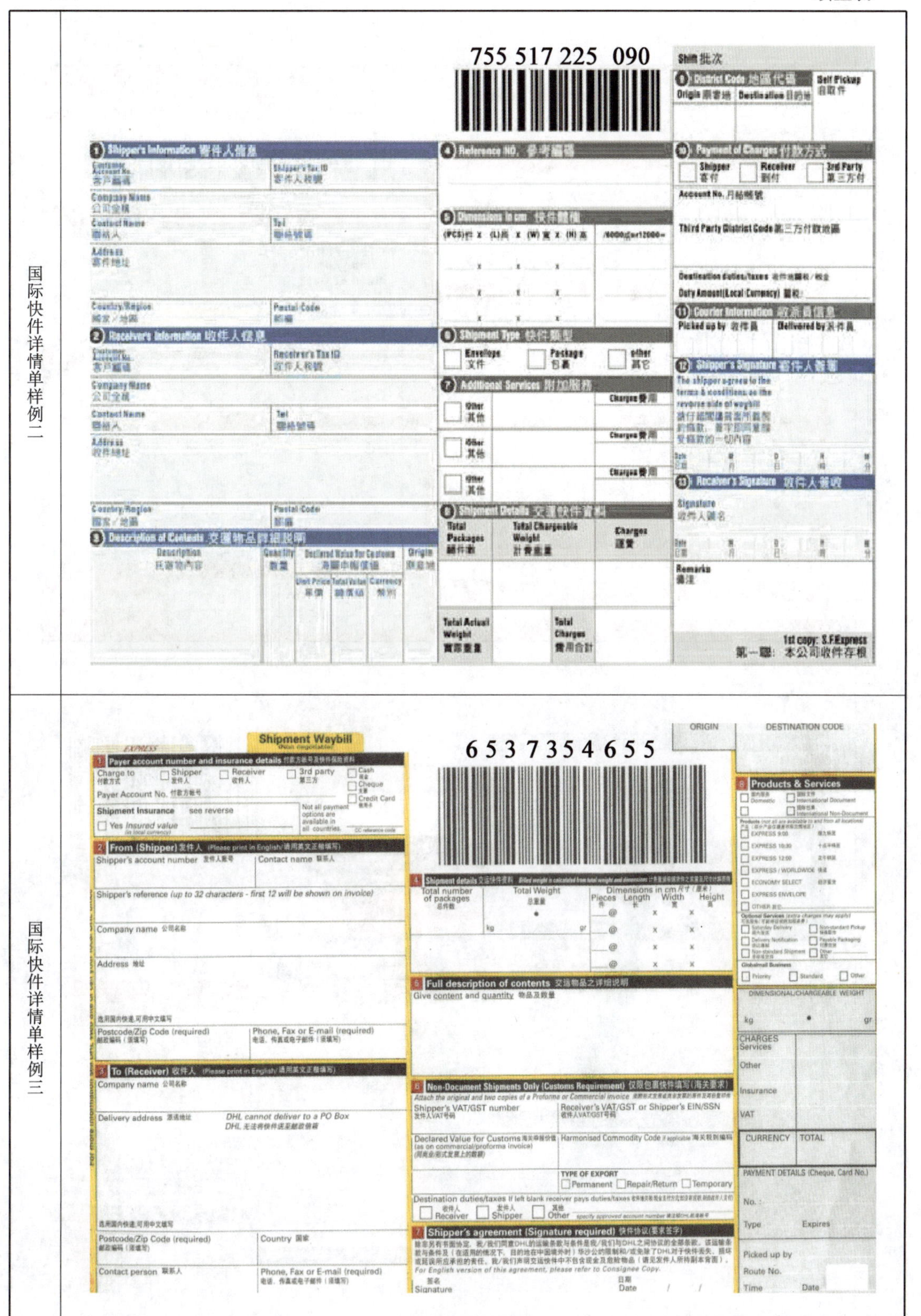

国际快件详情单样例二

755 517 225 090

Ship 批次

1 Shipper's Information 寄件人信息
Customer Account No. 客户编号
Shipper's Tax ID 寄件人税號
Company Name 公司全稱
Contact Name 聯絡人
Tel 聯絡號碼
Address 寄件地址
Country/Region 國家/地區
Postal Code 郵編

2 Receiver's Information 收件人信息
Customer Account No. 客户編號
Receiver's Tax ID 收件人稅號
Company Name 公司全稱
Contact Name 聯絡人
Tel 聯絡號碼
Address 收件地址
Country/Region 國家/地區
Postal Code 郵編

3 Description of Contents 交運物品詳細說明
Description 托寄物内容
Quantity 數量
Declared Value for Customs 海關申報價值
Unit Price 單價
Total Value 總價值
Currency 幣別
Origin 原産地

4 Reference NO. 參考編碼

5 Dimensions in cm 快件體積
(PCS)件 x (L)長 x (W)寬 x (H)高 /6000(or 12000=

6 Shipment Type 快件類型
Envelope 文件
Package 包裹
other 其它

7 Additional Services 附加服務
Other 其他 Charges 費用
Other 其他 Charges 費用
Other 其他 Charges 費用

8 Shipment Details 交運快件資料
Total Packages 總件數
Total Chargeable Weight 計費重量
Charges 運費
Total Actual Weight 實際重量
Total Charges 費用合計

9 District Code 地區代碼
Origin 原寄地
Destination 目的地
Self Pickup 自取件

10 Payment of Charges 付款方式
Shipper 寄付
Receiver 到付
3rd Party 第三方付
Account No. 月結帳號
Third Party District Code 第三方付款地區
Destination duties/taxes 收件地關稅/稅金
Duty Amount(Local Currency) 關稅

11 Courier Information 收派員信息
Picked up by 收件員
Delivered by 派件員

12 Shipper's Signature 寄件人簽署
The shipper agrees to the terms & conditions on the reverse side of waybill
Date 日期 月 日 時 分

13 Receiver's Signature 收件人簽收
Signature 收件人簽名
Date 日期 月 日 時 分

Remarks 備注

1st copy: S.F.Express
第一聯：本公司收件存根

国际快件详情单样例三

Shipment Waybill (Non negotiable)

EXPRESS

ORIGIN
DESTINATION CODE

6 5 3 7 3 5 4 6 5 5

1 Payer account number and insurance details 付款方帐号及快件保险资料
Charge to 付款方式
Shipper 发件人
Receiver 收件人
3rd party 第三方
Cash 现金
Cheque 支票
Credit Card 信用卡
Payer Account No. 付款方帐号
Shipment Insurance see reverse
Yes Insured value (in local currency)
Not all payment options are available in all countries.

2 From (Shipper) 发件人 (Please print in English/请用英文正楷填写)
Shipper's account number 发件人帐号
Contact name 联系人
Shipper's reference (up to 32 characters - first 12 will be shown on invoice)
Company name 公司名称
Address 地址
Postcode/Zip Code (required) 邮政编码（须填写）
Phone, Fax or E-mail (required) 电话、传真或电子邮件（须填写）

3 To (Receiver) 收件人 (Please print in English/请用英文正楷填写)
Company name 公司名称
Delivery address 派送地址
DHL cannot deliver to a PO Box
DHL 无法将快件派至邮政信箱
Postcode/Zip Code (required) 邮政编码（须填写）
Country 国家
Contact person 联系人
Phone, Fax or E-mail (required) 电话、传真或电子邮件（须填写）

4 Shipment details 交运快件资料
Total number of packages 总件数
Total Weight 总重量
kg gr
Dimensions in cm 尺寸（厘米）
Pieces 件
Length 长
Width 宽
Height 高

5 Full description of contents 交运物品之详细说明
Give content and quantity 物品及数量

6 Non-Document Shipments Only (Customs Requirement) 仅限包裹快件填写（海关要求）
Attach the original and two copies of a Proforma or Commercial invoice
Shipper's VAT/GST number 发件人VAT号码
Receiver's VAT/GST or Shipper's EIN/SSN 收件人VAT/GST号码
Declared Value for Customs 海关申报价值 (as on commercial/proforma invoice)
Harmonised Commodity Code if applicable 海关税则编码
TYPE OF EXPORT
Permanent
Repair/Return
Temporary
Destination duties/taxes If left blank receiver pays duties/taxes
Receiver 收件人
Shipper 发件人
Other 其他

7 Shipper's agreement (Signature required) 快件协议(要求签字)
For English version of this agreement, please refer to Consignee Copy.
Signature 签名
Date 日期

8 Products & Services
Domestic
International Document
International Non-Document
EXPRESS 9:00
EXPRESS 10:30
EXPRESS 12:00
EXPRESS / WORLDWIDE
ECONOMY SELECT
EXPRESS ENVELOPE
OTHER
Optional Services
Saturday Delivery
Nonstandard Pickup
Delivery Notification
Payable Packaging
Non-standard Shipment
Other
Globalmail Business
Priority
Standard
Other

DIMENSIONAL/CHARGEABLE WEIGHT
kg gr
CHARGES Services
Other
Insurance
VAT
CURRENCY
TOTAL
PAYMENT DETAILS (Cheque, Card No.)
No.:
Type
Expires
Picked up by
Route No.
Time
Date

续上表

国际快件详情单样例四	1. Sender's Account Number 2. Invoice to Receiver — Cross box and provide receiver's account number or call Customer Service for correct account details SENDER LIABLE FOR UNPAID CHARGES 3. Customer Reference (information you would like on the invoice (if required)) GD 830 237 775 WW Please quote this Number if you have an enquiry 4. From (Collection Address) Name: / Address: / City: / Postal / Zip Code: / Province/Region: / Country: / Contact Name: / Tel No: 5. To (Receiver) Name: / Address: / City: / Postal / Zip Code: / Province/Region: / Country: / Contact Name: / Tel No: WE CANNOT DELIVER TO P.O. BOX NUMBERS 6. Delivery Address (if different from receiver's address above) Name: / Address: / City: / Postal / Zip Code: / Province/Region: / Country: / Contact Name: / Tel No: WE CANNOT DELIVER TO P.O. BOX NUMBERS 7. Dangerous Goods (Cross correct box) Does this consignment contain any dangerous goods? If yes, please call our Customer Service. Yes / No CARRIAGE OF THIS CONSIGNMENT IS SUBJECT TO THE TERMS AND CONDITIONS ON THE REVERSE Your Signature / Received by TNT (to be completed by TNT) Date (Day/Month/Year) / Date / Time 8a. Service (Please select one service) — Documents / Non-Documents Special Express / 9am Express / Noon Express / Global Express / Economy Express 8b. Options (Cross boxes) — Priority / ITLL / Insurance 9. Special Delivery Instructions (Reserved for your instructions (if required)) 10. Goods Descriptions (If dutiable please complete section 11) General description (Please put full details on commercial invoice) / Number of Items / Weight: Kilos, Grams / Dimensions: Length, Width, Height Stat. No. / Total 11. Dutiable Shipment Details (Complete for dutiable consignments) Receiver's VAT / TVA / BTW / MWST No. Currency / Write value of dutiables SENDER'S COPY — Please keep for reference
国际快件详情单样例五	WORLDWIDE SERVICES WAYBILL (non-negotiable) UPS Waybill Tracking No. H827 4611 675 ❶ 寄件人 SHIPPER SHIPPER'S UPS ACCOUNT NO. 寄件人UPS帐号 (A) / SHIPPER'S IDENTIFICATION NO. FOR CUSTOMS PURPOSES (V.A.T., NO., ETC) (B) NAME OF SENDER (寄件人姓名) (C) / TELEPHONE NO. (VERY IMPORTANT) (D) COMPANY NAME AND ADDRESS (Include Postal Code) (E) POSTAL CODE / COUNTRY ❷ 收件人 RECEIVER RECEIVER'S UPS ACCOUNT NO. 收件人UPS帐号 (A) / RECEIVER'S IDENTIFICATION NO. FOR CUSTOMS PURPOSES (E.I.N., V.A.T. IMPORTER'S NO., R.F.C. NO., ETC.) (B) NAME OF CONTACT PERSON (C) / TELEPHONE NO. (VERY IMPORTANT) (D) COMPANY NAME AND ADDRESS (Include Postal Code) (E) POSTAL CODE / COUNTRY ❸ PAYMENT OF CHARGES 付款选项 BILL SHIPPING CHARGES TO: 运费的支付 — SHIPPER (S) / RECEIVER (R) / THIRD PARTY (T) / CREDIT CARD / CHEQUE / CASH / THIRD PARTY COMPANY NAME ENTER UPS ACCOUNT NO. (Third Party) or MAJOR CREDIT CARD NO. / THIRD PARTY COUNTRY BILL DUTIES AND TAXES TO (DUTIABLE SHIPMENTS ONLY): 关税/税款的支付 — SHIPPER (S) / RECEIVER (R) / THIRD PARTY (T) THIRD PARTY COMPANY NAME / THIRD PARTY ACCOUNT NO. / THIRD PARTY COUNTRY ❹ SERVICE LEVEL 服务类别 EXPRESS PLUS 全球特快加急 1+ / EXPRESS 全球特快 1 / EXPRESS SAVER 全球速快 1P / EXPEDITED 全球快捷 2 ❺ 装运资料 SHIPMENT INFORMATION A / B / C / D — NO. OF LARGE PACKAGES IN SHIPMENT (E) / NO. OF ADDITIONAL HANDLING PACKAGES IN SHIPMENT (F) G: ENV UPS文件封 / 10KGBOX 10公斤箱 / 25KGBOX 25公斤箱 / OTHER DESCRIPTION OF GOODS 货物说明 (H) / INDICATE IF DOCUMENTS ONLY (I) J / K — CURRENCY / AMOUNT L: REFERENCE NO.1 / REFERENCE NO.2 M: SPECIAL OFFER CODE ❻ COUNTRY OF ORIGIN (MANUFACTURE) OF GOODS 托运物之原产国/地区 SPECIAL INSTRUCTIONS 特殊说明 SHIPPING CHARGES 运费: TRANSPORTATION 运输 / DECLARED VALUE 申报价值 / OTHER 其他 / OTHER 其他 / TOTAL CHARGES 全额费用 ❼ DATE OF SHIPMENT 寄件日 (MM / DD / YY) / SHIPPER'S SIGNATURE 寄件人签名 RECEIVED FOR UPS BY / DATE / TIME

2. 国际快递详情单主要内容

各快递企业的详情单填写内容大都大同小异,下面以某快递企业的详情单为例介绍详情单的主要内容,如图 10-28 所示。

(1)发件人(寄件人)信息:包括发件公司名称及部门、完整的公司地址、始发地邮编及发件人姓名、联系电话等信息。

(2)收件人信息:包括收件公司名称、准确的公司地址、目的地邮编、目的地国家及收件人姓名、联系电话。

(3)快递物品信息:需要详细的中英文物品说明。凡国际快递详情单上无法列出的内容,需要在商业发票中加以说明。

注:What is it ? 物品具体名称是什么?

What is it made of ? 物品由什么材料制成?

What is it used for ? 物品的用途是什么?

(4)申报价值(包裹):填写物品的销售价格或合理的市场价格(即使为非卖品),所填写的金额必须与商业发票上的金额相符。申报价格以美元为结算单位。

(5)产品类型和服务:选择所需要的产品类型和特殊服务(如要求自取或要求星期六派送)。

(6)付款方及付款方式:选择快递运费的支付方及支付方式,并提供相应的到付账号。

(7)快件实际重量和尺寸:可作为快件发生异常时的重要参考依据。

(8)发件人签字并签署日期。

3. 填写国际快递详情单的注意事项

(1)使用英文填写详情单相关内容。多数情况都是发件人登录快递企业网站,下载快递详情单,填写完后用打印机打印出来;也可以手写详情单,但要求字迹清晰可辨,尤其是字母不要连写,要工整,如"nn"与"m"、"l" 与"i"、"n"与"h"等字母间很容易混淆。

(2)对于国家名相近的目的地,如瑞士(Switzerland)和斯威士兰(Swaziland)、伊朗(Iran)和伊拉克(Iraq),旁边要用中文注明,避免错发国家。

(3)寄递物品品名应详细、准确,描述不全或不准确都可能会影响到快件的正常清关。此外,还注意填写发件人经营单位海关 10 位注册编码以及商品 HS CODE 编码。HS CODE 编码即海关编码,英文名称为"The Harmonization Code System (HS-Code)"。海关编码必须准确地注明在快件详情单的规定位置。

(4)填写寄递物品的申报价值应为该票快件的实际价值或接近市场价值,当申报的价值超过当地海关规定,就不能按照普通快件进行出口,需要客户提供相关的清关单证,正式报关出口。申报价值过高或过低都会对快件清关产生影响,申报价值过高可能会产生较多关税;申报价值过低,海关可能产生质疑,要求重新申报或扣留快件,导致时限延误。

(四)形式发票

1. 形式发票的含义

形式发票也称预开发票、估价发票或试算发票,是快递企业按照海关要求提供的,证明所寄物品品名、数量、价值的,以便海关进行监管的报关文件。形式发票样本见图 10-29。

2. 形式发票包括的内容

(1)收件人信息:收件人姓名、收件人公司名称、收件人地址、城市及地区号、州名及国家。

(2)详情单信息:详情单号、承运人、货件实际重量、货件体积、收件人电话(传真)。

北京—韩国快件模拟运单填写

寄件人栏目	
单位名称　AB进出口公司	
联系人　张某某	电话 010-67894354
地址　北京市海淀区未来路创新大厦1209	
寄件人邮编　100000	
原寄地国家 CN	原寄地城市代码 PEK

收件人栏目	
单位名称　CD进出口公司	
联系人　李某某	电话　0082-02-1243657
地址　韩国首尔市中区乙支洞太平路一街31号	
收件人邮编　100740	
目的地国家代码 KR	目的地城市代码 ICN

付款方式		
☑现结		□月结
□寄方付	□收方付	□第三方付
月结账号		
关税支付方		
☑寄方付	□收方付	□第三方付

寄递物品名称	
货物品名　Sports shoes	货物数量　1
货物申报价值　20	货物申报价值　USD
快件类型□文件类	☑包裹类
寄递物品货物税号　1234987650	
企业海关注册号　3245678765	

收件员信息		派件员信息	
员工号码	345654	员工号码	987898
取件日期	7月31日	派件日期	8月3日
取件时间	15：50	派件时间	10：43
员工签名	王某某	员工签名	马某某

计费重量			
快件实际重量	5		
快件体积	长	宽	高
3	60	30	10

快件费用	
运费　215	保险费　30
保价费　10	其他费用　0
费用合计　255	币种　RMB

寄件人签署
张某某

收件人签署
李某某

备注

图10-28　图际快件详情单填写样例

(3)详细的商品名称。

(4)生产厂商(包括生产批号、商品号)。

(5)数量。

(6)单价。

(7)报关总价(数量×单价)。

(8)原产地。

(9)出口理由。

(10)填写人签名,盖公章。

3.形式发票的填写注意事项(图10-29)

形 式 发 票

Proforma Invoice

1)收件人:

Consignee: ______________

公司名称:

Company Name: ______________

地址:

Address: ______________

城市/地区号:

Town/Area Code: ______________

州名/国家:

Sate/Country: ______________

2)详情单号:

Airbill No.: ______________

承运人:

Carrier: ______________

重量:

Weight: ______________

体积:

Dimensions: ______________

电话/传真:

Phone/Fax No.: ______________

3)详细的商品名称 Full Description of Goods	4)生产厂商 Manufacturer	5)数量 No. of Items	6)单价 Item Value	7)报关总价 Total Value for Customs

8)本人认为以上提供的资料属实和正确,货物原产地是

I declare that the above information is true and correct to the best of my knowledge and that the goods are of__________origin.

9)出口理由

Reason for Export

签名:

Signature:

公章:

Stamp:

图10-29 形式发票样本示例

形式发票必须全英文填写,并且要求填写准确清晰,不得涂改。填写注意事项如下:

(1)形式发票上运单号与对应快件详情单单号一致。

(2)收件人信息须与快件详情单上相关信息保持一致。

(3)寄递商品详细信息:每种商品的名称都要详细列出,报关总价须与快件详情单上的申报价值一致,包括币别和金额均须与快件详情单上填写的保持一致。

(4)生产厂商填写还应包括商品生产批号、商品号等内容。

(5)商品出口理由可根据客户实际情况填写,如礼品(Gift)、样品(Sample)、展品(Exhibition)等。

(6)原产地与快件详情单中的原产地填写一致,只填写原产地国家英文缩写。需要注意的是,部分商品在进口国可能存在清关限制。

(7)发件人签名和日期与快件详情单上填写内容保持一致。

二、国际快件清关

(一)海关对快件的监管

1. 中华人民共和国海关

《中华人民共和国海关法》规定:"海关是国家的进出关境监督管理机关。海关依照本法和其他有关法律、行政法规,监管进出境的运输工具、货物、行李物品、邮递物品和其他物品,征收关税和其他税费,查缉走私,并编制海关统计和办理其他海关业务。"也就是说,国家赋予海关的主要任务是:对进出口货物和个人物品(包括邮递物品)实行实际监管,征收关税,查缉走私和办理其他海关业务。

2.《中华人民共和国海关对进出境快件监管办法》

为施行海关对进出口快递物品的监管,我国制定了《中华人民共和国海关对进出境快件监管办法》。《中华人民共和国海关对进出境快件监管办法》指出:

(1)进出境快件通关应当在经海关批准的专门监管场所内进行,如果因特殊情况需要在专门监管场所以外进行的,需事先征得所在地海关同意。

(2)快递企业(或其代理人)应当在海关对进出境快件的专门监管场所内设有符合海关监管要求的专用场地、仓库和设备。

(3)进出境快件通关应当在海关规定时间内进行,如果需在海关规定时间以外进行的,需事先征得所在地海关同意。

(4)快递企业(或其代理人)应当按照海关的要求采用纸质文件方式或电子数据交换方式,到海关办理进出境快件的报关手续。

(5)进境快件自运输工具申报进境之日起 14 日内,出境快件在运输工具离境 3 小时之前,应当向海关申报。

(6)快递企业(或其代理人)应向海关传输或递交进出境快件舱单或清单,海关确认无误后接受申报;快递企业(或其代理人)需提前报关的,应当提前将进出境快件运输和抵达情况书面通知海关,并向海关传输或递交舱单或清单,海关确认无误后接受预申报。

(7)海关查验进出境快件时,快递企业(或其代理人)应派员到场,并负责进出境快件的搬移、开拆和重封包装。

(8)海关对进出境快件中的个人物品实施开拆查验时,快递企业(或其代理人)应通知进

境快件的收件人或出境快件的发件人到场。收件人或发件人不能到场的，快递企业(或其代理人)应向海关提交其委托书，代理收(发)件人的义务并承担相应法律责任。

(9)海关认为必要时，可对进出境快件予以径行开验、复验或者提取货样。

(二)快件清关操作

1. 清关的概念

清关是指进出境快件向海关申报、办理查验、征税、放行等通关手续的全过程。在快件进出境过程中，有时还需要办理“报检”手续。报检是指按照法律、法规、合同的规定根据需要向检验检疫机构申请办理检验、检疫、鉴定工作的手续。一般而言，报检手续的办理先于报关手续。

进出境快件的运输大多依靠航空运输的方式，涉及总运单和分运单。总运单(Master AWB)是集中托运商以自己的名义向航空公司订舱托运，航空公司收运后签发给集中托运商。分运单(House AWB)是集中托运商在取得航空公司签发的总运单后，签发自己的分运单给真正的收发货人。分运单是集中托运商接收货物的初步证据，是集中托运商的目的港代理人交付货物给收货人的正式文件，也是集中托运商与托运人结算运费的依据。

2. 各类报关快件的申报要求

在快件的申报过程中，不同类型的快件申报要求是不同的，见表10-6。

进出境快件申报要求　　表10-6

<table>
<tr><td colspan="3">进境快件</td></tr>
<tr><td colspan="2">类型</td><td>申报要求</td></tr>
<tr><td colspan="2">文件类</td><td>KJ1</td></tr>
<tr><td colspan="2">个人物品类</td><td>进出境快件个人物品申报单及相关发票</td></tr>
<tr><td rowspan="3">货物类</td><td>货物Ⅰ类(免税及税额≤50元)</td><td>KJ2及相关发票</td></tr>
<tr><td>货物Ⅱ类(应税)</td><td>KJ3(除需进口付汇、加工贸易的以外)及相关发票</td></tr>
<tr><td>其他货物类</td><td>按进口货物通关规定办理</td></tr>
<tr><td colspan="3">出境快件</td></tr>
<tr><td colspan="2">类型</td><td>申报要求</td></tr>
<tr><td colspan="2">文件类</td><td>KJ1</td></tr>
<tr><td colspan="2">个人物品类</td><td>进出境快件个人物品申报单及相关发票</td></tr>
<tr><td rowspan="2">货物类</td><td>货物Ⅰ类(许可证管理、需征税、出口收汇、退税的除外)</td><td>KJ2及相关发票</td></tr>
<tr><td>其他货物类</td><td>按出口货物通关规定办理</td></tr>
</table>

(1)文件类进出境快件报关时，运营人应当向海关提交中华人民共和国海关进出境快件KJ1报关单、总运单(副本)和海关需要的其他单证。

(2)个人物品类进出境快件报关时，运营人应当向海关提交中华人民共和国海关进出境快件个人物品申报单、每一进出境快件的分运单、进境快件收件人或出境快件发件人身份证件复印件和海关需要的其他单证。

(3)货物类进境快件报关时，运营人应当按下列情形分别向海关提交报关单证。

①对关税税额在《中华人民共和国进出口关税条例》规定的关税起征数额以下(人民币50元)的货物和海关规定准予免税的货样、广告品,应提交中华人民共和国海关进出境快件KJ2报关单,每一进境快件的分运单、发票和海关需要的其他单证。

②对应予征税的货样、广告品(法律、法规规定实行许可证件管理的、需进口付汇的除外),应提交中华人民共和国海关进出境快件KJ3报关单,每一进境快件的分运单、发票和海关需要的其他单证。

(4)货物类出境快件报关时,运营人应按下列情形分别向海关提交报关单证。

对货样、广告品(法律、法规规定实行许可证件管理的、应征出口关税的、需出口收汇的、需出口退税的除外),应提交中华人民共和国海关进出境快件KJ2报关单,每一出境快件的分运单、发票和海关需要的其他单证。

(5)对上述以外的其他货物,按照海关对进出口货物通关的规定办理。

3. 出境快件清关流程(图10-30)

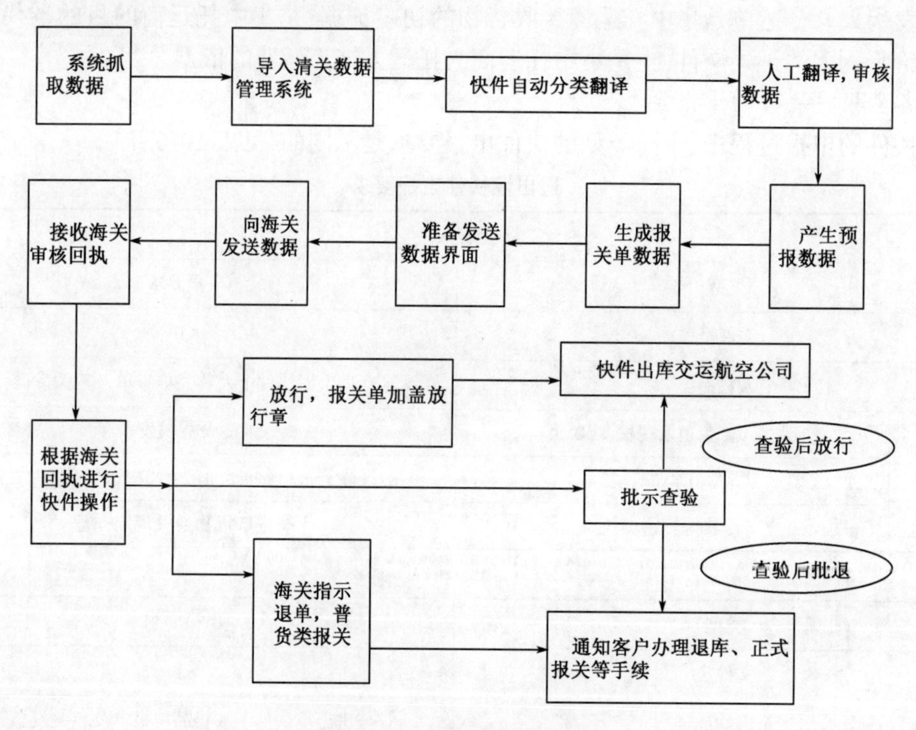

图10-30　出境快件清关流程图

4. 其他货物类出境清关流程(图10-31)

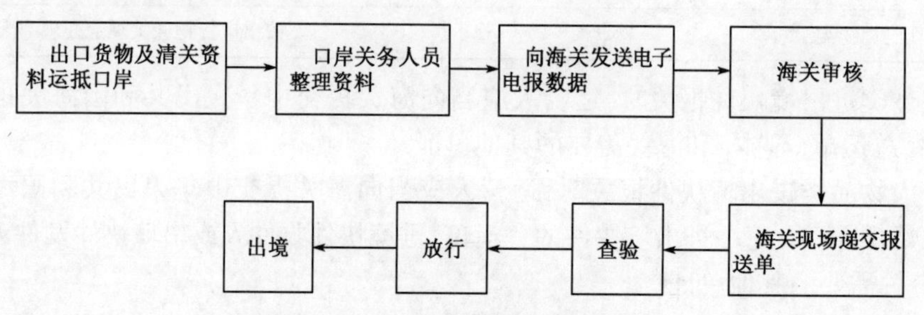

图10-31　其他货物类出境清关流程图

申报注意事项：

(1)需客户提供的清关资料：合同(加工贸易提供纸质手册或电子账册打印件)、发票、装箱单、代理报关委托书、外汇核销单、正本快件详情单，部分货物可能需提供代理报检委托书或换证凭条。

(2)出口货物的报关时限为装货的24小时以前；不需要征税、查验的货物，自接受申报起1日内办结通关手续。

(3)征税。我国仅针对少数原材料、矿产品、石油等征收出口税，其他货物不征收出口税。

(4)查验。指海关在接受报关单位的申报并以已审核的报关数据为依据，通过对出口货物进行实际的核查，以确定报关单证申报的内容是否与实际出口的货物相符的一种监管方式。目前，海关对进出口货物采取随机抽查的方式。

(5)放行。对于一般出口货物，在发货人或代理人如实向海关申报后，海关在报关单、快件详情单等相关单证上盖"海关放行章"，出口货物的发货人便可装运出境。

5. 各类报关单据(图10-32～图10-35)

三、国际出口快件的处理

(一)国际出口快件分拣前的复核

国际出口快件为了顺利清关，在对国际出口快件分拣前应重点复核快件详情单袋内的快件详情单、形式发票及相关的报关单据，同时对每票快件进行复重。复核内容包括：

1. 报关相关单证是否齐全

(1)文件类快件相关报关单证：KJ1报关单、总运单(副本)和海关需要的其他单证。

(2)个人物品类快件相关报关单证：个人物品申报单、每票快件的分运单、进境快件收件人或出境快件发件人身份证影印件和海关需要的其他单证。

(3)货物I类快件相关报关单证：KJ2报关单、每票快件的分运单、发票和海关需要的其他单证。

(4)货物II类快件相关报关单证：KJ3报关单、每票快件的分运单、发票和海关需要的其他单证。

(5)其他货物类相关报关单证：合同(加工贸易提供纸质手册或电子账册打印件)、发票、装箱单、代理报关委托书、正本快件详情单，部分货物可能需提供代理报检委托书。

2. 快件的品名是否详细

英文品名格式为"sample of + 名词"或"名词 + sample"，如塑料盒样品的英文品名书写为"sample of plastical box"或"plastical box sample"。

3. 与海关或者相关规定是否相符

对于不符合海关或者相关规定的异常快件，查清具体情况后，结合海关的相关规定以及实际情况给予相应处理。

4. 申报价值是否违规

申报的品名与价值是否与实际情况相符，是否有高值低报情况。

5. 快件外包装有无破损、油污、水湿等异常情况

对破损、油污、水湿等异常情况快件，应会同主管，在监控下开拆快件，视情况重新包装，确认牢靠后再出口。

中华人民共和国海关进出境快件KJ1报关单

报关单编号：

运营人名称：　进/出口岸：　运输工具航次：　进/出境日期：　总运单号码：

序号	分运单号码	名称	件数	重量（kg）	收/发件人名称	验放代码

本运营人保证：　年　月　日　向　海关申报的上述货物为《中华人民共和国海关对进出境快件监管办法》中的文件类范围内的货物，并就申报的真实性和合法性向你关负法律责任。

（运营人报关专用章）　报关员：　申报日期：

以下由海关填写

海关签章：　经办关员：　日期：　查验关员：　日期：

图10-32　中华人民共和国海关进出境快件KJ1报关单

中华人民共和国海关进出境快件个人物品申报单

报关单编号：

运营人名称：　　进/出口岸：　　运输工具航次：　　进/出境日期：　　总运单号码：

序号	分运单号码	物品名称	价值（RMB）	件数	税率	税额	收/发件人名称	国别/地区	证件号码	验放代码

本运营人保证：　　年　　月　　日　向　　海关申报的上述货物为《中华人民共和国海关对进出境快件监管办法》中的个人物品类范围内的物品，并就申报的真实性和合法性向你关负法律责任。

（运营人报关专用章）　　报关员：　　申报日期：

以下由海关填写

海关签章：　　经办关员：　　日期：　　查验关员：　　日期：

图10-33　中华人民共和国海关进出境快件个人物品申报单

中华人民共和国海关进出境快件KJ2报关单

报关单编号：

运营人名称：　　进/出口岸：　　运输工具航次：　　进/出境日期：　　总运单号码：

序号	分运单号码	经营单位编码	经营单位名称	货物名称	价值（RMB）	重量（kg）	件数	商品编码（HS）	收/发件人名称	验放代码

本运营人保证：　　年　　月　　日　向　　海关申报的上述货物为《中华人民共和国海关对进出境快件监管办法》中的关税税额在关税起征数额以下的进境货物和海关规定准予免税的进境货样、广告品或出境货样、广告品，并就申报的真实性和合法性向你关负法律责任。

（运营人报关专用章）　　报关员：　　申报日期：

以下由海关填写

海关签章：　　经办关员：　　日期：　　查验关员：　　日期：

图10-34　中华人民共和国海关进出境快件KJ2报关单

中华人民共和国海关进出境快件KJ3报关单

报关单编号：

运营人名称：　　进/出口岸：　　运输工具航次：　　进/出境日期：　　总运单号码：

序号	分运单号码	经营单位编码	经营单位名称	货物名称	价值（RMB）	重量（kg）	件数	商品编码（HS）	关税税率	关税税额	增值税税率	增值税税额	消费税税率	收/发件人名称	验放代码

本运营人保证：　　年　　月　　日　向　　海关申报的上述货物为《中华人民共和国海关对进出境快件监管办法》中的应予征税的进境货样、广告品，并就申报的真实性和合法性向你关负法律责任。

（运营人报关专用章）　　报关员：　　申报日期：

以下由海关填写

海关签章：　　经办关员：　　日期：　　查验关员：　　日期：

图10-35　中华人民共和国海关进出境快件KJ3报关单

6. 快件内物品是否是禁寄品

利用X光机的帮助,通过快递物品名称(常见快递物品中英文名称对照详见附录三)的了解,判断快件内物品是否是海关禁寄品。

(二)国际出口快件分拣组织原则

口岸中心的分拣取决于直封总包的建立和发运路由的制订。分拣是否准确,对快件出口起着关键作用。分拣时一定要看清国名、地名,有时往往因一字之差,谬以千里。如澳大利亚(Australia 缩写为 AU)与奥地利(Austria 缩写为 AT)的书写只差个别字母,但一个在大洋洲,另一个在欧洲,相隔万里,分拣出错将导致快件遭受极大延误。

国际出口快件分拣组织原则:

(1)凡同寄达国某个口岸中心有直封总包关系的,都应当直封;如果同寄达国多个口岸中心同时有直封关系的,应当按照寄达国划分的中转范围,将快件发往指定的口岸中心。

(2)本口岸中心分拣发现寄往同本中心没有直封总包关系的口岸中心的快件时,应根据发运路由的规定,转发本国其他同寄达国有直封总包关系的口岸中心。

(3)若与寄达国没有直封总包关系的,可采取散寄中转方式,散寄给指定的外国快递企业转发。

(三)常见国家的中英文名称、英文名称缩写、邮政编码格式及电话区号(表10-7)

快件处理人员对国际出口快件进行分拣时,一般是按照国际快件发运路由,依据快件寄达国国家名(或缩写)进行操作,有时可能还涉及国家首都名称、国际电话区号或国家邮政编码等相关知识。

常见国家、首都的英文名称、缩写、电话区号和邮编格式 表10-7

所在大洲	国家	英文缩写	首都	电话区号	邮政编码格式
亚洲	缅甸 Myanmar	MM	内比都 Nay Pyi Taw	95	无
	中国 China	CN	北京 Beijing	86	××××××
	印度 India	IN	新德里 New Delhi	91	××××××
	印度尼西亚 Indonesia	ID	雅加达 Jakarta	62	×××××
	伊朗 Iran	IR	德黑兰 Teheran	98	无
	以色列 Israel	IL	耶路撒冷 Jerusalem	972	×××××
	日本 Japan	JP	东京 Tokyo	81	×××-××××
	韩国 Korea	KR	首尔 Seoul	82	××-×××××

续上表

所在大洲	国　家	英文缩写	首　都	电话区号	邮政编码格式
亚洲	马来西亚 Malaysia	MY	吉隆坡 Kuala Lumpur	60	×××××
	巴基斯坦 Pakistan	PK	伊斯兰堡 Islamabad	92	×××××
	菲律宾 The Philippines	PH	大马尼拉市 Metro Manila	63	××××
	卡塔尔 Qatar	QA	多哈 Doha	974	无
	沙特阿拉伯 Saudi Arabia	SA	利雅得 Riyadh	966	无
	新加坡 Singapore	SG	新加坡 Singapore	65	××××××
	泰国 Thailand	TH	曼谷 Bangkok	66	×××××
	阿拉伯 联合酋长国 The United Arab Emirates	AE	阿布扎比 Abu Dhabi	971	无
欧洲	奥地利 Austria	AT	维也纳 Vienna	43	××××
	比利时 Belgium	BE	布鲁塞尔 Brussels	32	B-××××
	捷克 Czech Republic	CZ	布拉格 Praha(Prague)	420	×××××
	丹麦 Denmark	DK	哥本哈根 Copenhagen	45	DK-××××
	芬兰 Finland	FI	赫尔辛基 Helsinki	358	FIN-×××××
	法国 France	FR	巴黎 Paris	33	×××××
	德国 Germany	DE	柏林 Berlin	49	×××××
	希腊 Greece	GR	雅典 Athens	30	GR-×××××
	匈牙利 Hungary	HU	布达佩斯 Budapest	36	H-××××

续上表

所在大洲	国　家	英文缩写	首　都	电话区号	邮政编码格式
欧洲	意大利 Italy	IT	罗马 Rome	39	×××××
	荷兰 Netherlands	NL	阿姆斯特丹 Amsterdam	31	×××× **
	挪威 Norway	NO	奥斯陆 Oslo	47	NO-××××
	葡萄牙 Portugal	PT	里斯本 Lisbon	351	××××-×××
	罗马尼亚 Romania	RO	布加勒斯特 Bucharest	40	××××××
	俄罗斯 Russia	RU	莫斯科 Moscow	7	××××××
	西班牙 Spain	ES	马德里 Madrid	34	×××××
	瑞典 Sweden	SE	斯德哥尔摩 Stockholm	46	SE-×××××
	瑞士 Switzerland	CH	伯尔尼 Bern	41	××××
	乌克兰 Ukraine	UA	基辅 Kiev	380	×××××
	英国 United Kingdom	GB	伦敦 London	44	多种格式
北美洲	加拿大 Canada	CA	渥太华 Ottawa	1	*×*×*×
	古巴 Cuba	CU	哈瓦那 La Havana	53	CP×××××
	墨西哥 Mexico	MX	墨西哥城 Mexico City	52	×××××
	美国 United States	US	华盛顿哥伦比亚特区 Washington D. C.	1	×××××-××××
南美洲	阿根廷 Argentina	AR	布宜诺斯艾利斯 Buenos Aires	54	××××
	玻利维亚 Bolivia	BO	拉巴斯 La Paz	591	无

续上表

所在大洲	国　家	英文缩写	首　都	电话区号	邮政编码格式
南美洲	巴西 Brazil	BR	巴西利亚 Brasilia	55	×××××
	智利 Chile	CL	圣地亚哥 Santiago	56	无
	秘鲁 Peru	PE	利马 Lima	51	无
	乌拉圭 Uruguay	UY	蒙得维的亚 Montevideo	598	无
	委内瑞拉 Venezuela	VE	加拉加斯 Caracas	58	无
非洲	阿尔及利亚 Algeria	DZ	阿尔及尔 Alger	213	×××××
	埃及 Egypt	EG	开罗 Cairo	20	无
	肯尼亚 Kenya	KE	内罗毕 Nairobi	254	无
	利比亚 Libya	LY	的黎波里 Tripoli	218	无
	摩洛哥 Morocco	MA	拉巴特 Rabat	212	×××××
	尼日利亚 Nigeria	NG	阿布贾 Abuja	234	无
	南非 South Africa	ZA	开普敦(立法首都) Cape Town	27	××××
	突尼斯 Tunisia	TN	突尼斯市 Tunis	216	××××
	赞比亚 Zambia	ZM	卢萨卡 Lusaka	260	无
大洋洲	澳大利亚 Australia	AU	堪培拉 Canberra	61	××××
	新西兰 New Zealand	NZ	惠灵顿 Wellington	64	××××

注：×表示任一阿拉伯数字；*表示任一英文字母。

1.美国主要城市的英文名称、邮政编码和航空代码(表10-8)

美国(The United States of America、United States、U.S.、USA 或者 America)，由五十个州和

一个联邦直辖特区(华盛顿哥伦比亚特区)组成。其东濒大西洋,西临太平洋,北靠加拿大,南接墨西哥。自1870年以来,美国国民经济就一直高居全球第一位。美国拥有完整而便捷的交通运输网络。航空运输以运货量而言,全世界前30个最繁忙的货运机场就有12个在美国,包括世界上最大的货运机场:孟菲斯国际机场(Memphis International Airport ,航空代码:MEM,在田纳西州,也是联邦快递的总部所在地)。

美国主要城市的英文名称、邮政编码和航空代码　　表10-8

主要城市	英文名称	邮政编码	航空代码
纽约	New York	10000 - ××××	JFK
圣弗朗西斯科(旧金山或三藩市)	San Francisco	94102 - ××××	SFO
迈阿密	Miami	33101 - ××××	MIA
洛杉矶	Los Angeles	90001 - ××××	LAX
辛辛那提	Cincinnati	45201 - ××××	CVG
孟菲斯	Memphis	37501 - ××××	MEM

美国邮政编码(Zip Code)一般写作"ZIP"。最基本的ZIP编号包括5个号码,随后增加了4个号码,使邮件可以更精确地传送到目的地。增加号码后的ZIP编号称为"ZIP+4"。例如:22162-1010,其中第1、2、3位数字表示分发大区或者处理、分发中心,第4、5位数字表示邮局或者分发区域,第6、7位数字表示小区,第8、9位数字表示区段。

2. 德国主要城市的英文名称、邮政编码和航空代码(表10-9)

德国主要城市的英文名称、邮政编码和航空代码　　表10-9

主要城市	英文名称	邮政编码	航空代码
柏林	Berlin	10623	BER
不来梅	Bremen	28072	BRE
科隆	Cologne	50679	CGN
汉堡	Hamburg	47877	HAM
法兰克福	Frankfurt	60326	FRA
慕尼黑	Munich	82234	MUC
斯图加特	Stuttgart	70182	STR

德国(Germany)位于欧洲西部,东邻波兰、捷克,南接奥地利、瑞士,西接荷兰、比利时、卢森堡、法国,北与丹麦相连,并邻北海和波罗的海与北欧国家隔海相望。德国全国分为16个州,首都是柏林。德国是世界上第四大经济体,仅次于美国、中国和日本,对世界经济和金融形势起着重要作用,是世界上第二大商品出口国。其作为空运基地近年来发展活跃,从德国乘飞机出发可以抵达世界所有地区。法兰克福国际机场(Frankfort International Airport,航空代码:FRA)、慕尼黑国际机场(Munich Flanz Josef Stlauss International Airport,航空代码:MUC)已成为欧洲主要的航空中转中心。

德国邮政编码由5个数字组成,例如26133,其中前两个数字代表省份,后三个数字代表城市地区。

3. 法国主要城市的英文名称、邮政编码和航空代码(表10-10)

法国主要城市的英文名称、邮政编码和航空代码　　表10-10

主要城市	英文名称	邮政编码	航空代码
巴黎	Paris	75000	PAR
波尔多	Bordeaux	33000	BOD
里昂	Lyon	69000	LYS
马赛	Marseille	13000	MRS
戛纳	Cannes	06000	CEQ
南特	Nantes	44000	NTE

法国(The Republic of France),位于欧洲西部,与比利时、卢森堡、瑞士、德国、意大利、西班牙、安道尔、摩纳哥接壤,西北隔拉芒什海峡与英国相望。法国本土共划为21个大区和科西嘉地方行政区以及5个海外大区。首都巴黎是法国政治、经济、文化和交通中心。法国经济发达,国内生产总值居世界第五。法国拥有在欧洲最好、最现代化的交通设施。巴黎戴高乐国际机场(Aéroport international Charles de Gaulle,航空代码:CDG)是法国最主要的机场,也是欧洲最繁忙机场之一。

法国邮政编码由5个数字组成,例如33380,前两位代表省,后三位分别代表城市、地区和邮政分局。

4. 英国主要城市的英文名称、邮政编码和航空代码(表10-11)

英国主要城市的英文名称、邮政编码和航空代码　　表10-11

主要城市	英文名称	邮政编码	航空代码
伦敦	London	RG6 4UT	LON
伯明翰	Birmingham	B42 2SU	BHX
利兹	Leeds	LS2 9JT	LBA
利物浦	Liverpool	L69 3BX	LPL
曼彻斯特	Manchester	M13 9PL	MAN
纽卡斯尔	Newcastle	NE1 7RU	NCL
诺丁汉	Nottingham	NG1 4BU	NQT
谢菲尔德	Sheffield	S10 2TN	SZD
剑桥	Cambridge	CB2 1TN	CBG
牛津	Oxford	OX1 3QR	OXF

英国(The United Kingdom of Great Britain and Northern Ireland),是由英格兰、苏格兰、威尔士和北爱尔兰组成的联合王国,位于欧洲大陆西北面,本土位于大不列颠群岛,是世界经济强国之一。首都伦敦是世界性金融和贸易中心。伦敦希思罗机场(London Heathrow International Airport,航空代码:LHR)是英国最大国际机场,也是世界最大最繁忙的机场之一。

英国邮政编码是由英文字及数字混用组成的编码,其格式系统几乎是世界上最为复杂的,其邮政编码可以是下列六种格式(表10-12)。格式中以“*”表示任一英文字母,以“×”表示任一数字。

英国邮政编码格式及示例　　表 10-12

格　式	邮政编码示例	格　式	邮政编码示例
* × × * *	M2 5BQ	* × × × * *	M34 4AB
* * × × * *	CR0 2YR	* * × × × * *	DN16 9AA
* × * × * *	W1A 4ZZ	* * × * × * *	EC1A 1HQ

除此之外,英国尚有特例“GIR 0AA”(不为上列六种格式之一)也是合法邮政编码。所有的英国邮区编号都可分成四个部分：邮域(Postal Area),最前的一或两个英文字;邮区(Postal District),接下来到空白的一或两个数字及可能有的一个英文字;邮政部门(Postal Sector),空白后的一个数字;递送点(Delivery Point),最后的两个英文字。

5. 俄罗斯主要城市的英文名称、邮政编码和航空代码(表 10-13)

俄罗斯主要城市的英文名称、邮政编码和航空代码　　表 10-13

主要城市	英文名称	邮政编码	航空代码
莫斯科	Moscow	125190	MOW
新西伯利亚	Novosibirsk	630000	OVB
圣彼德堡	St. Petersburg	190000	LED
叶卡特琳堡	Yekaterinburg	620000	SVX
符拉迪沃斯托克(海参崴)	Vladivostok	692500	VVO
加里宁格勒	Kaliningrad	236000	KGD
哈巴罗夫斯克	Khabarovsk	680000	KHV
诺夫哥罗德	Nizhniy Novgorod	606000	GOJ

俄罗斯(Russian Federation),位于欧洲东部和亚洲北部,是世界上领土面积最大的国家,西北面邻挪威、芬兰,西面有爱沙尼亚、拉脱维亚、立陶宛、波兰、白俄罗斯,西南面邻乌克兰,南面邻格鲁吉亚、阿塞拜疆、哈萨克斯坦,东南面与中国、蒙古和朝鲜接壤,东面与日本和美国隔海相望。俄罗斯是世界经济大国,首都莫斯科是全国政治、经济、文化和交通中心。莫斯科谢列梅杰沃国际机场(Moscow Sheremetyevo Airport,航空代码:SVO)是俄罗斯航空的枢纽港。

俄罗斯邮政编码由 6 位数字组成,例如 125075,其中前三位代表省或者大城市,后三位代表投递邮局。

6. 日本主要城市的英文名称、邮政编码和航空代码(表 10-14)

日本主要城市的英文名称、邮政编码和航空代码　　表 10-14

主要城市	英文名称	邮政编码	航空代码
东京	Tokyo	150 - 0000	TYO
横滨	Yokohama	222 - 0033	YOK
大阪	Osaka	540 - 8570	OSA
名古屋	Nagoya	450 - 0002	NGO
札幌	Sapporo	060 - 0004	SPK
神户	Kobe	650 - 0022	UKB
福冈	Fukuoka	800 - 0000	FUK
广岛	Hiroshima	733 - 0002	HIJ
仙台	Sendai	980 - 0001	SDJ

日本(Japan)是位于亚洲大陆东岸外的太平洋岛国,西、北隔东海、黄海、日本海、鄂霍次克海与中国、朝鲜、俄罗斯相望,东濒太平洋。日本领土由北海道、本州、四国、九州四个大岛和3900多个小岛组成。日本经济高度发达,首都东京不仅是全国第一大城市和经济中心,更是世界数一数二的金融、航运和服务中心。日本的空中交通堪称完美,东京成田国际机场(Narita International Airport,航空代码:NRT)和大阪关西国际机场(Kansai International Airport,航空代码:KIX)都是日本的空中交通枢纽。

日本邮政编码由7位数字组成,例如:951-8073,其中前三位数字表示区域,后四位数字表示分支。

7. 韩国主要城市的英文名称、邮政编码和航空代码(表10-15)

韩国主要城市的英文名称、邮政编码和航空代码　　表10-15

主要城市	英文名称	邮政编码	航空代码
首尔	Seoul	100-000	SEL
釜山	Busan	612-022	PUS
仁川	Incheon	407-705	ICN
蔚山	Ulsan	612-022	USN
光州	Gwangju	464-800	KWJ
济州	Jeju	695-964	CJU
大邱	Daegu	427-724	TAE

韩国(Republic of Korea)位于亚洲大陆东北,朝鲜半岛南部,东濒日本海,西面与中国山东省隔海相望。全国划分为1个特别市(首尔特别市)、8个道(京畿道、江原道、忠清北道、忠清南道、全罗北道、全罗南道、庆尚北道、庆尚南道)、6个广域市(釜山、大邱、仁川、光州、大田、蔚山)和1个特别自治道(济州特别自治道)。韩国经济发达,首都首尔是韩国政治、经济、文化教育中心,也是韩国海、陆、空交通枢纽,是全球最繁华的现代化大都市之一。仁川国际机场(Incheon International Airport,航空代码:ICN)是韩国最大的国际机场,也是东北亚地区的航运枢纽。

韩国邮政编码包含6个数字,前3个数字后面有一个破折号,例如110-110,破折号前三个数字代表地区代码(省份、地区、城镇),后三个数字表示邮政代码。

8. 澳大利亚主要城市的英文名称、邮政编码和航空代码(表10-16)

澳大利亚主要城市的英文名称、邮政编码和航空代码　　表10-16

主要城市	英文名称	邮政编码	航空代码
堪培拉	Canberra	2600	CBR
悉尼	Sydney	2055	SYD
墨尔本	Melbourne	3002	MEL
布里斯班	Brisbane	4000	BNE

澳大利亚(Australia)位于南太平洋和印度洋之间,由澳大利亚大陆和塔斯马尼亚岛等岛屿和海外领土组成。澳大利亚全国分为6个州和2个地区,首都是堪培拉。悉尼金斯福德·史密斯国际机场(Sydney Kingsford Smith International Airport,航空代码:SYD)和墨尔本国际机场(Melbourne Airport,航空代码:MEL)都是澳大利亚的空中交通枢纽。

澳大利亚邮政编码由4位数字组成,例如2060,其中第一位数字代表州,后三位以州首府城市中央邮政局为“000”向外递增数字,离首府城市中央邮政局越远,数字越大。

四、国际进口快件的处理

国际进口快件经我国海关清关放行后,转入国内中转处理场地进行中转。对国际进口快件总包进行接收时,应认真核对总包数量,重点检查袋身和封装是否完好,有无破损、油污、水湿等异常情况,对异常总包进行复重,核查其实际重量是否与交接单上所注明的重量相符,并就异常情况向上一环节缮发快件差异报告;同时重点核对快件的相关单证,尤其是快件清关时由快递企业预先垫付关税的税票。总包开拆后,应将各快件的相关单证及税票装入相应快件袋的单证口内,或装入不干胶详情单袋内粘贴在快件的合适位置。对优先快件应及时派送,确保时限。

(一)国际进口快件英文名址的批译

正确翻译国际进口快件的名址是准确分拣快件的前提和保证。国际进口快件上收件人地址的书写顺序是:门牌号码、街道名称、寄达城市、我国国名,同汉语的书写顺序相反。为便于处理人员分拣,应按照汉语书写顺序译成中文,即我国国名、寄达城市、街道名称、门牌号码。

1. 寄达城市名的批译

一般用汉语拼音书写我国城市名,例如北京汉语拼音写为“Beijing”;也有用英文书写的,北京英文写为“Peking”,批译时要注意识别,以免错译。类似的城市名还有:南京汉语拼音写为“Nanjing”,英文写为“Nanking”;天津汉语拼音写为“Tianjin”,英文写为“Tientsin”;青岛汉语拼音写为“Qingdao”, 英文写为“Tsingtao”等。

2. 街道名称的批译

常见的街道名称的书写形式有三种:英文书写、汉语拼音书写、英文和汉语拼音混合书写,批译时一定要注意。

(1)英文书写,例如Address:6 East Changan Avenue Peking,译为北京市东长安街6号;

(2)汉语拼音书写,例如105 Niujie Beijing,译为北京市牛街105号;

(3)英文、汉语拼音混合书写,例如NO. 70 Dong Feng Dong Rd. Guangzhou,译为广州东风东路70号。

3. 常见中英文名址的对照

***室或房	Room ***
***号	No. ***
***宿舍	*** Dormitory
***楼或层	***/F
***巷或弄	Lane ***
***单元	Unit ***
***号楼或栋	*** Building
***公司或有限公司	*** Corp. /Co. ,Ltd
***厂	*** Factory
***宾馆/酒店	*** Hotel
***路	*** Road

* * * 街	* * * Street
* * * 大厦或写字楼	* * * Tower/Mansion/Plaza
* * * 胡同	* * * Alley(北京地名中的条即是胡同的意思)
* * * 村	* * * Vallage
* * * 镇	* * * Town
* * * 区	* * * District
* * * 县	* * * County
* * * 市	* * * City
* * * 省	* * * Province

4. 批译举例

(1) Room 403, No. 37, Shifan Residential Quarter, Baoshan District
宝山区示范新村37号403室

(2) Room 201, No. 34, Lane 125, Xikang Road(South), Hongkou District
虹口区西康南路125弄34号201室

(3) Room 42, Zhongzhou Road, Nanyang City, Henan Province
河南省南阳市中州路42号

(4) Room 903, Hongyuan Hotel, Jingzhou, Hubei Province
湖北省荆州市红苑大酒店903室

(5) Room 702, 7th Building, Hengda Garden, East District, Zhongshan, Guangdong Province
广东中山市东区亨达花园7栋702室

(二) 国际进口快件单位的批译

1. 政府部门的批译[1]

(1) 国务院各部委

Ministry of Foreign Affairs　外交部
Ministry of National Defense　国防部
National Development and Reform Commission　国家发展和改革委员会
Ministry of Education　教育部
Ministry of Science and Technology　科学技术部
Ministry of Industry and Information Technology　工业和信息化部
State Ethnic Affairs Commission　国家民族事务委员会
Ministry of Public Security　公安部
Ministry of State Security　国家安全部
Ministry of Supervision　监察部
Ministry of Civil Affairs　民政部
Ministry of Justice　司法部
Ministry of Finance　财政部
Ministry of Human Resources and Social Security　人力资源和社会保障部

[1] 资料源自中国政府网。

Ministry of Land and Resources 国土资源部

Ministry of Environmental Protection 环境保护部

Ministry of Housing and Urban - Rural Development 住房和城乡建设部

Ministry of Transport 交通运输部

Ministry of Railways 铁道部

Ministry of Water Resources 水利部

Ministry of Agriculture 农业部

Ministry of Commerce 商务部

Ministry of Culture 文化部

Ministry of Health 卫生部

National Population and Family Planning Commission 国家人口和计划生育委员会

People's Bank of China 中国人民银行

National Audit Office 国家审计署

(2)国务院各直属机构

State-owned Assets Supervision and Administration Commission of the State Council 国务院国有资产监督管理委员会

National Tourism Administration 国家旅游局

China Banking Regulatory Commission 中国银行业监督管理委员会

China Securities Regulatory Commission 中国证券监督管理委员会

China Insurance Regulatory Commission 中国保险监督管理委员会

State Electricity Regulatory Commission 国家电力监管委员会

State Food and Drug Administration 国家食品药品监督管理局

National Energy Administration 能源局

State Administration of Taxation 国家税务总局

State Administration for Industry and Commerce 国家工商行政管理总局

General Administration of Quality Supervision, Inspection and Quarantine 国家质量监督检验检疫总局

General Administration of Press and Publication (National Copyright Administration) 国家新闻出版总署(国家版权局)

State Administration of Work Safety 国家安全生产监督管理总局

National Bureau of Statistics 国家统计局

State Intellectual Property Office 国家知识产权局

General Administration of Sport 国家体育总局

General Administration of Customs 中华人民共和国海关总署

State Administration of Radio, Film and Television 国家广播电影电视总局

State Forestry Administration 国家林业局

State Administration for Religious Affairs 国家宗教事务局

(3)国务院办事机构

Overseas Chinese Affairs Office of the State Council 国务院侨务办公室

Hong Kong and Macao Affairs Office of the State Council　　国务院港澳事务办公室

Legislative Affairs Office of the State Council　　国务院法制办公室

Research Office of the State Council　　国务院研究室

(4)国务院直属事业单位

Xinhua News Agency　　新华通讯社

Chinese Academy of Sciences　　中国科学院

Chinese Academy of Social Sciences　　中国社会科学院

Chinese Academy of Engineering　　中国工程院

Development Research Center of the State Council　　国务院发展研究中心

China National School of Administration　　国家行政学院

China Earthquake Administration　　中国地震局

China Meteorological Administration　　中国气象局

National Council for Social Security Fund　　全国社会保障基金理事会

National Natural Science Foundation　　国家自然科学基金委员会

Taiwan Affairs Office of the State Council　　国务院台湾事务办公室

Information Office of the State Council　　国务院新闻办公室

State Archives Administration　　国家档案局

(5)国务院部委管理的国家局

State Bureau for Letters and Calls　　国家信访局

State Administration of Grain　　国家粮食局

State Administration of Science, Technology and Industry for National Defense　　国家国防科技工业局

State Tobacco Monopoly Administration　　国家烟草专卖局

State Administration of Foreign Experts Affairs　　国家外国专家局

State Bureau of Civil Servants　　国家公务员局

State Oceanic Administration　　国家海洋局

National Administration of Surveying, Mapping and Geoinformation　　国家测绘地理信息局

Civil Aviation Administration of China　　中国民用航空局

State Post Bureau　　国家邮政局

State Administration of Cultural Heritage　　国家文物局

State Administration of Traditional Chinese Medicine　　国家中医药管理局

State Administration of Foreign Exchange　　国家外汇管理局

State Administration of Coal Mine Safety　　国家煤矿安全监察局

National Administration for the Protection of State Secrets　　国家保密局

China National Space Administration　　国家航天局

China Atomic Energy Authority　　国家原子能机构

2. 大专院校的批译

(1)大专院校的批译规则

我国一般大专院校的英文名称主要由三部分组成:地域名、专业特色、学校性质,如北京

(地域名)理工(专业特色)大学(学校性质)。

①地域名可直接按拼音直译。

如 Beijing University 直译为:北京大学

Wuhan University 直译为:武汉大学

②专业特色:工商管理专业、生物化学专业、电子商务专业、物流管理专业等。

Sociology 社会学

Psychology 心理学

Philosophy 哲学

Economics 经济学

Business Administration 工商管理

Biochemistry 生物化学

Finance 财政学

Architecture 建筑学

Medicine 医学

Literature 文学

Photoelectric Information Engineering 光电信息工程

Biomedical Engineering 生物医学工程

Auditing 审计学

Mechanical Design and Manufacture 机械设计与制造

Environmental Engineering 环境工程

Vehicle Engineering 车辆工程

Accounting 会计学

Statistics 统计学

International Economy and Trade 国际经济与贸易

Financial Management 财务管理

Marketing 市场营销

Human Resources Management 人力资源管理

E-Commerce 电子商务

Logistics Management 物流管理

Electronic and Information Engineering 电子信息工程

Computer Science and Technology 计算机科学与技术

Network Engineering 网络工程

Software Engineering 软件工程

Electrical Engineering and Automation 电气工程与自动化

Communication Engineering 通信工程

③学校性质:大学、学院、职业学校等。

University:指综合性大学。

College:表示规模比 University 小的大学或 University 的分院,如 Changzhi Medical College 长治医学院。

Institute：多指专科性学院，如 Huaiyin Institute of Technology 淮阴工学院、Hebei Institute of Physical Education 河北体育学院。

Academy：多指军事、艺术院校，如 Chinese Academy of Science 中国科学院、Cisco Networking Academy 思科网络技术学院。

School：指大学以下的各级学校，如 Beijing No.4 High School 北京四中。

(2)我国重点大专院校的英文批译

China Science & Technology University　中国科学技术大学

Beijing University　北京大学

Renmin University of China　中国人民大学

Tsinghua University　清华大学

Beijing Jiaotong University　北京交通大学

University of Science and Technology Beijing　北京科技大学

Beijing University of Posts and Telecommunications　北京邮电大学

Beijing University of Chinese Medicine　北京中医药大学

Beijing Normal University　北京师范大学

University of International Business and Economics　对外经济贸易大学

The Central University of Finance and Economics　中央财经大学

Southwest Politics and Law University　西南政法大学

Lanzhou University　兰州大学

Northwest Normal University　西北师范大学

Zhongshan University　中山大学

Institutes of Technology of South China　华南理工大学

Ji'nan University　暨南大学

North China Electric Power University　华北电力大学

Harbin Institute of Technology　哈尔滨工业大学

Harbin Engineering University　哈尔滨工程大学

Harbin University of Science and Technology　哈尔滨理工大学

Wuhan University　武汉大学

Zhongnan University of Economics & Law　中南财经政法大学

China University of Geosciences　中国地质大学

South-Center University For Nationalities　中南民族大学

Middle and Southern University　中南大学

Nanjing University　南京大学

Southeast China University　东南大学

China Mining University　中国矿业大学

Nanjing Aero-Space University　南京航空航天大学

Jilin University　吉林大学

Northeast Normal University　东北师范大学

Institute of Technology of Dalian　大连理工大学

Chinese Medical Sciences University 中国医科大学
Xi'an Jiaotong University 西安交通大学
Xi'an International Studies University 西安外国语大学
Northwest University 西北大学
Shandong University 山东大学
Chinese Marine University 中国海洋大学
Institutes of Technology of Taiyuan 太原理工大学
Fudan University 复旦大学
Tongji University 同济大学
Shanghai Jiao Tong University 上海交通大学
East China University of Science 华东理工大学
East China Normal University 华东师范大学
Shanghai International Studies University 上海外国语大学
Shanghai University of Finance 上海财经大学
Shanghai University 上海大学
Southwest Jiaotong University 西南交通大学
University of Electronic Science and Technology of China 电子科技大学
Nankai University 南开大学
University of Tianjin 天津大学
Zhejiang University 浙江大学
University of Macau 澳门大学
The University of Hong Kong 香港大学
The Chinese University of Hong Kong 香港中文大学
National Taiwan University 台湾大学

3. 我国主要金融机构的批译

People's Bank of China 中国人民银行
Bank of China 中国银行
China Construction Bank 中国建设银行
Agriculture Bank of China 中国农业银行
Industrial and Commercial Bank of China 中国工商银行
China Everbright Bank 光大银行
Bank of Communications 交通银行
Guangdong Development Bank 广东发展银行
Shenzhen Development Bank Co. ,Ltd 深圳发展银行
Shanghai Pudong Development Bank 上海浦东发展银行
Industrial Bank 兴业银行
China Mingsheng Bank Co. ,Ltd 中国民生银行
The Export-Import Bank of China 中国进出口银行
China Merchants Bank 招商银行

五、港澳台快件的处理

港澳台快件是指我国大陆用户与香港、澳门、台湾地区用户相互寄递的快件。快递企业一般在业务处理中将港澳台快件业务参照国际快件业务对待。需要注意的是,港澳台快件的寄件人和收件人虽属同一个国家,但又分属不同的行政管理特别区域;虽港澳台快件的流通范围没有跨国流动,但因为两岸三地行政管理的相对独立性,导致港澳台快件依旧需要办理进出口报关业务;同时对所寄物品的规定和限制,不但要遵守祖国大陆有关的规定,而且还受港澳台地区相关地方法律、法规的影响。

对于寄往港澳台地区的快件,当前国内快递企业大多都是按照国际出口快件处理,国内收寄、转运、分拣按照国内件正常操作,到达口岸中心后,按国际出口快件正常清关,然后委托当地快递企业或由自己的网络进行派送。与国际快件不同的是寄往港澳台地区的快件,寄件人、收件人名址可以只用中文书写,也可以用英文书写,而国际快件寄件人、收件人名址一般是用英文书写。需要注意英文书写台湾地名时不是按照汉语拼音,而是其英文名称,比如基隆市写成 Keelung。

香港特别行政区,英文名称:Hong Kong,国际电话区号:00852,位于珠江三角洲南部、珠江口东侧,东、南濒南海,北隔深圳河,由香港岛、九龙半岛、新界及 260 多个离岛组成。香港岛及九龙半岛是香港政治、经济、文化、交通中心区域。香港国际机场,也称赤鱲(liè)角国际机场,航空代码:HKG,货运量全球排名第一,是亚洲的客货运枢纽中心。

澳门特别行政区,英文名称:Macao,国际电话区号:00853,位于我国东南沿海珠江口的西岸,它北以关闸为界与珠海经济特区的拱北相连,东隔伶仃洋与香港相望,南面则濒临浩瀚的南海,包括澳门半岛、仔岛和路环岛,是我国著名的自由贸易港。澳门国际机场,航空代码:MFM,是珠江三角洲与世界各地之间的重要桥梁。

台湾,英文名称:Chinese Taipei,国际电话区号:00886,位于我国东南海边,东临太平洋,西隔台湾海峡与福建相望,南靠巴士海峡与菲律宾群岛接壤,北向东海。台湾在行政区划上下辖 5 个市:基隆市(Keelung)、台中市(Taichung)、新竹市(Hsinchu)、台南市(Tainan)、嘉义市(Chiayi);2 个"行政院辖市":台北市(Taipei)、高雄市(Kaohsiung)和 16 个县、2 个"福建省政府辖县"。台湾现有 4 个国际机场:桃园国际机场、高雄国际机场、台中清泉岗国际机场和花莲国际机场。桃园国际机场,航空代码:TPE,是台湾最大和最繁忙的国际机场,也是亚洲最现代化的国际机场之一。

第三节　问题件处理

由于种种原因,处理人员在正常分拣过程中可能会遇到一些问题,导致快件传递出错,从而给快递企业带来不良影响。处理人员应按操作规范,正确处理快件分拣过程中遇到的各种问题,确保快件快速、准确、有序地进行传递。在快件分拣过程中常遇到的问题有:收件人名址有误、快件包装不合格以及快递物品属于禁限寄物品等情况。

一、对收件人名址有误的快件的处理

快件详情单上记录的收件人名址是快件处理的关键,名址有误很容易导致快件出现误分

拣,延误了快件的递送时间,严重的甚至导致快件丢失,给快递企业造成不良影响。对于地址填写不完整、地址内容前后矛盾的快件,快件处理人员应充分利用快递详情单上的多种信息(如邮政编码、电话区号、城市航空代码等)进行综合分析,确定正确的分拣方向;实在无法确认分拣方向,应单独取出,交主管联系寄件人,明确收件人准确地址后,参与就近班次的中转。

1. 收件人名址不详

(1)缺少收件人姓名或姓名不具体

如收件人姓名:陈先生,姓名不具体。

处理方法:对于缺少收件人姓名或姓名不具体的快件,一般不影响快件的正常分拣,可以按正常件进行分拣,到达目的地后再由收派员通过详情单上收件人电话联系派送。

(2)收件人地址不具体

如收件人地址:山东省青岛市南京路,没写具体的单位和门牌号。

处理方法:对于未详细写明收件人地址的快件,如果不影响快件的正常分拣,可以按正常件进行分拣,到达目的地后再由收派员通过详情单上收件人电话联系派送;如果无法进行分拣,应单独取出,交主管联系寄件人,明确收件人详细地址后,参与就近班次的中转。

2. 收件人地址有误

(1)收件人地址与邮政编码不符

如收件人地址:山东省济南市历下区泉城路 289 号,邮编:100000,联系电话:0531-66778899,经分析应该是邮编写错了,可以按照地址进行分拣、中转。

处理方法:这种情况一般是由于寄件人不清楚收件人所在地邮编,随手写邮编造成的。快件处理人员应充分结合收件人电话号码或寄达地航空代码,确定正确的分拣方向;实在无法确认的,应单独取出,交主管联系寄件人,批注正确的分拣方向,参与就近班次的中转。

(2)地址中省、市不匹配

如收件人地址:河南省郴州市苏仙北路 42 号,邮编:423000,联系电话:0735-2884488,经分析应该是省份写错了,可以按照湖南省郴州市进行分拣、中转。

处理方法:这种情况一般是由于寄件人笔误造成的。快件处理人员应充分结合收件人电话号码或寄达地邮编,确定正确的分拣方向;实在无法确认的,应单独取出,交主管联系寄件人,批注正确的分拣方向,参与就近班次的中转。

3. 收件人地址潦草、模糊不清

处理方法:对于收件人地址潦草、模糊不清,影响到快件正常分拣的,应单独取出,交主管联系寄件人,明确收件人详细地址后,在备注栏批注,参与就近班次的中转。

4. 快件详情单脱落

处理方法:对于详情单脱落的快件,应积极在现场寻找脱落的详情单,如果找到详情单,重新粘贴在快件上,进行正常分拣;如果现场找不到详情单,应将快件取出,进行滞留,交作业主管登记备查。根据发件部门提供的相关信息重新填写一份详情单,粘贴在快件上,参与就近班次的中转,并将快递信息系统内的详情单号进行修改,以备客户查询。

二、对包装不合格或破损快件的处理

我国国家标准《物流术语》(GB/T 18354—2006)中对包装的定义是:为在流通过程中保

护产品、方便储运、促进销售,按一定技术方法而采用的容器、材料及辅助物等的总体名称;也指为了达到上述目的而在采用容器、材料和辅助物的过程中施加一定技术方法的操作活动。快件包装的保护功能是其最重要和最基本的功能,主要保护快件物品在递送过程中其价值和使用价值不受外界因素的损害。由于包装不合格,导致快件在传递过程中出现破损,从而影响到递送物品的品质,是当前造成快递企业与客户之间产生纠纷的主要原因之一。

(一)包装不合格快件

在快件处理场地发现的包装不合格快件主要包括快件的包装内衬或充填物过于简单,内件物品有响动、晃动或翻滚现象以及快件外包装不坚固,造成快件外包装出现塌陷、渗漏现象等。

1. 快件外包装的检查

在各交接环节,对于所取快件,首先应对快件包装进行检查。检查快件可以通过"看"、"听"、"感"、"搬"等多种方式进行。通过"看"了解快件外包装是否出现塌陷、渗漏现象,通过"听、感"了解快件内填充物是否充满,通过"搬"了解快件重心是否严重偏向。

2. 对包装不合格快件的处理

对于包装明显不合格快件,为了保证快件在后续操作中的安全,应将快件取出,做好复秤、拍照工作,然后会同主管,在监控下开拆快件,验视快件内件是否已经发生损坏。

(1)若快件内件未发生损坏,应对寄递物品按要求重新包装,重新填写一份详情单,粘贴在快件上,参与就近班次的中转,并将快递信息系统内的详情单号进行修改,以备客户查询,同时向收寄网点缮发快件差异报告。

(2)若快件内件已经发生损坏,视情况进行滞留,同时向收寄网点缮发快件差异报告,通知客服部门联系寄件人,协商解决。

(二)包装破损快件

1. 对包装破损快件的处理

(1)若发现快件外包装仅是轻微破损,判断尚未影响到快件内件品质,只需对快件原包装破损处用封箱带予以加固,按正常件进行处理即可。

(2)若发现快件外包装有明显破损或撕裂,判断很可能影响到快件内件品质,应将快件取出,做好复秤、拍照工作,然后会同主管,在监控下开拆快件,验视快件内件是否已经发生损坏。若快件内件未发生损坏,应对寄递物品按要求重新包装,重新填写一份详情单,粘贴在快件上,参与就近班次的中转,并将快递信息系统内的详情单号进行修改,以备客户查询,同时向上一环节缮发快件差异报告;若快件内件已经发生损坏,视情况进行滞留,同时向上一环节缮发快件差异报告,通知客服部门联系寄件人,协商解决。

2. 减少或杜绝快件包装破损

客观上由于快件运输过程中剧烈振动冲击,堆码时底层快件承载过重,快件在装卸、搬运过程中的意外跌落等;主观上由于工作人员工作态度、责任心等原因,都有可能导致快件包装破损,从而损害快件内件。减少或杜绝快件包装破损应重点从以下几个环节入手:

(1)避免快件包装破损的关键环节是收寄环节。收寄时选用的包装材料和包装技术是直接导致快件物品破损的主要因素。

(2)严格按章操作,杜绝"拖摔"快件现象。

(3)包装破损快件要及时补救,不要让包装破损快件进入下一环节。

(三)合理的包装方法

1. 防震保护法

防震包装又称缓冲包装,在各种包装方法中占有非常重要的地位。为了防止快件遭受损坏,就要设法减小外力的影响。所谓防震包装就是指为减缓内装物受到冲击和振动,保护其免受损坏所采取的一定防护措施的包装。防震包装主要有以下三种具体方法:

(1)全面防震包装法

全面防震包装法是指寄递物品和外包装之间全部用防震材料进行填充,对托寄物进行保护的一种包装方法。一般来讲,就是将寄递物品的四周全部用缓冲材料包裹后装入包装箱。此类方法可以有效地减少因外力作用而导致的寄递物品损坏。

①主要使用材料:纸箱、气泡纸、海绵、泡沫板等。

②主要应用:手机、相机、手表、MP4、陶瓷工艺品等易碎、易损的高价值物品。

以手机包装为例(图10-36):

①首先将手机的电池与主机分离。

②然后将电池和主机分别用气泡纸或是海绵缠绕,缠绕层数以20cm高处落下可以弹起为宜。

③将缠绕后的手机装入适宜规格的瓦楞纸箱,如装入后发现有空隙存在,需使用海绵或是泡沫板进行填充。

④填充至箱内货物不再晃动为宜,然后封箱。

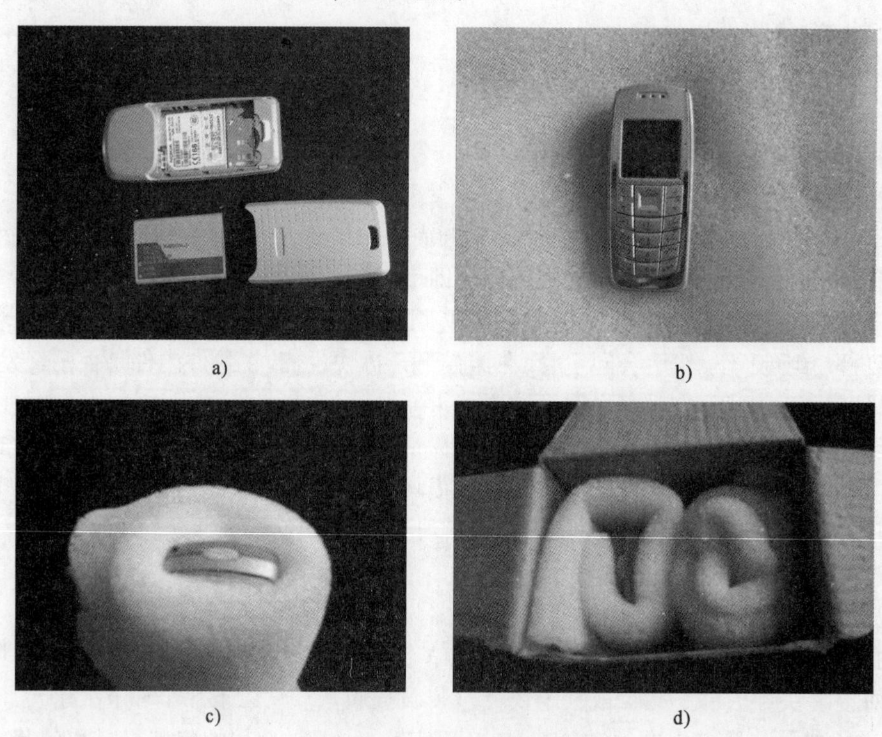

a)　b)　c)　d)

图10-36　手机防震包装方法

a)步骤①;b)步骤②;c)步骤③;d)步骤④

(2)部分防震包装法

部分防震包装法是指寄递物品的拐角、侧面或局部位置使用防震材料进行垫衬,以达到防

震效果的包装方法。此类方法使用最少的防震材料取得最好的防震效果,可有效降低包装的成本和寄递快件的费用。

①主要使用材料:纸箱、防震板、发泡塑料、充气型塑料薄膜防震袋等。

②主要应用:电视机、显示器、电脑主机、仪器仪表等。

以电脑显示器包装为例(图10-37):

①首先将包装箱打开,准备好发泡塑料。

②将寄递物品放入准备好的发泡塑料内。

③将固定好的寄递物品正确装入纸箱,并确定无法晃动。

④封箱。

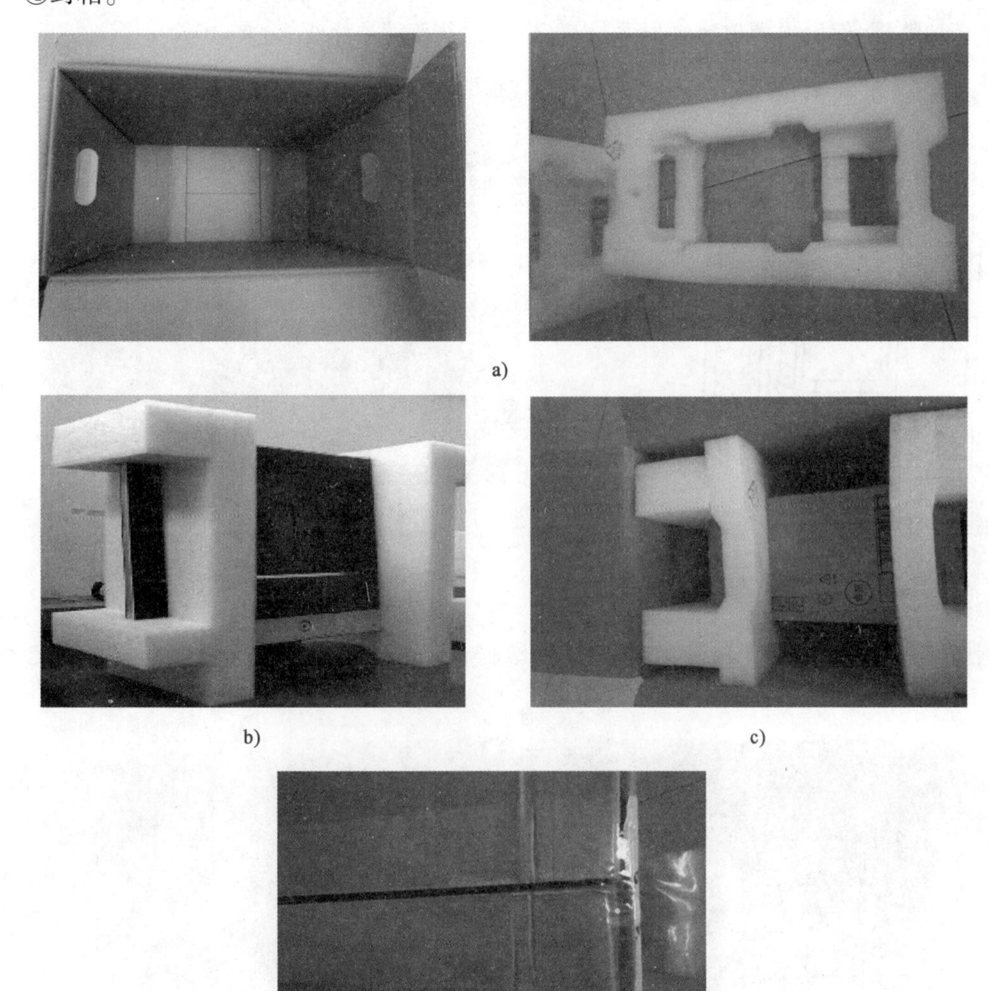

图10-37　电脑显示器防震包装方法

a)步骤①;b)步骤②;c)步骤③;d)步骤④

(3)悬浮式防震包装法

悬浮式防震包装法是指使用弹簧、绳子、吊环等材料把被寄递物品悬吊在外包装容器内,使产品不与四壁接触,以达到保护寄递物品的包装方法(图10-38)。

①主要使用材料:纸箱(木箱)、绳子、弹簧、吊环等。

②主要应用:精密电子仪器等。

悬浮式防震包装法在快递业务中已较少使用。

2. 防破损技术

(1)捆扎及裹紧技术

捆扎及裹紧技术的作用,是使杂货、散货形成一个牢固整体,以增加整体性,便于处理,从而减少破损。

例如客户发送1000份证件,如果毫无顺序地杂乱摆放,则可能会折损或是折断一部分;但是如果稍加整理,然后再简单包装发运,出现损坏的几率就要小很多(图10-39)。

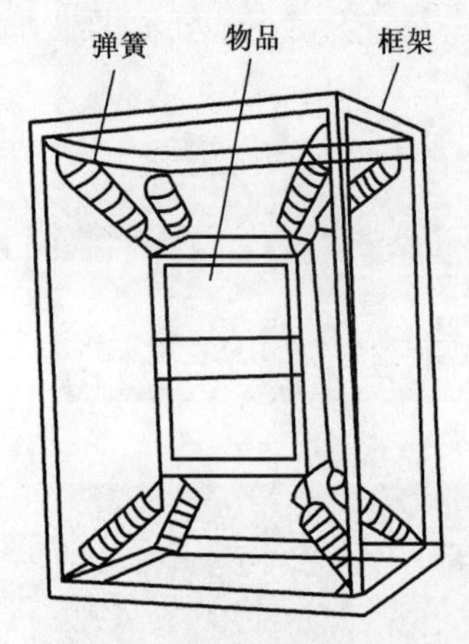

图10-38　悬浮式防震包装示意图

图10-39　捆扎示意图

(2)集装技术

集装技术即将相同规格的物品集中托运。

例如客户发送100箱水果,若能统一整齐地码放在车厢里,则此批货物发生损坏的几率要小(图10-40)。

图10-40　集装示意图

(3)选择高强度保护材料包装

通过外包装材料的高强度来防止内包装物品受外力的作用而减少寄递物品的破损,如图

10-41 所示。

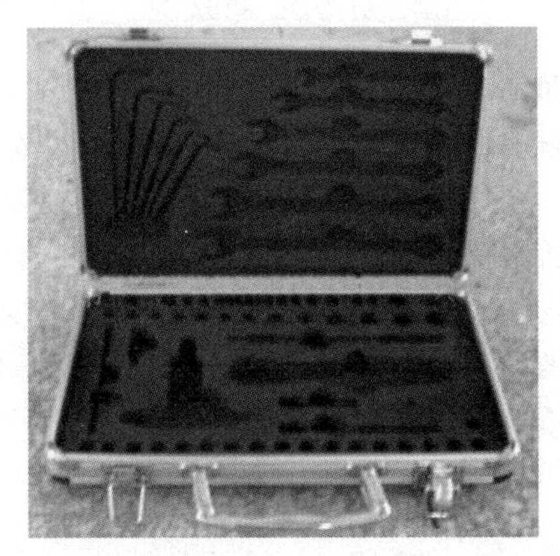

图 10-41　高强度保护材料示意图

三、禁寄物品的处理方法

为了防止不法分子利用快递网络渠道从事危害国家安全、社会公共利益或者他人合法权益的活动,保证快件传输过程中的人身安全、快件安全及快件操作设备安全,国家对禁寄物品做出了明确规定(详见附录四)。但是由于快件收寄环节把关不严,导致禁寄物品进入中转环节,在快件处理作业过程中应积极发挥检查控制作用,一旦发现装有禁寄物品的快件,应视情况按规定处理,同时对处理情况进行书面记录、留存。

在快件分拣场地发现禁寄物品的处理规定如下:

(1)发现各类放射性物品、生化制品、麻醉药物、传染性物品和烈性毒药等寄递物品,应立即停止分拣,隔离并保护现场,通知场地负责人,协助疏散工作人员;同时通知防化及公安部门,按应急预案处理。

(2)发现各类易爆炸性、易燃烧等危险物品,应立即停止分拣,隔离并保护现场,通知场地负责人,协助疏散工作人员,快件交由专业人员进行处理。

(3)发现各种危害国家安全和社会政治稳定以及淫秽的出版物、宣传品、印刷品,应立即停止分拣,通知场地负责人,快件转入专设的场地进行滞留,同时通知公安部门处理。

(4)发现各类妨碍公共卫生的物品,应立即停止分拣,通知场地负责人,快件转入专设的场地进行滞留;同时通知客服人员联系寄件人限期领回,或经寄件人同意后,就地销毁、抛弃。

(5)发现快件内夹寄有价证券、人民币现金(一般是在快件破损严重,内件外露时),应立即停止分拣,通知场地负责人,快件转入专设的场地进行滞留,同时通知客服人员联系寄件人限期领回。

(6)发现航空禁寄物品,应停止中转,快件转入专设的场地进行滞留;同时通知客服人员联系寄件人,对于允许陆运的物品,经寄件人同意后转陆运,并标注“转陆运”字样或粘贴“转陆运”标识。

(7)发现其他禁寄物品,应立即停止分拣,通知场地负责人,快件转入专设的场地进行滞留;同时通知客服人员联系寄件人协商处理,或按国家有关规定处理。

四、危险品的应急处理方法

在处理中心发现各类禁寄危险物品时,应立即停止分拣,性质严重的应当与公安部门联系处理;凡发现的危险物品必须与作业现场隔离,另行放置;对可能发生灾害的危险物品可就地销毁,需消除污染的应报请卫生防疫等部门处理。在对各类禁寄危险品进行相应处理同时,处理中心应将危险物品的处理情况行文报告上级主管部门。

危险品事故主要有泄漏、火灾(爆炸)两大类。其中火灾又分为固体火灾、液体火灾和气体火灾。针对不同事故类型,采取不同的处置措施。其中主要措施包括:灭火、点火、隔绝、堵漏、拦截、稀释、中和、覆盖、泄压、转移、收集等。一旦发生危险品事故,应积极采取有效应对措施,疏散无关人员并指挥人员撤离现场,做好救援人员的防护,防止二次灾害的发生。

1. 危险品泄漏事故及处置措施

(1)注意安全防护

①进入现场救援人员必须配备必要的个人防护器具。

②如果泄漏物易燃易爆,事故中心区应严禁火种、切断电源、禁止无关车辆进入,同时在边界设置警戒线。

③如果泄漏物有毒,应使用专用防护服、隔绝式空气面具。

(2)泄漏源控制

采用合适的材料和技术手段堵住泄漏处。

(3)泄漏物处理

①围堤堵截:筑堤堵截泄漏液体或者引流到安全地点。

②稀释与覆盖:向有害物蒸气喷射雾状水,加速气体向高空扩散。对于可燃物,也可以在现场施放大量水蒸气或氮气,破坏燃烧条件。对于泄漏液体,为降低物料向大气中的蒸发速度,可用泡沫或其他覆盖物品覆盖外泄的物料,在其表面形成覆盖层,抑制其蒸发。

③收容(集):对于大量泄漏的物料,可选择用隔膜泵将其抽入容器内;当泄漏量小时,可用砂子、吸附材料、中和材料等吸收中和。

④废弃:将收集的泄漏物运至废物处理场所处置。

2. 危险品火灾事故及处置措施

(1)先控制,后消灭。堵截火势,防止蔓延;重点突破,排除险情;分割包围,速战速决。

(2)扑救人员应站在上风或侧风地。

(3)有针对性地采取自我防护措施,如佩戴防护面具,穿戴专用防护服等。

(4)应迅速查明燃烧范围、燃烧物品及其周围物品的品名和主要危险特性、火势蔓延的主要途径,燃烧的危险品及燃烧产物是否有毒。

(5)正确选择最适合的灭火剂和灭火方法。火势较大时,应先堵截火势,防止蔓延,控制燃烧范围,然后逐步扑灭火势。

(6)火灾扑灭后,仍然要派人监护现场,防止死灰复燃;同时保护火灾现场,接受事故调查。

3. 压缩气体和液化气体火灾事故及处置措施

(1)扑救气体火灾切忌盲目灭火,即使在扑救周围火势以及冷却过程中不小心把泄漏处的火焰扑灭了,在没有采取堵漏措施的情况下,也必须立即用长火棒将火点燃,使其恢复稳定

燃烧。否则,大量可燃气体泄漏出来与空气混合,遇着火源就会发生爆炸,后果将不堪设想。

(2)首先应扑灭被火源引燃的外围可燃物火情,切断火势蔓延途径,控制燃烧范围,并积极抢救受伤和被困人员。

(3)如果火场中有压力容器或有受到火焰辐射热威胁的压力容器,能疏散的应尽量在水枪的掩护下疏散到安全地带;不能疏散的应部署足够的水枪进行冷却保护,以防止容器爆裂伤人。

(4)如果确认泄漏口无法堵漏,只需冷却着火容器及其周围容器和可燃物品,控制着火范围,一直到燃气燃尽,火势自动熄灭。

4.易燃液体火灾事故及处置措施

易燃液体通常也是储存在容器内,但与气体不同的是,液体容器一般都是常压,液体不管是否着火,如果发生泄漏或溢出,都将顺着地面流淌;而且易燃液体还涉及能否用水和普通泡沫扑救的问题,以及危险性很大的沸溢和喷溅问题。

(1)首先应切断火势蔓延的途径,冷却和疏散受火势威胁的密闭容器和可燃物,控制燃烧范围;如有液体流淌时,应筑堤拦截漂散流淌的易燃液体或挖沟导流。

(2)及时了解和掌握着火液体的品名、相对密度、水溶性以及有无毒害、腐蚀、沸溢、喷溅等危险性,以便采取相应的灭火和防护措施。

(3)选择正确的灭火剂扑救。

比水轻又不溶于水的液体(如汽油、苯等),用直流水、雾状水灭火往往无效,可用普通蛋白泡沫或轻水泡沫扑灭。

比水重又不溶于水的液体(如二硫化碳)起火时可用水扑救,水能覆盖在液面上灭火,用泡沫也有效。

(4)扑救毒害性、腐蚀性或燃烧产物毒害性较强的易燃液体火灾,扑救人员必须佩戴防护面具,并采取防护措施。

第四节　快件差异报告

快件差异报告又称验单,是指记录快件在处理过程中发现的差错或不符合规定事项的单据,用以明确责任,改进工作而缮发的一种单式。快件差异报告是解决快件异常问题的重要依据,是判明责任的原始凭证,具有法律认可的证据作用。

不同的快递企业对缮发快件差异报告要求不尽相同。有的快递企业有专门的快件差异报告,对书写快件差异报告也有专门的格式要求,比如邮政 EMS 缮发验单。但是目前大多数快递企业都是利用快递信息网络,利用 Email、QQ、MSN 等即时信息服务工具向上一环节缮发快件差异报告,对格式的要求并不严格,重点要求把发现的问题说明清楚。

一、缮发快件差异报告的规定

(1)快件差异报告一般应由各处理中心办理,并经主管人员签发。

(2)快件差异报告应当按顺序编号,每年换编一次。每份快件差异报告均需留底存查,保存期不少于 1 年。

(3)缮发快件差异报告,一般为一式两份,其中一份由档案部门登记存档。如发生差错事项性质严重,涉及赔偿等事项时,快件差异报告应增加相应份数,抄送相关部门并抄送上级主管部门。

(4)缮发快件差异报告后,交主管人员审阅签发并填写日期和经办人员名章。

(5)快件差异报告寄发后,如需对方答复的,应及时催复。

(6)为便于相关部门查找和处理,缮写快件差异报告应做到文字工整,事由清楚,内容具体。

二、快件差异报告填写的内容

(1)快件差异报告编号、处理中心(营业网点)名称、缮发日期。

(2)快件交运的航班(车次)、路单或清单号码、发运日期。

(3)快件包号、收寄日期、寄件人或收件人的详细名址、快件重量。

(4)发生差错、延误、损毁、丢失等问题的原因及处理情况。

(5)随快件差异报告附寄齐全可靠的相关证物(包袋、封志、绳扣、包牌、清单、路单复印件等)。

(6)经办人、主管签字或盖章。

三、缮发快件差异报告的范围

当在快件处理中心发现以下情况时,应缮发快件差异报告,以求问题得到及时妥善解决。

(1)总包封志印字不清或封志被破坏。

(2)内件破损造成袋皮水湿、油污。

(3)总包路向错误。

(4)总包内未附封发清单。

(5)封发清单缺号、错号、重登或漏登等。

(6)登录更改、划销未盖章或错漏结数等。

(7)内件短少、内件破损或复秤重量短少等。

(8)快件超过规定重量、尺寸规格。

(9)寄递禁寄或限寄超量物品。

(10)错收未开通送达地的快件。

四、快件差异报告的书写要求

(1)文字书写要工整规范,不要写怪体字或错别字。

(2)语句表达要通顺,应简明扼要,并使用快件差异报告专用词语和文体。

(3)内容叙述要明确。内容叙述要具体、清楚,提供的项目详尽、明确,便于对方立即查处。

(4)事实描述要准确。在缮写快件差异报告时,若叙事不全,含意不清,或是漏掉主要环节,都可能会使对方无法明确问题的实际情况,甚至造成误解,给问题的解决带来困难。

(5)附件证物要齐全。常见的附件有:

①不合规格,无法更正寄发的快件。

②快件破损或短少时填制的记录单。

③其他单据。

④证物也属附件中的一种,常见的证物有包牌、封志和包签等。

五、快件差异报告的书写示例

以某快递企业经营活动举例:快件于2010年7月27日由济南处理中心发往杭州处理中心,7月28日到达杭州处理中心。快件在进行中转处理时被发现问题,杭州处理中心缮发快件差异报告给济南处理中心。

1. 未收到总包(图10-42)

快 件 差 异 报 告

第2010072801号

由　杭州　处理中心(营业网点)发至　济南　处理中心(营业网点)
验明各种差错和不合事项如下: 我公司于2010.7.28在接收济南至杭州干线班车过程中,路单登录123袋总包,实收122袋,经两人眼同比对,缺少No.10005总包,经查车辆封志完好无损,无拆动痕迹,请你公司速查No.10005总包下落,速答复。
附件:车辆封志
经手人员:李某某 主管人员:王某某 发验部门章 2010年7月28日

图10-42　快件差异报告(一)

2. 收到总包无路单或清单(图10-43)

快 件 差 异 报 告

第2010072802号

由　杭州　处理中心(营业网点)发至　济南　处理中心(营业网点)
验明各种差错和不合事项如下: 我公司于2010.7.28在接收济南至杭州干线班车过程中,收到你公司No.10005总包和No.10006总包无清单,请速提供上述总包清单。
附件:No.10005总包和No.10006总包包牌
经手人员:李某某 主管人员:王某某 发验部门章 2010年7月28日

图10-43　快件差异报告(二)

3. 总包重号(图 10-44)

<table>
<tr><td colspan="1" align="center">快 件 差 异 报 告
第 2010072804 号</td></tr>
<tr><td>由　杭州　处理中心(营业网点)发至　济南　处理中心(营业网点)</td></tr>
<tr><td>验明各种差错和不合事项如下:
我公司于 2010.7.28 在接收济南至杭州干线班车过程中,发现 No. 10016 总包重号,验请你部门查明,速把查核结果告知。</td></tr>
<tr><td>附件:No. 10016 总包包牌</td></tr>
<tr><td>经手人员:刘某某
主管人员:王某某
发验部门章
2010 年 7 月 28 日</td></tr>
</table>

图 10-44　快件差异报告(三)

4. 多收或短收快件(图 10-45)

<table>
<tr><td align="center">快 件 差 异 报 告
第 2010072805 号</td></tr>
<tr><td>由　杭州　处理中心(营业网点)发至　济南　处理中心(营业网点)</td></tr>
<tr><td>验明各种差错和不合事项如下:
我公司于 2010.7.28 在接收济南至杭州干线班车过程中,经两人眼同比对,发现 No. 10004 总包内含快件 30 件,而非总包清单所述 32 件。经查总包封志完好无损,无拆动痕迹,请你公司查明原因,速把查核结果告知。</td></tr>
<tr><td>附件:No. 10004 总包清单、包袋皮、包牌、封志</td></tr>
<tr><td>经手人员:李某某
主管人员:王某某
发验部门章
2010 年 7 月 28 日</td></tr>
</table>

图 10-45　快件差异报告(四)

5. 快件误发、漏发(图 10-46)

快 件 差 异 报 告

第 2010072806 号

由　杭州　处理中心(营业网点)发至　济南　处理中心(营业网点)

验明各种差错和不合事项如下:

我公司于 2010.7.28 在接收济南至杭州干线班车过程中,发现 No.10005 总包清单上 EE360 快件为误发,该件重 1200 克,现以航空形式转发目的地。

请确认并撤回随附的 No.10005 清单复印件以便记账。

附件:No.10005 总包清单

经手人员:李某某

主管人员:王某某

发验部门章

2010 年 7 月 28 日

图 10-46　快件差异报告(五)

6. 快件破损(图 10-47)

快 件 差 异 报 告

第 2010072808 号

由　杭州　处理中心(营业网点)发至　济南　处理中心(营业网点)

验明各种差错和不合事项如下:

我公司于 2010.7.28 在接收济南至杭州干线班车过程中,开拆 No.10006 总包,发现 EE365 快件外包装破损,内件外露。该快件现已重新包装,将安排有效投递给收件人,请提前告知收件人此情况,征询收件人是否无保留意见接收该件,速告知。

附件:快件破损照片

经手人员:李某某

主管人员:王某某

发验部门章

2010 年 7 月 28 日

图 10-47　快件差异报告(六)

7. 快件地址不全(图 10-48)

快 件 差 异 报 告

第 2010072809 号

由　杭州　处理中心(营业网点)发至　济南　处理中心(营业网点)
验明各种差错和不合事项如下: 我公司于 2010.7.28 在接收济南至杭州干线班车过程中,开拆 No.10007 总包,发现 EE368 快件因收件人地址欠详,无法分拣,现已滞留待处理,请征询寄件人准确地址,以便及时中转。
附件:快递详情单复印件
经手人员:李某某 主管人员:王某某 发验部门章 2010 年 7 月 28 日

图 10-48　快件差异报告(七)

8. 禁寄物品不予转递(图 10-49)

快 件 差 异 报 告

第 2010072810 号

由　杭州　处理中心(营业网点)发至　济南　处理中心(营业网点)
验明各种差错和不合事项如下: 我公司于 2010.7.28 在接收济南至杭州干线班车过程中,开拆 No.10008 总包,发现 WE321 和 WE345 两快件中含有禁寄物品,现予以扣留,待处理。
附件:WE321 和 WE345 两快件内件照片
经手人员:李某某 主管人员:王某某 发验部门章 2010 年 7 月 28 日

图 10-49　快件差异报告(八)

第十一章 快件封发

本章主要介绍了快件总包的建立、装车发运、装发作业中的安全要求及快件信息汇总比对方法等内容。要求重点掌握国际快件总包的建立、装车发运规则、装发作业中的安全要求及快件信息汇总比对等内容。

第一节 快件总包的建立

总包是指将寄往同一寄达地(或同一转运中心)的多个快件集中装入的容器或包(袋)。其具有封扎袋口或封裹牢固形成一体的特点,便于运输和交接。总包内应附封发清单,拴挂包牌或标签,写明内装件数及总包号码。

快件总包的建立在快件操作流程中是非常重要的一个环节,是决定快件操作质量的关键环节之一。

一、国内快件总包的封装

国内快件封装成总包,要求便于运输、交接。建立总包的过程要认真、仔细,严格按操作规程执行。总包的建立需要以下几道工序。

1. 国内快件的登单

建立快件总包首先要登列封发清单。登单方式一般分为手工登单和扫描登单。手工登单要选择合适的清单规格,准确填写登单日期、清单号码、原寄地、寄达地;扫描登单即使用条码设备扫描快件条码自动生成封发清单,包含信息与手工登单相同。登单时要注意以下几点。

(1)快件检查

分拣后的快件,封发登单时要确认分拣无误。有误分的快件按规定另行处理。

(2)快件登单

快件检查无误,按登单要求缮制封发清单。特别注意,撤回、易碎、液体、限时等有特殊要求的快件应在相关栏分别注明。

(3)逐件比对

登单完毕后将清单与快件实物进行比对,以防漏登、错登、重复登录或结数错误。清单上划销更改信息,经手人应签字或盖章。

2. 国内快件的装袋操作

总包的封装,是将发往同一寄达地或中转站的快件和对应的清单,集中规范地放置在袋或容器中,使用专用工具封扎、封闭袋口或容器开口,并拴挂包牌或标签的过程。封装过程中要注意以下几点。

(1)经过登单工序的快件在封装时,应使一张清单对应封装一总包(袋)。对标有易碎、怕压标志的快件尽量单独封包(袋),分别加挂易碎、怕压标识。

(2)要按照“重不压轻、大不压小、结实打底、方下圆上、规则形状放下、不规则形状放上”的原则装袋。总包最大重量不超过32kg。

(3)重量和体积相近的快件应装入同一包袋内,如1kg以内的小件装在一个包内,1～3kg的快件装在一个包内(轻泡件除外)等。

(4)文件类快件与包裹类快件应分别封装总包,保价快件、限时快件、代收货款快件亦应分别封装总包;混装在一起时,文件类快件要捆扎成捆,以防与其他快件粘贴。一票多件快件尽量装入同一总包内。

(5)装袋、称重和封发总包应由两人(或以上)共同进行,并在清单上共同盖章或签字。

(6)应使用印有企业专用标识、易识别的专用总包空袋。重复使用的总包空袋应按规定进行检查,以便及时发现遗留小件、包袋破损、油污、水湿等问题。

3. 包牌(包签)的填写

包牌填写时注意信息要准确、全面,要求特殊作业总包要使用规定包牌。

(1)总包包牌应包含总包号码、原寄地、寄达地等信息。在指定位置准确填写快件总包重量、件数或票数。

(2)有特殊要求的快件(如优先快件和保价快件),总包按要求注明优先、保价等特殊信息。

(3)包牌禁止涂改,如有错填要更换新包牌重新填写。

4. 封袋

(1)查核:封装快件时必须施行快件、清单、包牌三核对。

(2)封扎袋口:使用专用或特制的工具材料封扎袋口,尽量靠近快件捆扎。使用带条码的塑料封志时,要使条码处于易扫描位置。

(3)拴挂包牌:封装袋装好后,要在扎绳的绳扣上或塑料签圈上垂直拴挂快件包牌。发航空运递的总包要加挂航空包牌,对有特殊要求的快件加挂相应的包牌。

(4)封袋:包牌挂上后,要封紧袋口。根据材料不同,封口方式各不相同,收紧袋口使内件不晃动为宜。

(5)封装结束,检查作业场地及周围有无遗漏快件及未封装快件。

5. 上传数据、资料存档

每一班封发作业操作结束后,应用操作系统处理快件信息,要及时将业务数据按规定处理并上传,相关资料分类存档。下一接收站接收到件预告,提前做好准备工作。其他相关部门若需要相关数据也可直接到数据库提取。

二、国际快件总包的封装

国际快件出境必须经过海关等部门的查验,与国内快件的封发具有不同的流程。国际快件必须按报关需求分类装袋封发。所用的封装包袋、封志、包牌等具有更高的质量、信息量要求。

1. 国际快件的登单

国际快件登单即在处理中心,应用条码设备扫描国际快件,形成封发信息。操作程序如下:

(1)启动操作系统,使用操作员本人用户名和密码登录,选择系统国际登单功能操作模

块。系统一般默认始发站代码和日期等信息。

(2)根据操作系统提示,首先要扫描预制总包条码牌(签),并输入封发快件的寄达地代码、运输方式、快件类别、转运站代码等相关信息进行建包。

(3)建包后逐票扫描快件条码,装入总包。

(4)扫描时注意设备提示声响,当设备发出扫描失败提示音时,应复查出错原因及时纠正。

(5)为合理建立总包、方便报关,保证快件安全完好,应将快件分类扫描。文件与包裹、重货与轻货分开;可批量报关的低价值快件,与单独报关的高价值快件分开扫描,分袋封装。

(6)一票多件的快件要集中码放、集中扫描。

(7)条码污染、不完整而无法扫描的快件,用手工键入条码信息或按规定换单处理。

(8)时限件、撤回件、其他有特殊要求快件应输入特殊件代码或另登录专用模块单独处理。

(9)扫描结束,调取扫描数据与实物快件比对,检查件数是否相符,检查快件寄达城市代码是否分属本总包经转范围(不符时则应及时纠正)。

(10)有快件无扫描记录的,应重新扫描登单。

(11)上传数据,按规定打印快件封发清单,或打印总包包牌、包签。

(12)检查作业场地及周围有无遗漏快件。一切正常则退出登录,关闭系统;否则,重复前面步骤,重新进行扫描操作。

(13)将打制清单及其他资料按规定随袋发运、存放。

2. 国际快件的装袋操作

制作过清单的快件进入装袋工序,封装前应检查包袋是否完好,袋内有无遗留物品。包袋如有油污,破口超过2cm均不能用于封发快件。封发国际快件总包,应使用印有企业专用标识、易识别的专用包袋。

(1)选择大小、颜色适宜的包袋。国际快件中,文件类与包裹类快件报关程序不同,一般选择不同颜色包袋加以区分,方便操作。包袋的大小,应根据快件的数量和体积合理选用,切忌用大号包袋封装少量快件。

(2)封发国际快件考虑报关需求,文件与包裹、重货与轻货分开封装,可批量报关的低价值快件与单票报关的高价值快件分袋封装。一票多件单独报关的快件应集中堆放。

(3)按“重不压轻、大不压小、结实打底、方下圆上、规则形状放下、不规则形状放上”的原则将快件装袋。重量和体积相近的快件应装入同一袋内,如1kg以内的小件装在一个包内,1~3kg的快件装在一个包内(轻泡件除外)等。

(4)同一张封发清单的快件装在一个总包中,寄达地清关要求随附单据,与详情单一起放入特制的封套粘贴在快件上,详情单向上摆放快件。对标有限时等特殊标志的快件要单独封袋,加挂相应特殊件包牌或标志。

(5)快件、清单、包牌相互核对后,在封发清单上盖章或签字。

(6)总包袋盛装不能过满,装袋不宜超过整袋的三分之二,连同袋皮重量不宜超过32kg。

3. 包牌(包签)的填写

(1)国际快件总包包牌,不管是手工制作还是操作系统实时生成的,均包含原寄地、目的地、总包号码等信息。

(2)有特殊要求的快件(如优先快件和保价快件),总包按要求注明优先、保价等特殊信息。

(3)为出口报关和寄达地清关方便,还要在包牌上注明内件性质,如文件、包裹。

(4)包牌禁止涂改,如有错填要更换新包牌重新填写。

4. 封袋

(1)封装快件必须要施行快件、清单、包牌三核对。

(2)将撑袋车或撑袋架上的袋口卸下收紧。

(3)包牌、转运标识、特殊标志等挂上后,根据材料不同,封口方式也各不相同,收紧袋口使内件不晃动为宜。

(4)使用专用或特制的工具材料封扎袋口,尽量靠近快件捆扎。使用带条码的塑料封志时,要使条码处于易扫描位置,贴近快件处将总包袋扎紧封口。

(5)封装作业结束,检查操作现场及周围有无遗漏、未封装快件。

5. 上传数据、资料存档

每一班封发作业操作结束后,应用操作系统处理快件,要及时将业务数据按规定处理并上传,相关资料分类存档。下一接收站接收到件预告,提前做好准备工作。其他相关部门若需要相关数据也可直接到数据库提取。

三、总包路单的制作

总包封装完成,按发运的路由线路制作总包路单。总包路单可起到明确交接责任的作用,使交接过程具有可追溯性。

1. 总包路单的概念

总包路单是记录快件总包的封发日期、接收日期、封发路由、总包数量和种类、总包总重量、原寄地、寄达地等详细信息,用于运输各个环节交接的单据。使用总包路单可明确责任,使交接过程有凭有据。电子总包路单也可起到预告到货信息的作用,方便下一站提前做好接收准备。

2. 总包路单的填制

总包路单的制作分为手工制作、系统扫描制作两种。如图 11-1 所示某企业总包路单格式。

(1)手工制作总包路单

①快件总包封装完成后,进入发运环节。禁止不登总包路单发运。

②总包路单栏头:总包路单要按一定规律编列顺序号,不要重号或越号。如发生重号或越号,要在备注里注明,并通知接收站修改后存档。

③号码栏和重量栏:数字要清晰规范,字母要易于辨认,号码与相关包牌一致。

④始发站与终到站要按规定填写清晰准确,与包牌一致。

⑤总包路单要逐格逐袋登录。有特殊操作要求的总包要在备注栏中批注。

⑥每一类发运方式,总包路单的总袋数和总重量要统计准确;将所有总包路单汇总,可合计出本班次封发总包总件数和总重量。

⑦总包路单应按规定份数填制。

⑧交接完毕,留存总包路单整理存档。

快件总包路单

第______号

由______交______　　　　年　　月　　日

格数	总包号码	始发站	终到站	袋	件	毛重(千克)（精确到0.1）	备注
1							
2							
3							
……	……	……	……	……	……	……	……
10							
共							

交发人员签章 ______　　　　接收人员签章 ______

图 11-1　总包路单

(2)应用操作系统制作总包路单

①启动操作系统,输入操作员账号密码进入系统,调出登录总包路单模块。设定发运方式、寄达地代码、快件类型、发运班次等信息,系统自动调取预制总包号码、重量、目的地等信息形成总包路单。

②系统按日期顺序生成总包路单编码;打印出总包路单,按实际总包号码勾核总包路单格数内号码,纠正错登、漏登号码。

③有特殊操作要求的总包要在备注栏中批注后再打印。

④总包路单应按规定份数打印。

⑤系统可按每一类发运方式汇总袋数和重量,生成本班次操作总件数和总重量。

⑥交接完毕,留存总包路单整理存档。

第二节　快件总包的装车发运

装车发运,是指发运人员根据发运计划及时准确地将总包装载到指定的运输工具上,并与运输人员交接发运的过程。发运人员按总包路单与运输人员办理快件总包交接,核点总包数与总包路单相符后,运输人员需在总包路单底页相应位置签字或盖章;如有不符,撤回封发环节查明缘由,按规定更正处理后再发运。

一、装发作业的安全要求

快递营运必须坚持"预防为主、安全第一"的生产方针,树立安全高于一切的思想,真抓实练,切实将安全培训、安全演练、安全岗位责任制落到实处,时时提醒、随时检查,及时消除生产中危及员工安全健康的不良条件和劳动行为确保安全,从而保障快件操作运输的正常进行。

1. 操作安全注意事项

(1)按规定动作搬运快件(包),充分利用各种搬运设备。

(2)严禁攀爬、跨越正在运行的传输设备。

(3)不要穿宽松的衣服操作传输设备。

(4)在运行的设备旁操作时,要将长发束起,以免卷入运行的设备中。

(5)使用机械操作设备时,要严格执行安全措施,按规程操作,保证快件及人身的安全。

(6)用拖车、托盘转运快件(包)时,不准超过规定高度。

2. 人员安全搬运注意事项

(1)按规定佩戴防护装具。

(2)在搬动快件前要保证活动一下身体。

(3)估计快件的重量是否适宜个人搬运,以保证该重量不会对个人构成伤害。

(4)在搬运超过32kg以上的快件时,要寻求其他人员或设备的帮助。

(5)靠近快件站立。

(6)保持背部直立,同时屈膝。

(7)抓住快件的对角。

(8)使快件紧靠自己的身体,双脚前后站立,不要交叉。

(9)眼看前方,慢慢地将快件抬起,以脚后跟为支点转运身体。

(10)不能使膝盖和背部承受长时间的压力。

3. 场地安全注意事项

(1)封发作业场地禁止接待来客,禁止闲人进入,工作人员要佩带胸牌进入。

(2)严禁在作业场地及周边禁烟区吸烟。

(3)按规定工作时间进入场地,工作时间不脱岗,交接完工作马上离场。

(4)严禁在任何操作场地、库房、操作间追逐打闹或吸烟。

(5)车辆按指定位置停放,工具按规定位置放置。

(6)下班后关闭室内照明及规定关闭的所有电源、电器设备。

4. 快件安全注意事项

(1)快件按规定堆位,堆放整齐,摆放牢固安全。

(2)不抛、摔、拖拉快件(包),易碎、怕压等特殊快件(包)要轻拿轻放。

(3)保价快件(包)要单独保管、书面交接。

(4)装载到车厢时,快件(包)要堆放整齐、稳固。

(5)各类快件(包)处理和运输过程中,严禁私拆、抽拿。

(6)驾驶员要亲自确认装车完毕,车门关闭、施封结束后,方可开动车辆,严禁货车车厢内人货混装。

二、出站快件总包的装发

根据快件总包发运计划,将比对核查过的总包,按规定的快件发运频次和时限要求,准确无误地装发相关交通运输工具(飞机、火车、汽车)等,称为出站快件总包的装发。

1. 装车前准备

(1)根据总包发运计划及班次、吨位、容积和路向等情况,与汇总的发运信息进行比较,核

算应发总包的堆位及其数量。

(2)当运量超过运能时,应及时进行相应调整。

(3)快件总包发运数量确定之后,制作出站快件总包的总包路单。总包路单一般只登记始发站、终到站和总包数量。

2. 总包装载及码放

厢式汽车是快件总包运输的主要运载工具,为了安全、顺利转运快件,应该遵守以下规则。

(1)装车工作应由两人(及以上)协同作业。

(2)装码总包要求:逐层码放,大袋、重袋堆在下部,规则形总包堆在下部,不规则形总包放在上部,不耐压、易碎总包放在上层。

(3)满载时(按载重标志),要从里面逐层码高后向外堆码,结实打底,较小的总包放在中间压住大袋袋口,填放在低凹和空隙处。

(4)数量不到满载的,车厢里层最高,层次逐渐外移降低。这样可防止车辆启动、制动时堆位倒塌造成混堆,避免卸错或漏卸。

(5)数量半载的,里层高度可稍低,比照上条所述堆码,不可以只装半厢,造成前端或后端偏重。

(6)严禁将快件均码在车厢左侧或右侧,造成侧重不利于行车安全。

(7)装卸不是直达、具有两个以上卸货点的汽车时,要按照"先出后进"、"先远后近"的原则装载总包。堆位之间应袋底相对(总包袋底部贴在一起,可防止混堆),也可用绳网分隔。分隔方法有两端分隔和逐层分隔。两端分隔就是两个堆位快件总包从两端护栏杆堆码向中间移装,但中间必须有绳网将两堆位分开。逐层分隔就是将"后出"(班车线路后到的)快件总包在汽车上码好后用绳网隔断,然后再装"先出"快件总包。

三、车辆封志的复核

总包装载结束后,由车辆押运人员(或驾驶员)将车关闭,处理场地人员负责将车辆加封,在车门指定位置进行施封。车辆押运人员(或驾驶员)要监控施封全过程,并且要复核封志规格,不符规定的封志要重新实施。

1. 需重新封装的情况

(1)使用铅封的封志印志不清或铅志有撬动;绳扣有接头或太松,能捋下。

(2)带条码塑料封志反扣松动,能被拉开。

2. 复核车辆封志

(1)检查车辆定位设备、GPS 定位系统是否正常。

(2)车辆封志号码要清晰完整,具有一次性使用特性,即损坏不能复原。

(3)车辆封志号码应正确记录在交接单上,发运人员与押车员双人会同签字确认。

第三节　快件信息汇总比对方法

快件处理中心每天将不同运输方式、不同路向、不同时段接收的快件,进行开拆、分拣、封发处理。为加强本环节的监控,保证快件进出等量,必须对快件进出信息进行比对合拢,运用数据分析方法,发现其中误差及时检查纠错,保证操作质量稳定。

一、快件信息汇总比对的概念和作用

1. 快件信息汇总比对的概念

快件信息汇总比对,就是快件处理中心每日或每班快件生产工作结束后,对快件进站件数、上班次结余件数,及快件出站件数、本班次结余件数的登单信息分别进行汇总,结出总件数后填写格式单证(合拢单)进行比对,交主管人员审核签证的过程。正常工作状态下,比对结果是平衡的,即:快件进站总件数 + 上班次结余件数 = 快件出站(或派送)总件数 + 本班次结余件数。

比对结果不平衡或结余件数和实存件数不符,出现或多或少的现象时,必须采取措施及时复查。复查无果要立即向主管汇报,作出详细记录备查。

填写合拢单前,必须认真核对清单、清单件数信息,不能有漏核和汇总错误。保证收集汇总数据的准确是快件信息汇总比对的基础。

2. 快件信息汇总比对的作用

进行快件信息汇总比对,是保证快件在传递处理过程中的安全,防止缺失、短少,明确责任段落的一项不可或缺的措施,是快件分拣封发质量控制的重要手段。

(1)运用快件信息汇总比对,可纠正操作当中的失误,减少快件延误丢失。

(2)运用快件信息汇总比对,可明确责任段落。汇总比对不平衡,则反映操作存在隐患,核查其中规律可更有针对性地解决问题。

(3)运用快件信息汇总比对,可用数字明确反映操作质量,量化质量指标,方便考核评比。

(4)快件信息汇总比对合拢,也是快件处理中心生产秩序稳定的重要标志。

二、快件信息统计汇总方法

1. 进站快件的信息统计汇总(拆解信息统计汇总)

进站快件信息统计汇总,是将每日或每班进站总包开拆,经勾挑比对后汇总已有进站封发清单,结出总件数填制合拢单的过程。

进站快件经过比对,就是将快件的原寄地和号码与所登相关清单逐项勾核,验证单上所登内容与实物是否相符。不相符按规定处理,相符则汇总清单总件数,填写合拢单相应栏目。

2. 出站快件的信息统计汇总(封发信息统计汇总)

出站快件信息统计汇总,是每日或每班将勾挑比对过的快件封装成总包后,汇总封发清单,结总出站件数及结余、问题件件数填制合拢单的过程。

三、快件信息汇总比对方法

1. 进站快件总包信息汇总比对

进站快件总包信息汇总比对,是每日或每班快件工作终了,收集全部进站总包路单和进站封发清单,将清单号码与总包路单“总包号码”栏内数据进行比对。结果合拢,表明本班次所有进站总包正常开拆;结果不匹配,需要进一步查找原因。方法如下:

(1)清单多于总包路单登列总数,表明有进站总包未登注总包路单,按规定缮发快件差异报告知会上一站,补登总包路单并在补登处签字备查。

(2)总包路单登注的总包号码多于清单,表明清单缺失。遇此情况时,中心人员要立即进行检查,分析原因找出问题所在,及时与上一站沟通,请其传真缺失清单留存联,按清单登列的

快件号码查找是否有进站信息：

①按清单登列的快件号码查找，有快件进站记录，表明总包已开拆，仅进站封发清单在中心丢失，需要将传真清单归档，说明情况备查。

②按清单登列的快件号码查找，没有快件进站信息，则表明有总包未开拆或遗失情况，应立即上报业务主管，组织人员检查操作现场及周边场地有无遗漏总包；追溯操作过程有无异常情况；发现未开拆总包，按正常流程交接操作。查找无果，填写异常报告上报另查。

进站快件总包信息汇总比对，是快件信息汇总比对的基础。只有快件信息收集全面、数据计算准确，才能正确反映实际操作质量。

2. 快件信息汇总比对的方法

根据运用工具的不同，快件信息汇总比对可分为手工汇总比对和操作系统汇总比对两种方法。以往操作都是手工实现的，操作员根据一定工作时间段内到达的封发清单，逐一手工登录快件信息；随着信息技术的发展和网络技术普及，快递业操作设备越来越先进，信息处理越来越便捷。

(1)手工快件信息汇总比对

①每天或每个班次的分拣封发工作结束后，各拆解封发岗位按规定将清单集中上缴。

②手工方式按各车次，把进站封发清单逐一结总数后，汇总结出总件数。

③按各车次把出站封发清单逐一结总数后，汇总结出总件数，并把本埠派送、问题件、自提件和其他快件逐一结总后，汇总出总件数。

④所有清单整理完毕后，填写合拢单内容。

⑤进站汇总总件数填写在进站栏(表 11-1)，出站汇总总件数填写在出站栏。“进站总计(1)”减“出站总计(2)”应等于实际库存件数(其中包括问题件、库存自提件等)。

快件进出站平衡合拢单 表 11-1

进 站			出 站		
进站车次	总袋数	总件数		白班	夜班
			本埠件		
			中转件		
			问题件		
			自取件		
			其他		
			小计		
小计			总计(2)		
上班结余			备注：		
总计(1)					
记事栏：					

制表： 主管： 日期

⑥对比结果合拢,说明操作正常;结果不匹配,需进一步查找异常原因。重新汇总计算数据是否正确,检查接收、封发、分拣各环节清单,查找出现差异的原因并予以纠正。

⑦未查找出原因,比对结果出现或多或少的现象时,要及时向主管如实汇报,并作详细记录备查。

⑧核查完毕,分类存放各式清单、合拢单,按规定存档。

(2)应用操作系统进行快件信息汇总比对

现阶段普遍运用计算机功能模块实现信息的汇总比对,其原理与手工汇总比对是相同的。其预先设置条件后,通过设备扫描快件详情单条码,自动生成拆解清单和封发清单;按比对要求调取对应数据进行自动比对,筛选出差异快件号码。具体操作如下:

①启动操作系统,输入操作员的用户名和密码登录系统,选择系统中比对功能操作模块。

②系统默认当前站点,提示输入要求比对时段、班次、快件类别、始发站、寄达站等信息。

③输入比对要求后,点查询键,系统自动调取符合条件的数据进行对比,筛选出差异快件号码。

④查找出差异快件号码,具体分析造成差异的原因,准确做出处理或反馈。

⑤严重异常情况要生成书面报告,向负责人汇报,按规定存档。

⑥操作人员退出查询模块,关闭系统。

【案例 11-1】

通过快件信息汇总比对找出遗留件

某快件企业生产一组现场操作结束,进行快件信息汇总比对,填制合拢表时,发现合拢表数据不平衡。操作系统显示号码为 531004567653 重量为 0.1kg 快件有进站记录,无出站、库存快件记录。

班组长带领大家重新检查操作现场,发现有一破损件因有液体流出被放在污染区域,问题件处理人员遗漏未登记,正是 531004567653 快件。

通过拆解、封发信息比对,及时纠正错误分拣操作,保证快件时效,同时也避免客服人员的查询量、客户投诉增加、增加快件运营成本等一系列麻烦的后续问题。通过比对有效提高中转操作质量,维护了企业声誉,最重要的是保证了客户的权益。所以,快件信息汇总比对是生产过程中不可缺失的重要工序。

四、汇总发运信息

通过汇总发运信息,可以精确掌握本班次发运快件总包的数量、重量和发运方向;与前期数据对比可以分析得出本区域快件主要流向、快件量增长速度,为调整编制发运计划和运能调整提供数据参考。

(一)汇总发运信息的概念

按出站总包路单对各条运输线路的快件总包件数和重量进行汇总称为汇总发运信息。汇总发运信息可以提供实际装载数据,成为调整发运计划的依据。例如某企业规定,任一线路实际装载总包件数或重量达到核定运能 70% 时,就要做好加大运能的准备工作。当运能不能满足运量要求时,将产生滞留总包。滞留总包必须优先装运第二班次车辆,使滞留总包始终为当

班生产快件总包,称为“改为滞留”。汇总滞留信息为增加运能提供了数据依据(图11-2)。

滞留总包汇总登记表 班组＿＿＿＿＿＿　　日期＿＿＿年＿＿月＿＿日				
目的地	装发车次（航班）	滞留总包件数	重量	备注
……	……	……	……	……
合计：				

填表人：＿＿＿＿＿＿　　审核人：＿＿＿＿＿＿

图11-2　滞留总包汇总登记表

(二)汇总发运信息方法

1. 手工汇总发运信息方法

(1)总包路单登录结束,操作员按发运计划、中转关系、包牌信息将总包码放到正确堆位。堆位可以是笼、托盘、推车或现场隔离区域。

(2)按堆位勾核对应总包路单总包号码栏内数据,复核总包是否全部已登入总包路单。结果合拢,表明本班次所有出站总包正常封发,结总各堆位上的总包件数、重量等信息;结果不匹配,需要进一步查找原因。方法如下:

①总包多于总包路单登录总包号码,表明有出站总包未登录总包路单,补填总包路单总包号码。

②总包路单登录的总包号码多于总包实物,说明总包有错放、漏放堆位。此时应组织人员检查操作现场及周边场地有没有遗漏总包,追溯操作过程有没有异常情况,改正后重新勾核。

(3)填制快件总包发运信息汇总登记表,汇总出站快件总包发运信息,显示本班次总的发运总包件数、吨位及各路向的相关信息(图11-3)。

快件总包发运汇总表 班（组）＿＿＿＿＿＿　　日期＿＿＿年＿＿月＿＿日							
发运车次（航班）	目的地	总包运量		经转方式			备注
		数量	重量	汽运	航空	其他	
……	……	……	……	……	……	……	……
合计							

制表人：＿＿＿＿＿＿　　复核人：＿＿＿＿＿＿

图11-3　快件总包汇总登记表

(4)将各类单据归档。

2. 操作系统汇总发运信息方法

(1)启动操作系统,输入操作员的用户名和密码登录系统对应模块,系统一般会默认始发站;根据系统要求输入时间段、寄达站代码、运输班次等信息来查询。

(2)系统自动调取总包重量等信息,形成每个运输方向的总包件数、总重量发运信息。

(3)输入时间段,缺省其他信息,系统则调取本班次操作所有总包件数及总重量。

(4)汇总发运信息可提前预知发运计划中运输能力是否适合,提前修正发运方案,可节约成本提高操作水平,保障快件时效。

(5)打印汇总信息,按规定存档。

(6)关闭模块,退出登录。

附录一　国家高速公路网规划

我国高速公路网采用放射线与纵横网格相结合布局方案，规划由7条首都放射线、9条南北纵线和18条东西横线组成，简称为“7918”网，总规模约8.5万公里。国家高速公路编号与一般国道编号的区别主要体现在数字位数上。现行的国道编号是3位数，国家高速公路的编号采用1位、2位和4位数，其中：首都放射线采用1位数，如京哈高速公路编号为“G1”；纵线和横线采用2位数，如沈海高速公路（沈阳—海口高速公路）为“G15”，青银高速公路（青岛—银川高速公路）为“G20”；城市绕城环线和联络线采用4位数编号。

国家高速公路编号的特征有规律可循。首都放射线编号为1位数，由正北方向开始按顺时针方向升序编排，编号区间为1～9。纵向路线编号为2位奇数，由东向西升序编排，编号区间为11～89。横向路线编号为2位偶数，由北向南升序编排，编号区间为10～90。

1. 首都放射线

（1）北京—哈尔滨（G1，京哈高速公路）：北京—唐山—秦皇岛—锦州—沈阳—四平—长春—哈尔滨。

（2）北京—上海（G2，京沪高速公路）：北京—天津—沧州—德州—济南—泰安—临沂—淮安—江都—江阴—无锡—苏州—上海。

（3）北京—台北（G3，京台高速公路）：北京—天津—沧州—德州—济南—泰安—曲阜—徐州—蚌埠—合肥—铜陵—黄山—衢州—南平—福州—台北。

（4）北京—港澳（G4，京港澳高速公路）：北京—保定—石家庄—邯郸—新乡—郑州—漯河—信阳—武汉—咸宁—岳阳—长沙—株洲—衡阳—郴州—韶关—广州—深圳—香港（口岸）。

（5）北京—昆明（G5，京昆高速公路）：北京—保定—石家庄—太原—临汾—西安—汉中—广元—绵阳—成都—雅安—西昌—攀枝花—昆明。

（6）北京—拉萨（G6，京藏高速公路）：北京—张家口—集宁—呼和浩特—包头—临河—乌海—银川—中宁—白银—兰州—西宁—格尔木—拉萨。

（7）北京—乌鲁木齐（G7，京新高速公路）：北京—张家口—集宁—呼和浩特—包头—临河—额济纳旗—哈密—吐鲁番—乌鲁木齐。

2. 南北纵线

（1）鹤岗—大连（G11，鹤大高速公路）：鹤岗—佳木斯—鸡西—牡丹江—敦化—通化—丹东—大连。

（2）沈阳—海口（G15，沈海高速公路）：沈阳—辽阳—鞍山—海城—大连—烟台—青岛—日照—连云港—盐城—南通—常熟—太仓—上海—宁波—台州—温州—宁德—福州—泉州—厦门—汕头—汕尾—深圳—广州—佛山—开平—阳江—茂名—湛江—海口。

（3）长春—深圳（G25，长深高速公路）：长春—双辽—阜新—朝阳—承德—唐山—天津—黄骅—滨州—青州—临沂—连云港—淮安—南京—溧阳—宜兴—湖州—杭州—金华—丽水—

南平—三明—龙岩—梅州—河源—惠州—深圳。

(4)济南—广州(G35,济广高速公路):济南—菏泽—商丘—阜阳—六安—安庆—景德镇—鹰潭—南城—瑞金—河源—广州。

(5)大庆—广州(G45,大广高速公路):大庆—松原—双辽—通辽—赤峰—承德—北京—霸州—衡水—濮阳—开封—周口—麻城—黄石—吉安—赣州—龙南—连平—广州。

(6)二连浩特—广州(G55,二广高速公路):二连浩特—集宁—大同—太原—长治—晋城—洛阳—平顶山—南阳—襄樊—荆州—常德—娄底—邵阳—永州—连州—广州。

(7)包头—茂名(G65,包茂高速公路):包头—鄂尔多斯—榆林—延安—铜川—西安—安康—达州—重庆—黔江—吉首—怀化—桂林—梧州—茂名。

(8)兰州—海口(G75,兰海高速公路):兰州—广元—南充—重庆—遵义—贵阳—麻江—都匀—河池—南宁—钦州—北海—湛江—海口。

(9)重庆—昆明(G85,渝昆高速公路):重庆—内江—宜宾—昭通—昆明。

3. 东西横线

(1)绥芬河—满洲里(G10,绥满高速公路):绥芬河(口岸)—牡丹江—哈尔滨—大庆—齐齐哈尔—阿荣旗—满洲里(口岸)。

(2)珲春—乌兰浩特(G12,珲乌高速公路):珲春(口岸)—敦化—吉林—长春—松原—白城—乌兰浩特。

(3)丹东—锡林浩特(G16,丹锡高速公路):丹东—海城—盘锦—锦州—朝阳—赤峰—锡林浩特。

(4)荣成—乌海(G18,荣乌高速公路):荣成—文登—威海—烟台—东营—黄骅—天津—霸州—涞源—朔州—鄂尔多斯—乌海。

(5)青岛—银川(G20,青银高速公路):青岛—潍坊—淄博—济南—石家庄—太原—离石—靖边—定边—银川。

(6)青岛—兰州(G22,青兰高速公路):青岛—莱芜—泰安—聊城—邯郸—长治—临汾—富县—庆阳—平凉—定西—兰州。

(7)连云港—霍尔果斯(G30,连霍高速公路):连云港—徐州—商丘—开封—郑州—洛阳—西安—宝鸡—天水—兰州—武威—嘉峪关—哈密—吐鲁番—乌鲁木齐—奎屯—霍尔果斯(口岸)。

(8)南京—洛阳(G36,宁洛高速公路):南京—蚌埠—阜阳—周口—漯河—平顶山—洛阳。

(9)上海—西安(G40,沪陕高速公路):上海—崇明—南通—扬州—南京—合肥—六安—信阳—南阳—商州—西安。

(10)上海—成都(G42,沪蓉高速公路):上海—苏州—无锡—常州—南京—合肥—六安—麻城—武汉—孝感—荆门—宜昌—万州—垫江—南充—遂宁—成都。

(11)上海—重庆(G50,沪渝高速公路):上海—湖州—宣城—芜湖—铜陵—安庆—黄梅—黄石—武汉—荆州—宜昌—恩施—忠县—垫江—重庆。

(12)杭州—瑞丽(G56,杭瑞高速公路):杭州—黄山—景德镇—九江—咸宁—岳阳—常德—吉首—遵义—毕节—六盘水—曲靖—昆明—楚雄—大理—保山—瑞丽(口岸)。

(13)上海—昆明(G60,沪昆高速公路):上海—杭州—金华—衢州—上饶—鹰潭—南

昌—宜春—株洲—湘潭—邵阳—怀化—麻江—贵阳—安顺—曲靖—昆明。

(14)福州—银川(G70,福银高速公路):福州—南平—南城—南昌—九江—黄梅—黄石—武汉—孝感—襄樊—十堰—商州—西安—平凉—中宁—银川。

(15)泉州—南宁(G72,泉南高速公路):泉州—永安—吉安—衡阳—永州—桂林—柳州—南宁。

(16)厦门—成都(G76,厦蓉高速公路):厦门—漳州—龙岩—瑞金—赣州—郴州—桂林—麻江—贵阳—毕节—泸州—隆昌—内江—成都。

(17)汕头—昆明(G78,汕昆高速公路):汕头—梅州—韶关—贺州—柳州—河池—兴义—石林—昆明。

(18)广州—昆明(G80,广昆高速公路):广州—肇庆—梧州—玉林—南宁—百色—富宁—开远—石林—昆明。

城市绕城环线和联络线省略。

附录二　中华人民共和国海关对进出境快件监管办法

(2003年11月18日海关总署令第104号发布,根据2006年3月28日海关总署令第147号公布的《海关总署关于修改〈中华人民共和国海关对进出境快件监管办法〉的决定》修正)

第一章　总　　则

第一条　为加强海关对进出境快件的监管,便利进出境快件通关,根据《中华人民共和国海关法》及其他有关法律、行政法规,制定本办法。

第二条　本办法所称进出境快件是指进出境快件运营人以向客户承诺的快速商业运作方式承揽、承运的进出境货物、物品。

第三条　本办法所称进出境快件运营人(以下简称运营人)是指在中华人民共和国境内依法注册,在海关登记备案的从事进出境快件运营业务的国际货物运输代理企业。

第四条　运营人不得承揽、承运《中华人民共和国禁止进出境物品表》所列物品,如有发现,不得擅作处理,应当立即通知海关并协助海关进行处理。

未经中华人民共和国邮政部门批准,运营人不得承揽、承运私人信件。

第五条　运营人不得以任何形式出租、出借、转让本企业的进出境快件报关权,不得代理非本企业承揽、承运的货物、物品的报关。

第六条　未经海关许可,未办结海关手续的进出境快件不得移出海关监管场所,不得进行装卸、开拆、重换包装、更换标记、提取、派送和发运等作业。

第二章　运营人登记

第七条　运营人申请办理进出境快件代理报关业务的,应当按照海关对国际货物运输代理企业的注册管理规定在所在地海关办理登记手续。

第八条　运营人在所在地海关办理登记手续应具备下列条件:

(一)内资国际货物运输代理企业及其分支机构已经获得国务院对外贸易主管部门或者其委托的备案机构办理的《国际货运代理企业备案表》;外商投资国际货物运输代理企业已经获得国务院对外贸易主管部门颁发的《外商投资企业批准证书》,获准经营进出境快件业务;外商投资国际货物运输代理企业分公司已经获得国务院对外贸易主管部门的批准文件,获准经营进出境快件业务。

(二)已经领取工商行政管理部门颁发的《企业法人营业执照》,准予或者核定其经营进出境快件业务。

(三)已经在海关办理报关企业注册登记手续。

(四)具有境内、外进出境快件运输网络和两个以上境外分支机构或代理人。

(五)具有本企业专用进出境快件标识、详情单,运输车辆符合海关监管要求并经海关核准备案。

（六）具备实行电子数据交换方式报关的条件。

（七）快件的外包装上应标有符合海关自动化检查要求的条形码。

（八）与境外合作者（包括境内企业法人在境外设立的分支机构）的合作运输合同或协议。

第九条　进出境快件运营人不再具备本办法第八条所列条件之一或者在一年内没有从事进出境快件运营业务的，海关注销该运营人从事进出境快件报关的资格。

第三章　进出境快件分类

第十条　本办法将进出境快件分为文件类、个人物品类和货物类三类。

第十一条　文件类进出境快件是指法律、法规规定予以免税且无商业价值的文件、单证、票据及资料。

第十二条　个人物品类进出境快件是指海关法规规定自用、合理数量范围内的进出境的旅客分离运输行李物品、亲友间相互馈赠物品和其他个人物品。

第十三条　货物类进出境快件是指第十一条、第十二条规定以外的快件。

第四章　进出境快件监管

第十四条　进出境快件通关应当在经海关批准的专门监管场所内进行，如因特殊情况需要在专门监管场所以外进行的，需事先征得所在地海关同意。

运营人应当在海关对进出境快件的专门监管场所内设有符合海关监管要求的专用场地、仓库和设备。

对进出境快件专门监管场所的管理办法，由海关总署另行制定。

第十五条　进出境快件通关应当在海关正常办公时间内进行，如需在海关正常办公时间以外进行的，需事先征得所在地海关同意。

第十六条　运营人应当按照海关的要求采用纸质文件方式或电子数据交换方式向海关办理进出境快件的报关手续。

第十七条　进境快件自运输工具申报进境之日起 14 日内，出境快件在运输工具离境 3 小时之前，应当向海关申报。

第十八条　运营人应向海关传输或递交进出境快件舱单或清单，海关确认无误后接受申报；运营人需提前报关的，应当提前将进出境快件运输和抵达情况书面通知海关，并向海关传输或递交舱单或清单，海关确认无误后接受预申报。

第十九条　海关查验进出境快件时，运营人应派员到场，并负责进出境快件的搬移、开拆和重封包装。

海关对进出境快件中的个人物品实施开拆查验时，运营人应通知进境快件的收件人或出境快件的发件人到场，收件人或发件人不能到场的，运营人应向海关提交其委托书，代理收/发件人的义务，并承担相应法律责任。

海关认为必要时，可对进出境快件予以径行开验、复验或者提取货样。

第二十条　除另有规定外，运营人办理进出境快件报关手续时，应当按本办法第十一条、第十二条、第十三条分类规定分别向海关提交有关报关单证并办理相应的报关、纳税手续。

第二十一条　文件类进出境快件报关时，运营人应当向海关提交《中华人民共和国海关进出境快件 KJ1 报关单》（见附件一）、总详情单（副本）和海关需要的其他单证。

第二十二条　个人物品类进出境快件报关时，运营人应当向海关提交《中华人民共和国海关进出境快件个人物品申报单》(见附件二)、每一进出境快件的分详情单、进境快件收件人或出境快件发件人身份证件影印件和海关需要的其他单证。

第二十三条 货物类进境快件报关时,运营人应当按下列情形分别向海关提交报关单证:

对关税税额在《中华人民共和国进出口关税条例》规定的关税起征数额以下的货物和海关规定准予免税的货样、广告品,应提交《中华人民共和国海关进出境快件 KJ2 报关单》(见附件三)、每一进境快件的分运单、发票和海关需要的其他单证。

对应予征税的货样、广告品(法律、法规规定实行许可证件管理的、需进口付汇的除外),应提交《中华人民共和国海关进出境快件 KJ3 报关单》(见附件四)、每一进境快件的分运单、发票和海关需要的其他单证。

第二十四条 对第二十一条、第二十二条、第二十三条规定以外的货物,按照海关对进口货物通关的规定办理。

第二十五条 货物类出境快件报关时,运营人应按下列情形分别向海关提交报关单证:

对货样、广告品(法律、法规规定实行许可证件管理的、应征出口关税的、需出口收汇的、需出口退税的除外),应提交《中华人民共和国海关进出境快件 KJ2 报关单》、每一出境快件的分运单、发票和海关需要的其他单证。

对上述以外的其他货物,按照海关对出口货物通关的规定办理。

第五章 进出境专差快件

第二十六条 进出境专差快件是指运营人以专差押运方式承运进出境的空运快件。

第二十七条 运营人从事进出境专差快件经营业务,除应当按本办法第二章有关规定办理登记手续外,还应当将进出境专差快件的进出境口岸、时间、路线、运输工具航班、专差本人的详细情况、标识等向所在地海关登记。如有变更,应当于变更前 5 个工作日向所在地海关登记。

对符合上述条件的,所在地海关核发《中华人民共和国海关进出境专差快件登记证书》(见附件五)。运营人凭以办理进出境专差快件报关业务。

第二十八条 进出境专差快件应按行李物品方式托运,使用专用包装,并在总包装的显著位置标注运营人名称和“进出境专差快件”字样。

第六章 法律责任

第二十九条 违反本办法有走私违法行为的,海关按照《中华人民共和国海关法》、《中华人民共和国海关法行政处罚实施细则》等有关法律、行政法规进行处理;构成犯罪的,依法追究刑事责任。

第七章 附 则

第三十条 本办法由海关总署负责解释。

第三十一条 本办法自二〇〇四年一月一日起施行。

附件(略)

附录三　常见寄递物品中英文名称对照

1. 文件类

物品中文名称	物品英文名称	物品中文名称	物品英文名称
商业文件	Business documents	合同	Contract
货单	Manifest	手稿	Manuscript
担保书	Assure letter	协议书	Agreement
报价单	Price list	舱单	Shipping list
提单	Bill of Loading	订单	Order form
公证书	Notarial deed	招标书	Documents for inviting tenders
邀请信	Letter of invitation	机票	Flight ticket
委托书	Trust deed	信用卡	Credit card
汽车驾驶执照	Driving licence	护照	Passport
身份证	Identity card	证件	Certificate

2. 纺织品及鞋帽类

物品中文名称	物品英文名称	物品中文名称	物品英文名称
衣服	Clothes	连衣裙	Dress
内衣	Underwear	睡衣	Pyjamas
胸罩	Bra	皮鞋	Leather shoes
布鞋	Cloth shoes	羊毛衫	Woolen sweater
运动鞋	Sports shoes	运动衫	Sports jacket
长裤	Trousers	牛仔裤	Jeans
裙子	Skirt	上衣	Coat
夹克衫	Jacket	腰带	Belt
大衣	Overcoat	鸭绒被	Downy quilt
毛巾被	Toweling coverlet	皮夹克	Leather jacket
床罩	Coverlet	泳衣	Swimsuit
领带	Tie	手套	Gloves
丝绸	Silk	缎子	Satin
绒线	Knitting wool	毛毯	Woolen blanket
线毯	Cotton blanket	睡袋	Sleeping bag
靠垫	Cushion	斗篷	Cape
手帕	Handkerchief		

3. 家居用品类

物品中文名称	物品英文名称	物品中文名称	物品英文名称
皮箱	Leather trunk	手提包	Handbag
扇子	Fan	爽身粉	Talcum powder
发夹	Hair - pin	镜子	Mirror
饭盒	Lunch box	茶壶	Teapot
茶杯	Teacup	水壶	Kettle
茶具	Tea set	充电器	Charger
闹钟	Alarm clock	眼镜	Glasses

4. 文体用品类

物品中文名称	物品英文名称	物品中文名称	物品英文名称
钢笔	Pen	圆珠笔	Ball pen
制图仪器	Drawing instrument	尺子	Ruler
圆规	Compasses	唱片	Disc
录音带	Tape	录像带	Video cassette
乐器	Musical instrument	乒乓球	Ping - pong ball
球拍	Bat	羽毛球	Badminton
篮球	Basketball	排球	Volleyball
纸牌	Poker		

附录四 《禁寄物品指导目录及处理办法(试行)》

一、禁寄物品是指国家法律、法规禁止寄递的物品,主要包括:

(一)各类武器、弹药。如枪支、子弹、炮弹、手榴弹、地雷、炸弹等。

(二)各类易爆炸性物品。如雷管、炸药、火药、鞭炮等。

(三)各类易燃烧性物品,包括液体、气体和固体。如汽油、煤油、桐油、酒精、生漆、柴油、气雾剂、气体打火机、瓦斯气瓶、磷、硫磺、火柴等。

(四)各类易腐蚀性物品。如火硫酸、盐酸、硝酸、有机溶剂、农药、双氧水、危险化学品等。

(五)各类放射性元素及容器。如铀、钴、镭、钚等。

(六)各类烈性毒药。如铊、氰化物、砒霜等。

(七)各类麻醉药物。如鸦片(包括罂粟壳、花、苞、叶)、吗啡、可卡因、海洛因、大麻、冰毒、麻黄素及其他制品等。

(八)各类生化制品和传染性物品。如炭疽、危险性病菌、医药用废弃物等。

(九)各种危害国家安全和社会政治稳定以及淫秽的出版物、宣传品、印刷品等。

(十)各种妨害公共卫生的物品。如尸骨、动物器官、肢体、未经硝制的兽皮、未经药制的兽骨等。

(十一)国家法律、法规、行政规章明令禁止流通、寄递或进出境的物品。如国家秘密文件和资料、国家货币及伪造的货币和有价证券、仿真武器、管制刀具、珍贵文物、濒危野生动物及其制品等。

(十二)包装不妥,可能危害人身安全、污染或者损毁其他寄递件、设备的物品等。

(十三)各寄达国(地区)禁止寄递进口的物品等。

(十四)其他禁止寄递的物品。

二、寄递服务企业对禁寄物品处理办法:

(一)企业发现各类武器、弹药等物品,应立即通知公安部门处理,疏散人员,维护现场。同时通报国家安全机关。

(二)企业发现各类放射性物品、生化制品、麻醉药物、传染性物品和烈性毒药,应立即通知防化及公安部门,按应急预案处理。同时通报国家安全机关。

(三)企业发现各类易燃易爆等危险物品,收寄环节发现的,不予收寄;经转环节发现的,应停止转发;投递环节发现的,不予投递。对危险品要隔离存放。对其中易发生危害的危险品,应通知公安部门,同时通报国家安全机关,采取措施进行销毁。需要消除污染的,应报请卫生防疫部门处理。其他危险品,可通知寄件人限期领回。对内件中其他非危险品,应当整理重封,随附证明发寄或通知收件人到投递环节领取。

(四)企业发现各种危害国家安全和社会政治稳定以及淫秽的出版物、宣传品、印刷品,应及时通知公安、国家安全和新闻出版部门处理。

(五)企业发现妨害公共卫生的物品和容易腐烂的物品,应视情况通知寄件人限期领回,无法通知寄件人领回的可就地销毁。

(六)企业对包装不妥,可能危害人身安全,污染或损毁其他寄递物品和设备的,收寄环节发现后,应通知寄件人限期领回。经转或投递中发现的,应根据具体情况妥善处理。

(七)企业发现禁止进出境的物品,应移交海关处理。

(八)其他情形,可通知相关政府监管部门处理。

参考文献

[1] 梁华.快递人员业务实操速查手册[M].北京:人民邮电出版社,2010.

[2] 李永生.仓储与配送[M].北京:机械工业出版社,2006.

[3] 徐家祥.速递业务员[M].北京:人民邮电出版社,2005.

[4] 杨坚争.电子商务概论[M].北京:中国人民大学出版社,2007.

[5] 张谦.现代物流与自动识别技术[M].北京:中国铁道出版社,2008.

[6] 宗晓英.机要业务员[M].北京:人民邮电出版社,2005.

[7] 张剑.邮件分拣员[M].北京:人民邮电出版社,2005.

[8] 朱培生.邮件转运员[M].北京:人民邮电出版社,2005.

[9] 顾志惠.邮政机务员[M].北京:人民邮电出版社,2005.

[10] 孙远光.邮政业务档案员[M].北京:人民邮电出版社,2005.

[11] 国家邮政局职业技能鉴定指导中心.快递业务员(初级)　快件处理[M].北京:人民交通出版社,2009.

[12] 李宗顺,张冬梅.中国公路网交通地图册[M].北京:测绘出版社,2010.